世界文化シリーズ 5

Italy

イタリア文化55のキーワード

和田忠彦 編

ミネルヴァ書房

まえがき

二〇一四年イタリア外務省が発表した統計によれば、イタリア語は学習人口において、英語、フランス語、スペイン語に次ぐ世界第四位にあるという。イタリア語の全学習人口は約一五〇万人、内日本では三万余人。ドイツ二四万余人、アメリカ一五万人、エジプト、アルゼンチン一三万人、アルバニア七万人、カナダ六万五〇〇〇人、フランス四万人ときて、日本は世界第八位の学習者を抱えている。この統計結果がイタリアの新聞各紙で報じられたとき、もっとも当惑したのは当のイタリア人自身だったかもしれない。使用者人口からすれば、六〇〇〇万人にも満たない言語が、グローバルランゲージとなった言語に、ヨーロッパ文化の歴史的中心的言語、「新大陸発見」以来の支配言語に次いで、現代世界で学ばれているという事実は、何を意味するのだろうか。

この予想外の普及を、レシピを読むためだけに言語を学ぶひとも多いと、イタリア料理の普及浸透に重ねて分析するむきもある。あるいは、華やかなりしルネサンス時代への関心や、オペラ歌劇への情熱的愛好が昂じて、はたまたF1やオートバイのモータースポーツに自転車やサッカー、スキーを加えたスポーツ文化のどれかに特化した関心と、その動機はじつに多岐にわたるだろう。だがともかくも「文化」として括ることのできる対象の無尽蔵といっても過言ではないほどのゆたかさこそが、「イタリア」への根強い関心を持続させている最大の理由であることは間違いない。

そしてこうしたゆたかな文化を育んできた（そしていまも育んでいる）歴史と空間に、「イタリア」という地域限定を加えるとき、さてその「イタリア文化」なるものについて、果たしてどのような統一的視点に立てば、その多様性を失うことなく全体像を素描することができるのか——多様性と統一性という端から矛盾を抱えた課題に挑戦してみる愉しさを、「55のキーワード」に託して本書は編まれている。

それゆえ、まず第一に本書全体にわたって、通史的項目設定を廃し、「イタリア」とよばれる概念を形成する七つの主題に沿って、それぞれに現象や出来事、制度や人物、作品に関わるキーワードを小項目として組み立てることにした。それは、「イタリア」とよばれる地域が「国家」として、まがりなりにも統一され、地域名称が「王国」の国家名称として通用しはじめた一九世紀後半を分岐点に、従来都市国家のもとで形成されてきたさまざまな文化が否応なく「イタリア文化」として括られ、その強いられた統一的体裁ゆえに、それまで奔放に育まれてきた多様な実態が無理矢理放り込まれた「イタリア」という器のなかで、今日に至るまで窮屈な矛盾に軋みつづけているからでもある。

本書はいわば矛盾を抱えつつもなお多様性という特質を失うことなく育まれてきた「イタリア文化」を、具体的な出来事に基づいて、つねに複眼的な視点から見つめ直すことで、その全体像を立体的に描きだそうという試みである。

読者は、どこから拾い読みをはじめてもかまわない。まずは目にとまった事件や出来事、人物や作品を入り口に、イタリア文化のゆたかな多様性を体験してもらえればよい。それから少しずつ関心をひろめるとともにふかめながら、イタリア文化への旅をつづけてくれることを願っている。

そんな旅の道先案内として、本書が役に立つとすれば、それはコラムもふくめ各項目を執筆した気鋭の研究者たちの熱意のなせる業だといえるだろう。

二〇一五年三月

編者　和田忠彦

目次

まえがき

第1章　「複数」のイタリア——都市国家のいま……1

1　イタリア人とイタリア語——一五〇年来の課題　4
2　半島・島・地中海——どこまでがイタリアか　8
3　都市国家コムーネ——中世から現代へ　12
4　王国の伝統——誕生から王制廃止へ　16
5　カンパニリズモ——故郷への愛着と反撥　20
6　広場と街並——文化装置としての都市空間　24
7　南部問題と移民——「他者」としての南イタリア　28
コラム1　守護聖人の祭　32

第2章　「単数」のイタリア——統一国家のゆくえ……33

8　ローマ——幻想としての「永遠の都」　36
9　リソルジメント——終わりなき祖国回復運動　40

10　国旗と国歌――トリコローレ、「マメーリの賛歌」　44
11　『ピノッキオの冒険』と『クオーレ』――児童文学が映す時代と社会　48
12　共和国憲法と大統領――国民投票、改憲　52
13　大学――その誕生から「ボローニャ宣言」へ　56
14　イタリアのワールドカップ――「カルチョ」の祭典　60
コラム2　ピッツァ・マルゲリータと三色旗　64

第3章　日常を彩る文化　65

15　カトリックとフォークロア――宗教と生活あるいは儀式と祭り　68
16　マリアとマンマ――矛盾を包み込む女性像　72
17　パスタとカフェ――「普遍」であることの新しさ　76
18　バカンス――貧しくてもゆたかな休暇　80
19　マフィア――カトリック社会のもうひとつの顔　84
20　ストライキと市民運動――イタリア社会の底力　88
21　イタリアで暮らす――クリエイティヴに生きるということ　92
コラム3　「ラウレア（大学卒業）」という人生の節目　96

第4章　美から醜、醜から美へ……97
22　ルネサンス――調和の美をもとめて　100
23　バロック――美と醜の反転　104
24　ロマン派とオペラ――一九世紀劇場芸術　108
25　美の理論――デコルムの系脈　112
26　「前衛」芸術――未来派から「貧しい芸術」へ　116
27　デザインとモード――工業製品から「メイド・イン・イタリー」まで　120
28　建築とフォルム――様式美の系譜　124
29　職人気質――美しさと美味しさをもとめて　128
コラム4　「美しい肌」というステイタス　132

第5章　内なる「他者」と外からのまなざし……133
30　ヴァチカン――聖と俗のはざまで　136
31　神話と民話――生の意味をもとめて　140
32　ユダヤ系であること――イタリアのなかの異人　144
33　秘密結社――見えないイタリア史の背骨　148
34　特別自治州――少数が多様であるための特権と矛盾　152

35 ジェンダーと社会運動――フェミニズムの軌跡 156
36 「南」の発見――ゲーテの見たイタリア 160
37 イタリアらしさ――「おしゃれで陽気」は神話なのか 164
38 スローフード――環境と食のあり方の革新へ 168
コラム5 「アルバレシュ」という内なる他者 172

第6章 異端という天才……173

39 ダンテ――『神曲』の世界 176
40 レオナルド――天才伝説はつくられたのか 180
41 ガリレオ――動詞としての科学 184
42 ブルーノ――異端による多中心性の哲学 188
43 フェルミとマヨラナ――原子物理学をめぐる可能性と謎 192
44 カルヴィーノ――あたらしい小説と戦後 196
45 フィレンツェと詩人――文学のはじまりとおわり 200
46 アントニオーニ――「不毛」の映画 204
コラム6 放浪という罪 208

第7章　〈イタリア人〉をつくる……209

47　トラスフォルミズモ――右派と左派の乗合国家　212
48　ファシズムとレジスタンス――「解放」という歴史認識　216
49　鉛の時代――テロリズムのイタリア　220
50　共産党解体とベルルスコニズモ――新たな政治家のすがた　224
51　汚職――日常を覆す「汚れた手《タンジェントーポリ》」と「きれいな手《マーニ・プリーテ》」　228
52　移民問題――「ヴクンプラ」からボートピープルまで　232
53　プレカリアートと人材流失――働くとは何か　236
54　ＥＵとイタリア――平和で豊かな欧州を目指して　240
55　イタリアと日本――交流の七〇〇年　244
コラム7　移民をめぐる映画　248

略年表
参考文献
写真・図版出典一覧
事項索引
人名索引

イタリア全土と主要都市

第1章

「複数」のイタリア——都市国家のいま

地中海最大のNATO軍基地があるナポリ湾にはためくイタリア海軍三色旗

並立し分散する権力

次章「「単数」のイタリア」と対をなす第1章は、イタリアを語るうえで欠かせない多様性の問題を扱う。「イタリアはどんな国か」との問いに対する答えとしてよくあるのが、「都市国家の伝統ゆえ地方ごとにバラバラ」とするものである（もしくは「革命を経ていないので市民意識に欠ける」との指摘もしばしば）。「都市国家」とは、世界史の教科書にもあるとおり、中世のイタリア半島を舞台とし、教皇と皇帝の二大権勢が対立するはざまに興った、多くは共和制に基づく小独立政体のことである。ルネサンスの担い手となったのち、大国の波におされて没落した「都市国家」は、現在でも「コムーネ」との名称のまま、市・町・村にあたる最小の行政単位となっている。とはいえ国・州・県といった括りからなるヒエラルキーの底辺にいるわけではない。それというのも、イタリア統一（一八六一）の後に生まれた「上部」組織よりもはるかに古い歴史を誇るからである。「古都」フィレンツェ市は、トスカーナ州やフィレンツェ県よりも予算と裁量を多くもつ。一般に、必ずしも州知事が市長の上というわけではなく、実際その逆の場合もありうる。

大学もまた、国よりも先に誕生しているが、同種の現象が内部でおきている。一〇八八年創立とされるボローニャ大学では、学部と学科は、上下の関係にあるのではなく、むしろ重なり合いながら併存している。とはいえヒエラルキーの対概念は決してカオスとはなりえず、イタリアの権力構造は分散型であるといえる。

憲兵隊（いわゆる「カラビニエーリ」、軍に属する）と警察（内務省管轄）というほぼ同じ機能をもつ公共の治安維持組織の併存も、実にイタリアらしい。それぞれが異なる経緯をもつため打ち消し合わず、また国家の側からも取捨できない。効率性や経済性よりも、長年培われてきたアイデンティティの保護に重きがおかれている証である。長い歴史があって、その重みがのしかかる国の仕組みは複雑で、ときに不可解である。それなりの秩序はあるものの。

歴史ある「若い国」

イタリアという名称は、五世紀の西ローマ帝国滅亡のあとは、教皇領、帝国の属領、都市国家が濫立する地方について用いられてきた。文化的モザイクの代名詞である。晴れて国名となったのはほんの最近、統一が達成された一五〇年前のことなのだ。イタリアは、歴史の古さを強調する割には、「若い国」である。

「複数」のイタリア――イタリア語でも奇異に響く複数

形 Italie ――となってしまうのは、若く未整備の国であるがゆえだ。どうしても半島統一以前の歴史層が現代に透けてきてしまう。イタリアの「いま」においても、かつての課題は残り、「単数」のイタリア Italia の定着にはほど遠く、そもそも単一性への志向がどれほどかもわからない。政治の世界では地方分権を進める連邦制が繰り返し提起され、二〇一一年の統一一五〇周年の折には、全体としては概ね盛り上がったものの、北イタリアに位置しオーストリアと接しているドイツ語圏トレンティーノ＝アルト・アディジェ特別自治州や、王国の伝統が根強く残る半島南部とシチリア島では、冷ややかな反応がみられた。

もはや、一見まとまりがありそうな半島というよりも、海洋史観に基づいて「多島海」（哲学者カッチャーリによる「アルチペーラゴ」）と呼ぶべき土地なのかもしれない。もちろん多様性は、多くの問題をはらむが、ポジティヴに捉えるべき特色である。イタリアから連想をつないでいくと、つねに崩壊の危機をはらみ、それがゆえに結びつきを強固にせんとするヨーロッパ共同体のイメージへといたるかもしれない。いわばイタリアは現代ヨーロッパの縮図なのである。

大戦から一世紀

二〇一四年、ロシアへのクリミア半島編入からまもなく、当時「大戦」と呼ばれた人類初の近代戦の開戦からちょうど一世紀の記念式典において、ヨーロッパ諸国は平和、そしてEU内での団結への思いを強くした。

イタリアにとっても第一次世界大戦は国家統一を語るうえで重要である。誕生から半世紀を経た国にとって、ナショナル・アイデンティティを固める実践の場となったからである。イタリアで大戦を語るさいに欠かせない記録文学である、エミリオ・ルッス『戦場の一年』（一九四五）は、あえて「イタリア人の戦い」（ナポリ人やミラノ人としての戦いではなく）であることに触れずに、サルデーニャ島出身者だけで固められたサッサリ隊が前線で挑む激しい戦いを描いた。一方、ルッス本を映画化したロージ監督『総進撃』（一九七〇年公開、原題は『非人間』（*Uomini contro*））は、戦場で異なる地方の出身者同士の相互理解が暗示されるという「修正」を試みている。大戦を描く際には、戦場にてはじめて「イタリア人」意識が芽生えるというストーリーをどうしても盛り込まなくてはいけない。そうした事情を明らかにしつつ、統一の本質を問い直すのが、常にイタリアがなすべきことなのである。

（土肥秀行）

1 イタリア人とイタリア語——一五〇年来の課題

イタリアという言葉は地名でしかない。所定の言語を指し示すものだが，政治的な意味はもたない。革命イデオローグはそうした意味を付与しようとするが。
（メッテルニヒ『ウィーン会議録』）

イタリア人とは

イタリア人の人種的ルーツを探るならば、鉄器時代までにはすでにイタリア半島で暮らしていたイタリック系民族から始めなければならない。前一〇世紀が過ぎた頃に入植してきたギリシア人から影響を受け、さらに中北部に居住していたエトルリア人との衝突（同時に文化の吸収）を経て、ローマ文明は出来上がっていく。そして半島や地中海での覇権争い（カルタゴとのあいだのポエニ戦争）に勝利し、前三世紀までに共和国、次いで帝国として絶対的な地位を得る。ここでひとつの半島（と地中海）のアイデンティティが確立されるが、西ローマ帝国が滅びる五世紀頃から、北からの異民族の流入により混乱が始まる。のみならず地中海沿岸地域間の盛んな交流が、イタリア半島における人種さらには言語のクロスオーバーを生んだ。現在のイタリア人は、古代ローマ人と「同じ血」ではなく、さまざまな「混血」を経た、かけ離れた存在である。

イタリア王国が一九世紀後半にできるまでは、イタリアと名のつく統一国家が半島にあったためしはない。イタリアにとって屈辱的であった、一八一五年開催のウィーン会議におけるオーストリア外相メッテルニヒの言葉「イタリアという言葉は地名でしかない」、つまりそんな国は存在しないという蔑みは、確かに認めざるをえないものだった。ある意味現在でも、イタリアという国の実体性は乏しく、イタ

図1　ボルツァーノ（ボーツェン）市のダンテ広場

リア人とは？　イタリア語とは？　といった問いに答えるのは難しい。

多言語国家イタリア

意外なことに、いくつかの調査やデータが認めるところでは、イタリアはEU域内でもっとも多くの言語が話されている国である。公用語はイタリア語のみである一方、じつに二〇の言語がイタリア国内で使用されているとされる（近年の移民がもたらした諸語を除く）。とはいえEUが民族と言語の少数派保護政策を推進するがゆえに、多めに見積もられているきらいもある。かつて言語と方言の区別が、マイノリティ軽視に傾いてしまった反省があるからなのだが、もちろん最近ではそうした区別は葬られつつある。これまでに方言の再評価にあたってきたのは、手つかずの無垢な言語に新たな表現の可能性をみた二〇世紀の詩人たちである。スタンダードの生成を目する、言語の純潔主義に抗する動きであった。

その純潔主義とは、トスカーナ地方の言語的優位のもとに生まれている。一五八三年に正式発足したクルスカ学会（「ふすま」を冠し、余計な殻のついていない言語を守る）は、初めて言語辞書を編纂したことでも有名であり、つねにイタリア語の純化を訴えてきた。今日でも国語審議会の役割を果たし、世界中から寄せられるさまざまなイタリア語についての質問に対して、フィレンツェに置かれている本部からHPや機関誌を通して答えている。

この歴史的な流れは、一三世紀から一四世紀にかけてダンテ、ペトラルカ、ボッカッチョという、ヨーロッパ文学の源に位置する詩人・散文家たちがフィレンツェ

図2　『ダンテ神曲註解』（1481年フィレンツェ版）

図3　マンゾーニが学んだヴュッスー資料館

の言葉で書いたことに端を発している。そして近代の終わりに、ミラノ出身の作家アレッサンドロ・マンゾーニ（1785-1873）は、評判をとった小説『いいなづけ』を「アルノ川ですすぐ」ためにフィレンツェに渡り、主にヴュッスー資料館で学んだ。そうして、より洗練された言葉に書き換えられた『いいなづけ』（第二版、一八四〇）が発表される。現代の中学校でも必ず学ばれる国民的小説の誕生は、伝統的なフィレンツェの文学語を標準語として採用するひとつの要因となった。もっともこうした文学語の支持には、マンゾーニをはじめ、ギリシア出身の詩人ウーゴ・フォスコロ（1718-1827）、ダルマチア地方出身でイタリア語辞典を編纂したニッコロー・トンマゼーオ（1802-74）のような、「辺境」の人々が熱心に携わっている（これらの地域は旧ヴェネツィア共和国の影響が濃い）。ただロマン主義的理想に燃える知識人が支持するにしても、新しく標準語となる言語は、一八六一年の統一達成時に、人口の二％の人々にしか話されていなかったというデータもある。こうした言語的アイデンティティの緩さは今に影響を及ぼしている。

「イタリア人、アイデンティティ求む」

大衆新聞『レプッブリカ』紙（二〇一〇年三月一一日付）に載った統一一五〇周年プレイベントを告知する記事の見出しには、「イタリア人、アイデンティティ求む」とあり、通りの壁によく貼ってある「空き家求む」といった惹句を模したフレーズが使われていた。本文には、「一八六一年に統一国家としてイタリアが誕生した。その当時から課題であるのは、いかに市民のあいだに帰属意識を植え付けるかであイタリアの喫緊の課題は，しっかりとした特徴のイタリア人をつくることである。しかし日に日に逆の方向に進んでいるようだ。イタリアはできたものの，イタリア人ができていないのである。

（ダゼリオ『自省録』）

図４　ファーブル作，愛国詩人フォスコロ肖像（中央）

る。だが実際のところ、問題は複雑である。というのも国家と共に、人々のかたちも変化し続けなければならなかったからだ」と、一五〇年経っても定まらない「イタリア人」問題が吐露されている。そこには、統一に貢献した政治家マッシモ・ダゼリオ（1798-1866）の自省録に記された「イタリアはできたものの、イタリア人ができていない」との言がリトルネッロのように今でも悩ましく響いているのである。

イタリア人・語について考えるときに、「そうとは考えられないもの」と対照させるのがひとつの手段となるが――たとえば「辺境」の人々について――今では「移民」がヒントとなる。ヨーロッパ諸国に共通する問題となっている移民へのまなざしは、イタリア人へのそれと真逆ゆえに、逆説的だが、どこか通じたものがある。後進国として帝国主義に乗り遅れ、限られた植民地しかもたなかったイタリアにとって、外の人間との共存関係は、この二〇年のあいだに急速に増大した移民との付き合いに限られている。「移民馴れ」していないがゆえに、無意識のうちに持ち続けてしまっている曖昧なイタリア人観（イタリア人とはなにかという答えのない議論の積み重ね）、それから脆弱なその基盤が露わとなってきている。いまだにしばしば見受けられる、外から来た者（移民を含む）に対する無邪気で無自覚な「差別」は、自ら抱えるアイデンティティ問題の未熟さゆえであろう。政治勢力として一定数を占めるにいたった北部同盟、または拡大を続けるファシスト系右派がもつ志向性は、決して具現化することのない幻想にイタリア人観を追いやってしまい、建国以来一五〇年間の努力を無に帰す危険をはらんでいる。

（土肥秀行）

2 半島・島・地中海――どこまでがイタリアか

図1　伊独二カ国語表記があるボルツァーノのレストラン

大陸に繋がって南北に延びる地形

イタリアの国土は総面積が三〇・一万平方キロメートル（日本の約八割）で、アルプスの南斜面から地中海まで一三〇〇キロメートルにわたって伸びる長靴型の半島と、シチリア、サルデーニャ、エルバ島など大小七〇あまりの島々からなる。最北部はフランスのディジョン（アジアではサハリンのユジノサハリンスク）、最南部はチュニジアのチュニス（日本では金沢）とほぼ同緯度に位置し、ヨーロッパ大陸から地中海に向かって長く突き出た国土を持つ。北部は国境をフランス、スイス、オーストリア、スロヴェニアと分かち、凹凸が激しいゆえに七五〇〇キロメートルの長さにわたる海岸線を持つ半島は、地中海を悠々と見渡しているかのようである。大陸と地続きで繋がっているということは、同時に海に囲まれているとはいえ、日本のような列島とは大きく異なる。すなわち、イタリアは地中海に位置しながらにしてヨーロッパ大陸の文化と交わる契機を地理的に与えられている。

交易都市として栄えたすぐれた港の数々

イタリアの優れた港湾都市といえば、まずピサ、ジェノヴァ、ヴェネツィアの名が挙げられる。ピサは紀元前にギリシアの植民地として街が整えられローマ人によって海軍都市となった。十字軍遠征では富を獲得するが、やがて同じリグーリア海

図2　アグリジェントのギリシア神殿（シチリア）

に面したジェノヴァと内陸のフィレンツェの支配下に置かれる。片や一二世紀初頭すでに強大な力の海軍を備えていたジェノヴァは、十字軍の遠征で地中海東部の諸都市と交易を始め、コルシカやチュニスとの貿易も掌中のものとし、商業の共和国となった。一方、エジプトのアレクサンドリアから持ち帰った聖マルコの遺体をシンボルとする共和制となり独立したヴェネツィアは、アドリア海の付け根という地理的状況を生かして東方貿易に乗り出し、ジェノヴァを抑えてイタリア一の交易都市となった。ジェノヴァのコロンブスも、ヴェネツィアのマルコ・ポーロも、交易によって栄えた港から世界へと旅立ち新世界の発見や東方の文化を持ち帰った彼らの偉業は、地中海に面したイタリアの地形なくしては考えられない。

地形によってもたらされたイタリアならではの問題

南北に長く伸びる半島や島は、地中海文化の交差点として、はるか昔から東はギリシアやフェニキアの、南はカルタゴやアラブ世界の文化の流入を、ヨーロッパのなかでいち早く受け、それらの異文化を大陸ヨーロッパ文化と融合させる仲介役を果たしてきた。アルプス山脈には高い山々が聳《そび》えているとはいえ、スイスやオーストリアへと抜ける峠に恵まれていることで、北方の国々とイタリアの人や物の交流が比較的容易であったためである。異文化の多様性が、イタリア文化に豊かさをもたらしたのである。

ところが、外からもたらされるものは、つねに歓迎されるものばかりとはいえない。半島の東岸および南岸、あるいはシチリア島周辺には、東からアルバニア人が、南からアフリカ人の移民や難民が船で上陸し、イタリアはその対応策に追われてきた。近年では二〇一三年一〇月、シチリア島南に位置し、北アフリカにもっとも近いヨーロッパの領土であるランペドゥーサ島沖で、エリトリアやソマリアなどからの難民を乗せたボートが転覆して三百人以上の死者が出た。EUでは難民受け入れについて、「移民や難民の申請取り扱いは、彼らが最初に足を踏み入れた国が管轄する」と規定しているため、ヨーロッパとアフリカの中間点に位置するイタリアにとっては深刻な問題となっている。

図3　南チロルの村

陸続きがもたらした文化の多様性

アドリア海に面したヴェネツィアから海岸線を東にずっと進んでいくと、スロヴェニアとの国境に食い込むように、フリウリ＝ヴェネツィア・ジューリアの州都で、トリエステ自治県の県都であるトリエステがある。現在は比較的ひっそりとした趣のある港町だが、港を有する利便性に目を付けた隣国と領有をめぐり争った長い歴史がある。第一次世界大戦後の一九二〇年、瓦解したオーストリア＝ハンガリー帝国に代わって、ようやくトリエステはイタリア王国領となる。しかし、第二次大戦後、旧ユーゴスラヴィアとのあいだで帰属をめぐる紛争が生じ、一時は国連の管理下に置かれた。トリエステが最終的にイタリアに併合されたのは、一九五四年のことである。

このような歴史を持つトリエステでは、一九世紀初頭まで特殊なフリウリ語が話されており、その後トリエステ方言へと変化していった。イタロ・ズヴェーヴォ

図４　トリエステのウニタ・ディタリア広場に見えるウィーン風の建物

図５　さまざまな文化が融合したパレルモの大聖堂（シチリア）

（本名エットレ・シュミッツ、1861-1928）はトリエステを代表する作家だが、第一次大戦が終わるまでオーストリア＝ハンガリー帝国の市民であった彼にとってイタリア語は第二言語であり、彼のイタリア語は悪文と評されることがある。また、現在も残るウィーン風の豪奢な建築物や、イタリアのバール文化とは趣の異なる優雅なカフェ文化は、トリエステがイタリアの街でありながら隣国の影響を受けてきた歴史を物語っている。

国境はどこに引くべきか

トリエステ同様、未回収のイタリア回復運動（イレデンティズモ）の中心地であったトレントは、一九世紀後半にオーストリアに属していたトレンティーノ＝アルト・アディジェ州の州都である。この地方はもともとドイツ系住民が多く住む地域であり、住民が話す言葉もボルツァーノあたりに行くとイタリア語よりドイツ語のほうが好んで用いられている。その意味でイタリアというよりドイツ的な文化を擁しているといえよう。実際少し車を走らせればスイスのサンモリッツやオーストリアのインスブルックに行けるこの地には、チロル風の山小屋が散在し、食べ物は豊かな乳製品をたっぷり使った料理が多い。フランス語が優勢のイタリア北西部のアオスタ渓谷上流地域と共に、イタリアでありながら住民はむしろ国境を接する隣国の住民とアイデンティティを同じくしている。地図上で見ると各国の境界線は明確に引かれているが、その行政上の境界線とは別に、文化的な境界線が引かれることがわかる。

（越前貴美子）

3

都市国家コムーネ——中世から現代へ

コムーネの定義と中世の位置づけ

イタリア語のコムーネcomuneには「㈠共有・共同の㈡普通・一般の」という意味があり、㈠の意味においてcomuneで形容される集団内では、たとえば興味や利益は構成員によって共有され、㈡の意味において、その興味や利益は個人の権利に属する。つまりコムーネは、国という上からの制裁という概念をもつプッブリコ（pubblico）の反対概念である。一方、名詞になるとcomuneは、「地方自治体の市町村」や「市庁舎や町役場」を、中世との関連においては、「自治的な都市国家」を意味し、中世ヨーロッパにおいて同類の者の集団が、自発的な規則のもとに成立させた自治形態を意味する。ここで取り上げる「自治的な都市国家コムーネ」が成立した中世とは、いったいどのような時代であったのだろうか。

中世とは、四七六年の西ローマ帝国滅亡から、一四五三年のオスマン帝国による東ローマ帝国滅亡までの時期を指す。中世に対する一般的なイメージとしては、ペストや異端審問によって連想される暗黒の時代といったネガティヴなものが多く、その後に起こったルネサンスに思いをはせれば、そのイメージは一層強調される。だからこそ、なぜ中世の後に文芸復興が花開いたのかを考えることには重要な意義がある。その理由を探るにさいして、ここでは、中世からルネサンスに移行する時代背景のなかの都市国家コムーネに注目してみる。

図1　周辺地域からフィレンツェ中心地を望む

図2　北方の都市国家（ブリュッセル）

図3　アンブロージョ・ロレンツェッティ『都市における善政の効果』（プッブリコ宮殿，シエナ）

図4　アンブロージョ・ロレンツェッティ『田園における善政の効果』（プッブリコ宮殿，シエナ）

コムーネの成立と発展の過程

住民の自発的組織であったコムーネは、早いもので一一世紀に、ほとんどが一二世紀にできた。成立にさいしてはいくつかの要因がある。まず、外敵であるバイキングやサラセン人からの襲撃に備えた一時的な結集が挙げられる。また、内的な混乱による結集もあり、たとえば皇帝と教皇の叙任権闘争の混乱では住民が結集を迫られた。さらに、教会改革を要求する運動の高まりの結果でもあった。しかし最大の要因は、東方貿易をはじめとする商業活動の発展で都市が繁栄した結果の人口増大であろう。これには、一〇九六年に第一回が行われた十字軍遠征の影響もある。イタリアの港湾都市は遠征に加わり支援することで利益を獲得した。ヨーロッパ大陸と東方地域の中継点であるイタリアならではの要因といえる。

以上のような要因によって成立したコムーネの発展過程は、四段階に分けられる。最初はコンソリ（consoli）制と呼ばれ、行政長官が貴族層から選ばれるが、のちに商業成金も加わり徐々に党派間の秩序が取れなくなる。そこでポデスタ（podestà）制と呼ばれる、執政を司る司法長官の他都市からの招聘がなされた。ところが、他の都市から選んだとはいえ、任期も一年と短く統治しきれないことから、商人と手工業者は同業組合（アルテ）をつくりポポロ（popolo＝民衆）制として自衛した。やがてこれも党派間の争いの混乱を受けてうまくいかなくなると、強力な党派に身を寄せるしかなくなり、ひとつの強力な名家に政治を託すシニョリーア（signoria＝君主・領主による統治）制を採用した。フィレンツェの市庁舎前の広場はシニョリーア広場と呼ばれるが、花の都がシニョリーア制のなかで、メディチ家という強力な

図５　海洋貿易で富を築いたピサ

図６　シエナの中心と周辺地区

名家に権力を移行したからこそ、次の時代に文芸復興がこの地で大きく花開いた。中世の時代にコムーネが先の発展を遂げた結果もたらされたルネサンスである。

コムーネ――イタリアとアルプス以北の違い

イタリアにおいてコムーネを支配していたのは、大商人と土地所有者からなる都市貴族であった。都市周辺に広がる領域コンタード（contado）が都市の権力者によって征服されると、多くの領主層が都市へ移住し市民となったのである。一方、アルプス以北の都市国家は、壁で囲まれた都市の内部がすべてであった。これは、一種の領域支配権力であったコムーネとの大きな違いである。海洋貿易で栄えたビザンツ治下の都市アマルフィ、ビザンツと深いかかわりを持ちながら聖マルコの遺骸をアレクサンドリアから持ち帰り、ドージェを頭とする共和国を自ら打ち立て、ジェノヴァの勢力を抑え、東方に居留地も有していたヴェネツィア、イスラム教徒との衝突において敵を追い払い、東方貿易や十字軍への参加で富を獲得したピサ、豊かな農産物を産出し交通の要所であった領地を有したシエナといったコムーネのめざましい発展は、都市が壁外に領地を有していたからでもある。

一三四七年から翌年にかけてイタリアをペストが襲った結果、都市国家は衰退の一途を辿った。当時の様子を元にジョヴァンニ・ボッカッチョ（1313-75）が書いたのが『デカメロン』である。フィレンツェの城壁内で、一〇万人以上の人間が生命を奪われたと考えられる惨状に、法の力も地に落ちた結果、街はこの上もなく荒れ果てていた。その状況下に教会で出会った淑女七人と紳士三人はフィレンツェを出

図7　フィレンツェのシニョリーア広場

て、街からわずか二マイルも離れていない小さな丘の上の場所へと移動する。街道から少し離れ、若葉の緑に彩られたその場所の頂には館があって、美しい大きな中庭がある。周囲を芝生で囲まれ、新鮮な水の湧き出る井戸があり、葡萄酒のたくわえのある酒蔵まであるこの場所は、地上の楽園さながらに描かれている。疫病がもたらした憂さを晴らす紳士淑女たちが一〇日間を語り暮らした城壁外の田舎の荘園こそは、コムーネの領地コンタードのひとつの形として見事に描かれている。

コムーネ支配の北部・中部、そして南部

イタリア全土でみると、ローマをはさんで北にコムーネが多くみられる一方で、都市国家華やかなりし時代に、南部では異なる状況が繰り広げられていた。シチリアは九〇二年にイスラム勢力下に入っていたが、一一世紀に南イタリアがノルマン騎士軍によって征服され始めると、一二世紀にルッジェーロ二世がシチリア王に即位し、ノルマン王朝が成立した。その一〇年後に彼はナポリに入城し、シチリア王国が確立した。やがてノルマン王朝が終わると、ローマ以北で帝国再建を目指し都市国家に争いをもちかけていたバルバロッサの子ハインリヒ六世がシチリア王となった。それが一三世紀後半にシャルル・ダンジューによって、その後、アラゴンのペドロ三世によって取って代わられた。こうして南イタリアでは、長い時間をかけて集権国家が成立していったのだった。北部と中部の都市国家群と南部の集権的国家という図は、長きにわたり現在まで続くイタリアの不均衡な政治的枠組みが、なんと中世の時代にすでに出来上がっていたことを示している。

（越前貴美子）

4

王国の伝統——誕生から王制廃止へ

図1　ヴィットリオ・エマヌエーレ二世記念堂

イタリア王国の誕生

ローマのヴェネツィア広場に面して、白亜の巨大建造物が見る者を威圧するかのように聳《そび》える。見た目からウェディングケーキと呼ばれることもあるこの建物は、イタリア王国初代王の死にさいして建造の構想が練られ建てられたヴィットリオ・エマヌエーレ二世記念堂である。ここでいうイタリア王国とは、中世やナポレオン支配下時のフランスの衛星国としてのイタリア王国とは異なる、一八六一年にリソルジメント（イタリア統一運動）によって統一され一九四六年まで続いた、現在の共和国のほぼ全土を領域とする王国のことを指す。

サルデーニャ王国とシチリア王国を除くほとんどがフランスの支配に置かれた本土は、ナポレオン没落後、ウィーン会議（一八一四—一五）の決定に基づきオーストリア制圧下の王政復古体制となった。そのような状況のなか、体制を打破しようと革命的な動きが起こり、マッツィーニをはじめ民族復興思想に燃えた活動家が現れ、ガリバルディを総指揮官とする義勇軍が、北東部と教皇領を除く全土を制圧してヴィットリオ・エマヌエーレ二世に献上し、一八六一年にカヴールを初代宰相としたイタリア王国が誕生した。祖先が一一世紀初めにまで遡る名門サヴォイア家出身の王の即位である。

図2　イタリア王国初代首相カミッロ・カヴール

図3　『山猫』の作者ジュゼッペ・トマージ・ディ・ランペドゥーサ

統一が王国にもたらしたもの

ヴェネツィアとローマの結合を欠いた、トリノを首都とするイタリア王国は、最初から不完全なものになる要因を内包していた。カヴールをはじめ新王国の政治に携わった北部のエリートの多くはイタリア語よりフランス語を得意とし、南部の諸問題に疎かったからである。統一を境に従来のやり方を覆された南部の人々は統一政府のピエモンテ的な傾向に反感をもち、ブルボン王統軍の敗残兵が参加した農民一揆が騒乱の様相を帯びて、新王国の基盤を揺るがした。イタリアが後に共和国となり現在に至ってなお改善されない南北格差は、当時のブルジョワ的革命に発端を持つ大きな負の遺産といえる。

自身がシチリアの由緒ある貴族出身の作家ジュゼッペ・トマージ・ディ・ランペドゥーサ（1868–1934）は、この時の経験を大ベストセラーとなった著書『山猫』（一九五八）のなかで、シチリア貴族サリーナ公爵家の当主ドン・ファブリツィオに自らを重ね、封建的で華やかな世界がイタリア統一によって覆されるさまを、静かな諦観と旧体制に寄せる郷愁を込めて描いている。

第二次世界大戦の混乱のなかで

イタリア王国初代王ヴィットリオ・エマヌエーレ二世（在位：一八六一—七八）のあと、ウンベルト一世（1878–1900）を経て王になったのが、ヴィットリオ・エマヌエーレ三世（1900–46）である。二つの世界大戦によってヨーロッパが大きく変貌を遂げた時代において、彼はじつに波乱万丈な在位期間を送っている。とりわけ終戦

図４　中央に「山猫」が描かれたランペドゥーサの紋章

間近の大混乱期に彼がとった行動は、サヴォイア王家存続にかかわる重大な意味をもつことになる。

時は一九四三年七月、国王がムッソリーニ（1925-43）を逮捕させバドリオを首相に任命し、続く九月、イタリアは連合軍に降伏した。その直後、ドイツ軍によりローマが包囲されたにもかかわらず、国王とその一族およびバドリオはブリンディジに逃げたのだった。一方、ドイツ軍に救出されたムッソリーニはサロ共和国を樹立した。この一連の出来事以降にイタリアが辿った悲惨な日々は、レジスタンスによってイタリアが解放されムッソリーニが処刑され、最後にドイツが降伏するまで続いた。

王制廃止への道のり

ファシズム体制はイタリアの伝統的勢力である王家と教会を協力者として内包していた。教会は自ら掲げる普遍性のために、王家は王位継承を揺るがす存在として、それぞれファシズムに対して確執があったが、ファシズムが国中を席巻する状況下で、両者ともに自らの存在意義を賭けて敵とうまく渡り合う必要にも迫られていた。一九二二年、ファシストのローマ進軍のさい、当時の首相ファクタは国王に戒厳令への署名を要請したが、国王がそれを拒否してムッソリーニに組閣を許したことで、彼はのちに激しい非難を浴びることになった。

時は進み一九四三年一〇月、バドリオが対ドイツ宣戦を布告して、今や泥沼に陥った状況において、レジスタンスで各種軍事行動の統一的指導にあたった国民解放

図５　サヴォイア家の現在の当主フィリベルト

委員会は、ファシズムと結託しナチスの戦争を支持した国王とバドリオの政府に反ナチスの解放戦争を指導する資格はないとみなした。ところが、連合軍の英米間における考えの相違やソ連政府による思わぬバドリオ政府承認を受け、政府と反ファシスト諸党のあいだに存在する、至急克服されるべき分裂の原因である君主制の問題は、終戦まで持ち越されることになった。

レジスタンスは結果としてファシズムを倒し、君主制を廃止し、共和国憲法をもたらした。戦争が終わった翌一九四六年六月二日、国民投票による制憲議会選挙が行われた。共和制を支持した五四％の多くは北部・中部のイタリア人で、ローマと南部は王制支持が優勢であった。

最後の国王と、その末裔

一九四六年五月九日、ヴィットリオ・エマヌエーレ三世がウンベルト二世に王位を譲ると、翌日クイリナーレ宮殿のバルコニーに現れた新王と王妃マリア・ジョゼと子どもたちを群衆が歓声をあげて迎えた。このとき八歳であった長男のヴィットリオ・エマヌエーレが、「こんなに拍手してくれるなんて、僕たちのことをみんな好きなんだね」と言ったというエピソードが残っている。しかし、「五月の王」と呼ばれるウンベルト二世は、前王のファシズム支持やローマからの離脱の責任を問われ、六月二日をもって国外追放となりスイスのジュネーヴに亡命し、そこで亡くなった。長男ヴィットリオ・エマヌエーレは二〇〇二年の法律改正によって子息と共にイタリアに帰国した。

（越前貴美子）

5

カンパニリズモ——故郷への愛着と反撥

カンパニリズモとは

イタリア人の多くは、生まれ育った地に対して強い愛着と帰属意識をもっている。こうした郷土への愛着は一般的には肯定的なものとしてとらえられているが、行きすぎた愛着は否定的なものとしてとらえられることもある。「カンパニリズモ」という言葉は、まさにそうした出身地への強すぎる愛着のことを指す。「カンパニリズモ」は、「郷土愛」と和訳されることが多いが、日本語の「郷土愛」と違い、通常は否定的な意味合いで使われることの多い言葉である。郷土への愛着が強すぎるがゆえの「偏狭性」や「閉鎖性」、「近郊の地域に対するライバル意識」などを指して使われることも少なくない。そうしたニュアンスを意識して「地元びいき」や「地方根性」などと和訳されることもある。

「カンパニリズモ（Campanilismo）」という言葉は、元々は「カンパニーレ（Campanile）」という言葉に由来する。「カンパニーレ」とは、教会や公共の建物の一部として立つ塔、「鐘楼」のことである。「カンパニーレ（鐘楼）」に「イズモ（主義）」が付いてできた言葉が「カンパニリズモ」であり、直訳すれば「鐘楼主義」ともいえる。イタリアでは、どんな小さな町や村にも、大抵は、鐘楼の付いた教会があり、毎日定刻時に鐘が鳴る。住民の日常生活と密接なつながりを持つ教会の鐘楼は、宗教的なシンボルとしてのみならず、地域のシンボルとして、共同体意識の

図１　ヴェネツィアの鐘楼

形成に重要な役割を果たしてきたといえる。

イタリアの地域的多様性——郷土に根づくアイデンティティ

多くのイタリア人が郷土に対して特別に強い愛着や帰属意識をもつ背景には、都市国家としての長い歴史がある。そもそもイタリアという国家が誕生したのは一九世紀後半になってからのことである。西ローマ帝国滅亡後、ランゴバルド族の侵入によってイタリア半島内の政治的統一は崩れ、中世には北部と中部に多数の自治都市が生まれ、都市国家へと発展していった。その後、都市の勢力が衰退し、オーストリアやフランス、スペインなどの近隣諸国の支配を受けるようになった時代にも、イタリア半島がひとつにまとめられることはなかった。一九世紀にイタリアが国家として統一されてからも、言語や文化の面での統一は遅れ、地域的多様性を強く残したまま近代国家として発展していくこととなった。

こうした地域的多様性は、現在のイタリアにも色濃く感じられる。たとえば、イタリアには現在も活気のある個性的な小都市が数多く存在する。マスメディアの普及や移動手段の発達によって、イタリアでも文化の画一化が進んだとはいえ、言語や食文化をはじめとして、各地方の特性は今でも強く残っている。国の首都はローマであっても、経済や文化がローマに集中しているわけではない。そのため、一生を自らの生まれ故郷あるいはその近郊で終える人も非常に多く、またそうしたライフスタイルが一般的に理想的なものと考えられている。他の地方に移住した場合も、同郷の人々と集い、コミュニティを形成することが少なくない。

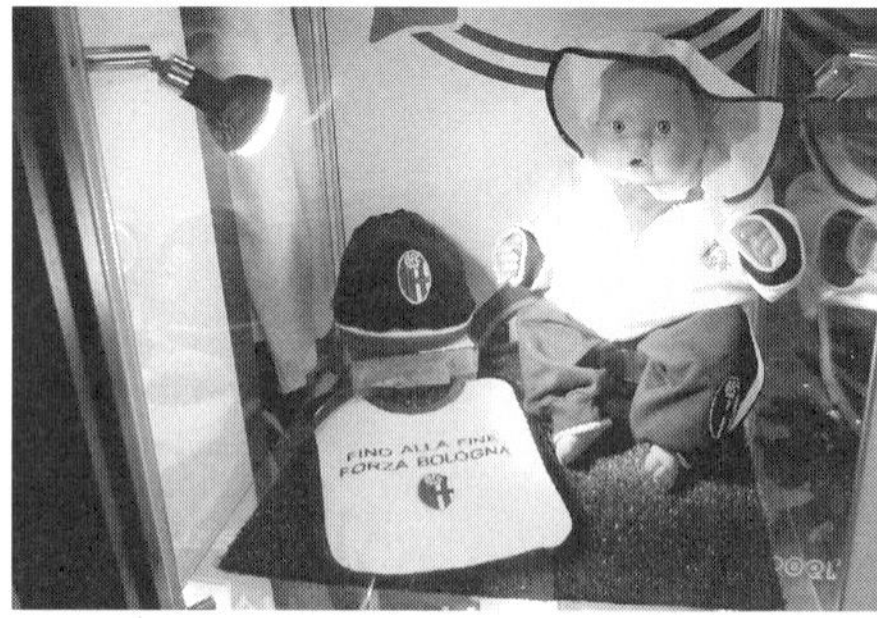

図2　ボローニャのサッカーチーム応援グッズ（チームのロゴ入りベビー服）

多くのイタリア人は、「イタリア」という国家よりもむしろ、自らの出身の州や町や村に対してより強い帰属意識と愛着をもっている。「イタリア人」というよりも、たとえば「ミラノ人」だとか、「フィレンツェ人」、「ナポリ人」であるというアイデンティティの方が強い。同じ州のなかでも地域によって言語や文化は大きく異なる。食文化を例に挙げれば、各地方に、それぞれの歴史や気候、地理条件を反映させた多様な郷土料理が存在し、現在も受け継がれ愛されている。言語についていえば、一つの州のなかにも多数の方言が存在し、近くの村同士でも方言が大きく異なることは珍しくない。「カンパニリズモ」という言葉は、一般的には出身地である「州」あるいは、「町」や「村」への愛着を示して使われることが多いが、ときにはひとつの町のなかの小さな「地区」への愛着や「地区同士」のライバル意識を指すこともある。

イタリア人の郷土に対する強い帰属意識と愛着は、サッカー観戦への並々ならぬ情熱にも見出すことができる。多くのイタリア人男性は地元のサッカーチームを応援し、チームの勝敗に一喜一憂する。とくに、都市国家の時代に対立していた近郊の町のチームとの試合では、歴史的なライバル意識も加わり、サポーターの熱狂はとりわけ激しいものとなる。

グローバル化時代の郷土愛とアイデンティティ

もちろん、イタリア人全員が出身地に強い帰属意識と愛着をもっているわけではない。イタリアのなかでも「カンパニリズモ」の強い地域と弱い地域が存在し、一

図3　アグリトゥリズモ（農家民宿）施設のテラス

図4　地産地消のマーケット

概には言えない。当然のことだが、同じ地域のなかでも郷土への愛着の度合いには、個人差がある。

また、交通手段の発達によってますます移動が加速化され、多くの人がより気軽に他の町へ移り住むようになった現在では、地域への帰属意識や愛着もひとつの町だけには限られないものになってきている。さらには、イタリアから外国へ、外国からイタリアへと移住する多くの人々の存在により、国境に縛られないアイデンティティのあり方もますます広がっている。こうした意味で、イタリアにおける「郷土愛」はより開かれた複合的なものにもなってきているといえるだろう。

しかし、こうした流れに反発するように、政党・北部同盟に代表されるような閉鎖的な「地域主義」を逆に強めていく人々がいることも否定できない。閉鎖的な地域主義や郷土愛は、「よそ者」への差別や攻撃を生み出しやすく、人種主義や排外主義、移民憎悪などとも結びつきやすい。

イタリアにおける「郷土愛」や「郷土への帰属意識」は今後どのように変化していくのであろうか。変化や多様性を受け入れながらも、豊かな郷土の文化を引き継いでいくことは可能であろう。たとえば、近年のイタリアにおけるアグリトゥリズモ（農家滞在型の観光や宿泊施設）やスローシティ運動（街並や暮らしの均一化に反対し、小さな町の個性を守ることを目指す運動）の広がりは、地方再生や地域活性化の優れた試みとして世界的にも高く評価されている。排他的な地域主義やナショナリズムに回帰するのでもなく、グローバル化の波に飲み込まれて画一化されるのでもない、開かれた郷土文化の可能性に期待したい。

（小久保真理江）

6

広場と街並——文化装置としての都市空間

図１　近所の公園で憩う住民

イタリアにおける広場の役割

イタリア語辞典Zingaerlli《ズィンガレッリ》（二〇〇七年版）を参照すると、広場（Piazza《ピアッツァ》）の項目は次のように定義されている。「広めの都市空間で、大抵の場合二、三本の道が交差する場所にあり、都市におけるさまざまな機能と建築学的な重要性を併せ持つもの」。

イタリアにはとにかく広場が多い。古代ギリシアやローマの時代から、地中海沿岸地域では、総じて、広場で政が行われ、人々が集まって交流し、市が立って物品が交換され、売買されてきた。イタリアの都市は、広場を中心に設計されると言っても過言ではない。大きな都市にも、人口数百人の小さな村にも、広場は必ずつくられ、人々はそこに集い、噂話をしたり、情報交換をしたりして、いわば共同体的絆を深めてきた。時間の目まぐるしく過ぎる現代でも、比較的小さな町や村へ行くと、広場のベンチに座ってお喋りをする住民たちの姿が日常的に見られる。そうした町村では、週末の夜、若者たちが特別な約束をせずとも自然に広場に集まり、近くのバールで買ったビールを片手に遅くまで語り合う、というような光景にもよく遭遇する。「広場へ行けば誰かに会える」といった感覚は、イタリアの中小の町の住民に独特のものであって、日本人には馴染みが薄いかもしれない。

広場にも大小さまざまあり、その用途も、広場のタイプによってそれぞれ違ってくる。町で一番重要な教会、ドゥオモの前には必ずといっていいほど広場があるも

図2　ヴァチカンのサン・ピエトロ広場

図3　特徴あるプーリア州アルベロベッロの住宅

のだが、その役割も一様ではないし、時代とともに変化せざるをえない面もある。ローマのような大都市では、文字通り数え切れないほどの大小の広場が市内に分布している。そのうちの代表格ともいえるヴァチカン（厳密には独立国）のサン・ピエトロ大聖堂の前に広がる広場は、世界中から訪れるカトリック信者を迎え入れるべく、ベルニーニ（1598–1680）によって設計され、一七世紀半ばに建造されたものである。壮麗にして緻密な設計効果を誇るこの広場は、一面では観光名所化しつつあるとはいえ、信者達が教皇の説教に親しく耳を傾け、教皇選出選挙《コンクラーヴェ》が行われるさい、煙突から白い煙が出てくるのをじっと見守る場所でもある。また、ローマの共和国広場やヴェネツィア広場のように、規模も大きく、建築学的には息を呑むような美しさで知られる所もあるが、現在では車の往来があるため、住民の交流の場としての機能は失われてしまっているというケースも見受けられる。その他、シエナのカンポ広場では、毎年二回、中世から続く地区対抗競馬「パーリオ」が行われ、広場は普段から町の中心であるだけではなく、町の重要な催事の舞台にもなっている。

広場と街並

イタリアの都市設計は、それぞれの地域の伝統や歴史的遺産を温存しつつ実現されてきたという点で見事である。多くは、大きな教会と広場が旧市街（歴史《チェン》的市街地《トロ・ストーリコ》）の真ん中に位置し、その周りに商店などが軒を連ねる。先述のシエナのカンポ広場やミラノのドゥオモ広場などが好例であろう。電車や地下鉄の駅の周辺が繁華街になりやすい近代日本の街並とは異なり、イタリアでは、後年つくられた

図４　バジリカータ州マテーラの洞窟住居

図５　ボローニャのポルティコ

国鉄の駅と、古くから広場を取り巻くようにして栄えてきた町の中心地との距離が、大きく離れていることがしばしばある。

　歴史ある街並の美は、基礎自治体《コムーネ》によって管理されており、文化財として登録されている建物に関しては、たとえ持ち主であっても、勝手に手を加えることはできない。京都府が、条例によって、特定の地域で景観を損ねるような看板等の設置を禁止しているのと同じように、イタリアでも、歴史ある街並の景観が損なわれることのないよう、基礎自治体がつねに目を光らせているのである。

　地域によって、街並ががらりと変化するのも、イタリアの魅力のひとつである。歴史的建造物にとどまらず、フィレンツェやナポリの旧市街およびヴェネツィアやヴェローナに至っては、街全体がユネスコの世界遺産に登録されている。アラブ人の支配を受けた痕跡の色濃く残るシチリア州のパレルモ旧市街、おとぎ話に出てきそうな形をした住居、トゥルッリが並ぶプーリア州アルベルベッロ、バジリカータ州マテーラの洞窟住居、ポルティコ《アーケード》が自慢のボローニャ旧市街など、それぞれ異なる歴史的背景を持ち、非常に個性的である。たとえばボローニャのポルティコは、一〇八八年にヨーロッパ最古のボローニャ大学が創設され、各地から集まってきた学生によって町の人口が膨れ上がったので、彼らの宿泊先として、もともとあった住宅の二階から上を外側に張り出す形で増築した結果だといわれている。因みに、そのボローニャの中心に位置するマッジョーレ広場は、普段は人々が行き交う大聖堂前のごく標準的な広場として、夏には無料の野外映画劇場として、ときにはスポーツ会場として、また、職人たちが店を出す市場として市民に親しまれている。

図６　映画『マレーナ』DVD

図７　教会前の広場でジャズの生演奏を楽しむ人々

映画や音楽にみる広場

広場は、イタリア人にとって限りなく身近なものである。町の主要な広場や、そこを起点とした目抜き通りは、社交の場であるがゆえに、人々の自己主張の場にもなりえる。日本でも話題になった、ジュゼッペ・トルナトーレの映画『マレーナ』（二〇〇〇）のなかで、戦下を生き残るために娼婦となった美女マレーナが、町中の女たちから「不道徳な女」として迫害され、町を追われた後になって、死んだと信じられていた夫が帰ってくるというくだりがある。ほとぼりが冷めた頃、夫婦は町の目抜き通りを共に散歩し、広場を横切るのだが、これには、戦時中の惨苦を乗り越え確立された夫婦間の深い信頼関係を、無言のうちに町の人たちに理解させる、という意味合いがあると考えられる。広場はそんな役割も担っている。

近年イタリア中でその死が惜しまれた、ボローニャ出身の国民的歌手ルーチョ・ダッラ（1943-2012）は、「大広場《ピアッツァ・グランデ》」という名曲を残している。ある実在のホームレスの男性に捧げたとされるこの歌は、一九七二年のサンレモ音楽祭で発表されたもので、イタリアの歌謡曲のなかでも大変親しまれている。「家族と呼べるようなもんは俺にはない／大広場が俺の家だ／俺を信じてくれるやつからは愛をもらうし、ありったけの愛をくれてやるさ」（作詞はジャンフランコ・バルダッツィとセルジョ・バルドッティ）。ボローニャでは、一九九四年、「大広場の友」という非営利団体が設立され、今日まで、貧困に喘ぐ人や、家のない人たちの支援を行っている。

（柴田瑞枝）

7

南部問題と移民――「他者」としての南イタリア

図1　イタリア王国初代首相カヴール。統一以前はフィレンツェ以南を訪れたことがなかった

歴史も文化も北部と隔絶された地域

「なんたる野蛮！　イタリアだなんてとんでもない！　これはアフリカです」――一八六〇年一〇月二七日、イタリア南部が着々とサルデーニャ王国に併合されてゆくなか、首都トリノからナポリに派遣されていたある政治家は、首相カヴール（1810-61）に宛ててこう書き送った。

「祖国回復運動《リソルジメント》」すなわちイタリアのサルデーニャ王国化の過程で、それを主導した北部ピエモンテの為政者たちは、南部という「別世界」を初めて目のあたりにした。貧困とそれに起因する社会不安、犯罪と搾取、マラリアの蔓延、識字率の異常な低さ。右の報告に見られるような、南部に対する強烈な違和感は、折しも「山賊大反乱《ブリガンタッジョ》」（南部農民の組織的抵抗）の鎮圧に手を焼きだした北部の政治家や軍人にたちまち広まり、南部地域はいわば、新生国家イタリアの足を引っ張る「鉛の錘《おもり》」と認識されてゆく。一八七〇年代、「南部問題（questione meridionale）」という呼称が議会で公式に用いられるようになると、南イタリアは後進的で非合理な世界であると、まことしやかに語られ、いつしか常識と化してしまった。

南部問題という概念を一律に定義しようとすれば大きな困難がつきまとう。それは一般に、国家統一以来、南イタリア（半島南部および島嶼部）を歴史的・経済的・文化的に特殊な地域として論じてきたさまざまな言説を指すのだが、われわれはつ

図2　カルロ・レーヴィ

図3　レーヴィが描いたルカーニア地方の人々

い事の本質を南北の経済格差（というわかりやすい一面）にばかり還元してしまいがちだ。南部を理解するのに必要な想像力を鍛えるにはどうすればよいのか。

南部の精神的肖像——『キリストはエボリに止りぬ』

南部問題を学ぼうとするとき、ときとして小説や映画が格好の入り口になるのではないか。すぐれた小説や映画は、専門知識や学術用語をぬきにして、言葉や映像のイメージ喚起力に訴えることで、南イタリアの精神的肖像をあざやかに描きだしてみせる。たとえば、カルロ・レーヴィ（1902-75）の小説『キリストはエボリに止りぬ』（一九四五）を読むと、南部の名もない貧しい人々の心の古層のようなものを、体感的に理解させせられる気がする。

医師であり著名な画家であったレーヴィは、一九三五年、反ファシズム活動の罪で南部ルカーニア地方（現在のバジリカータ州）の僻村に流された。北部の近代都市トリノからはるか南の辺土に送られた流刑囚レーヴィを待っていたのは、荒涼とした大地にへばりつく崩れかけた家々や、黒い服に黒い帽子をかぶり、黒い瞳で北部の人間を「あの世からやってきた異国の神でもあるかのように眺める」農民たちの姿だった——。「キリストはエボリに止りぬ」、それはかの地の農民たちが口癖のように漏らす謎の文言である。キリストにさえ見捨てられた土地、もしくはキリストに象徴される西洋文明が——時間、個人の魂、理性、「歴史」さえも——この最果ての地に到達することはなかったというくらいの意味か、とレーヴィは思い巡らす。

図4　ジョン・ファンテ

大量移民

生まれ故郷の失業と貧困から逃れるように、南部の農民や労働者は、大西洋を越え、南北アメリカへ散らばっていった（レーヴィが流刑囚として暮らした村にも、アメリカ帰りの移民が大勢いた）。南イタリアから海外への移民の急増は、二〇世紀初頭から第一次大戦までの、ジョリッティ時代の現象だ。約束の地の象徴ともなったアメリカ合衆国では、イタリア系移民のおよそ八割が南部の出身であった。

ジョン・ファンテ（1909-83）という作家がいる。合衆国コロラド州生まれ。イタリア人移民の二世で（父親は南部アブルッツォ出身のレンガ積み工）、英語で書きつづけた。自伝小説が多いが、自身がイタリア系であることへの怒り、やり場のない思いがふつふつとたぎるのがどの作品を読んでも伝わる。たとえば短編「とあるワップのオデュッセイア」（一九三三）は、イタリア系という出自を周囲にひた隠し、悲壮な努力で自らの「アメリカ化」を進めてゆく孤独な少年の物語と読めるだろう。

かつて合衆国で、イタリア系移民はすさまじい人種的・民族的差別にさらされた。「イタリアン」と呼ばれることは——南イタリア出身者であればなおさら——「人間」として認められないと宣告されるに等しかったのである。そうしたいたたまれないほど重い史実を知らずに、精魂こめて書きつけられたファンテの切実な叫びに触れると、手ひどく痛打されるものがある。

誇りと尊厳はどこに——映画と南イタリア

映画もまた「南部」や「移民」を抜き差しならないテーマとしてきた。

図５　映画『新世界』DVD

図６　東欧やアフリカから押し寄せる移民

かのヴィスコンティ（1906-76）が、「南部問題」の映像化に並々ならぬ意欲を注いだことはよく知られる。『揺れる大地』（一九四八）の素人俳優たちの無骨で飾らない演技は、現実のシチリアと地続きであるかのような錯覚を呼びおこす。『若者のすべて』（一九六〇）は、貧しい南部から大都市ミラノに移住してきた五人兄弟の物語。切れば血の出る同時代の国内移民問題を、息もつかせぬ見事な人間ドラマに仕立てた。そして名作『山猫』（一九六三）。ランペドゥーサ（1896-1957）の歴史小説に基づく本作は、全編の三分の一を占める舞踏会のシーンばかり注目されるが、その少し手前でバート・ランカスター演じる老貴族が、シチリア人であることの矜持と悲哀を洩らす口ぶり、表情には、観る者の不意を打つ真剣さがある。

最後にゼロ年代のイタリア映画の収穫として、クリアレーゼ（1965-）の出世作『新世界』（二〇〇六）を推したい。二〇世紀初頭のシチリア、わずかでも豊かな暮らしを夢見て、おとぎの国のような合衆国をめざし、はるか大西洋を渡ってゆく羊飼いの一家。だがようやくたどり着いた異国で、老母と唖の息子は、「劣等移民」と審査され、強制帰国を言い渡される。一家の父親は、人の誇りと尊厳にかけて、移民局の係官に振り絞るような声で問いかける。「あんたたちは家族を引き裂くつもりか！」と。

『新世界』が「移民」を描いてすぐれているのは、「移民問題」が何よりもまず誇りの問題であり、自尊心の問題であることがよく押さえられているからだ。かつてもいまも、「南部」や「移民」は政治・経済の問題ではない。人の自尊心の問題なのだ。

（住　岳夫）

Column 1

守護聖人の祭

ローマはピエトロとパオロ、ミラノはアンブロージョ、フィレンツェはジョヴァンニ……と言えば、各都市の守護聖人の名前である。カトリック教会の暦には「本日の聖人」の名前が毎日記されているが、その暦に従って各都市（正確には各コムーネ）の守護聖人の日が決まっている。その日を中心に、町をあげての祭が数日間催され、当日は役所や学校は休日となる。

日本の基礎自治体は市区町村だが、イタリアの基礎自治体は「コムーネ」と呼ばれ、人口二〇〇万人以上のローマから五〇人以下のものまで規模はさまざま、その数は八〇〇〇を超え、そのコムーネごとに守護聖人がいる。たとえば、アマルフィで海岸沿いをぶらぶら散歩していたらいつの間にか通り過ぎてしまうような隣町アトラーニにも、市長がいて、役所があり、アマルフィとは別の守護聖人の日に休む、という具合である。ふつうのカレンダーには記載されていない祝日なので、慣れない町でうっかりしていると、役所や銀行に行ったら閉まっていた、ということになりかねない。カトリックの慣習を通して、地域の自律性が強く保たれているという印象である。

現在のイタリアの正式な祝祭日はおおむね一九四九年の法律で決まったものだが、このコムーネごとに違う「守護聖人の日」は、法律には規定がない。が、労働協約には国の定める祝日と併記されている。ではその労働協約の根拠は、というと、ファシズム期の労働憲章に遡る。

カターニアの聖アガタ（サンタ・アガタ）の祭の模様

イタリア統一の動きのなか、イタリア半島中部の広大な領土を奪われたうえに借金まで背負い込まされた教皇庁は、イタリア王国政府とは断交状態にあった。しかし、カトリック教徒の多いイタリアで国民の支持を勝ちとるには、教会といつまでも喧嘩をしているわけにはいかない。一九二九年、ラテラノ条約の締結で、ファシズム政府は教皇庁との和解を果たした。その翌年には祝祭日に関する法律が発布され、カトリックの祭日も多く加えられ、その後多少の変更を経て今に至っている。

コムーネごとの守護聖人の祭は、教会と深く結びついた伝統的な祭として現在もにぎやかに行われている。制度的にはカトリック国の正式な祭日ではなく、地域ごとの慣習に根差す市民の祝日であるところに、イタリア統一も何のその、教会の底力が感じられる。

（林　直美）

第2章

「単数」のイタリア――統一国家のゆくえ

1861年２月に開催された第一回イタリア国会の様子

「単数」のイタリアの不可能性

イタリアでの日帰り旅行は楽しい。車や電車に乗って三〇分も行けば、目に映る景色や耳に届く言葉が変わり、新しい食べ物やワインを味わえるかもしれないのだ。刻々と均質化が進行していくこの時代、イタリアが失わずにいる多様性に注目が集まっている。さらに、イタリア礼賛は多様性礼賛に直結する。イタリア特有の多様性を強調するためにたびたび用いられる「イタリエ」(「イタリア」という語の複数形)という言葉があるが、多様性、ひいては複数性こそがイタリアの本質とでも言わんばかりだ。

実際のところ、イタリアを単数として語ることには少なからぬ困難がつきまとう。それどころか、「単数」のイタリアなど、統一後一五〇年以上を経たいまもなお、想像しがたく思われるのが現実ではないだろうか。「イタリアは成った。今度はイタリア人をつくらなければならない」、政治家マッシモ・ダゼリオのものとされるこの言葉が発されてからすでに二度、世紀をまたいだ。しかしながら、日常でよく聞かれる「サッカーのイタリア代表の試合があるときにだけイタリア人は存在する(それ以外の場にはミラノ人やフィレンツェ人などがいるばかりだ)」という軽口には、深くうなずかざるをえない。統一国家という、ハード面での単数形は実現されても、ソフト面での統一にはほど遠い。テレビの到来によりイタリア語の標準化が大きく促進され、また近年では高等教育が広い層に浸透しつつある。しかし「al cuore non si comanda こころに命令を下すことはできない」、そうイタリアの諺がうったえるとおり、イタリアの「こころ」をたったひとつの枠にはめ込むことはどだい無理な相談なのだろうか。

「単数」のイタリアの可能性

二〇一四年初秋に開催された第七一回ヴェネツィア国際映画祭に出品されたイタリア映画のリストに目を通すと、「イタリア人とは何か」という問いが見え隠れしていることに気づく。ここに至り、イタリア人としてのアイデンティティが真剣に問われはじめている。とくに象徴的なのは、映画『イタリア人の一日』だろう。「イタリア人の日常」をテーマにネット上で動画を募り、集まった四万四〇〇〇を超える作品をガブリエーレ・サルヴァトーレス監督が一本の映画にまとめた。個性は残しつつ、全体としてイタリア人の暮らしに漂う統一的な雰囲気を伝えることに成功している。

「単数」のイタリアはどのように可能だろうか。この問いを考えるに、一冊の本、二本の映画が示唆的だ。まずはファビオ・ジェーダ著『海にはワニがいる』（飯田亮介訳、早川書房、二〇一一）。政治難民として生地アフガニスタンを逃れたエナヤット少年は五年におよぶ過酷な旅の末、イタリアに至る。イタリアに入るや、言葉もわからず乱れた身なりで途方に暮れた密入国者に次々と温かな手が差し伸べられる。そのことに心を打たれ、少年はこの地に落ち着くことを決心する。実話だ。映画『ジョルダーニ家の人々』（二〇一〇、イタリアではテレビシリーズとして放映）はローマに住む裕福な一家の物語だ。しかしその幸福はあることをきっかけに表層性をあらわにする。そんなある日、一家の前に不法入国者の女性が現れる。戸惑いながらも交流をつづけるなかで、真の幸福が見出されてゆく。最後に、映画『人生、ここにあり！』（二〇〇八）を挙げたい。イタリアでは、フランコ・バザリアを中心とした改革を経て、一九七八年に精神病院廃絶へ向けて動き出して以来、精神病者を地域で支える地域精神医療を発達させてきた。そうした事情を背景にもつこの作品は、精神病者が自分たちの長所を最大限にいかして働くことで地域に貢献し、尊厳をもって生きる姿を描く。やはり実話がベースにある。

これら作品は、一見した限りでは、それぞれ異なる社会的現実を扱っているようにみえる。しかし「異質な存在との共存」というテーマ、そして、一人の人間として相手に向き合うことで表面的なレッテルを乗り越える解決策において、たしかに共通している。

「イタリエ」から「イタリア」へ

サッカー観戦時はイタリアが一致団結する数少ない機会と述べた。それは人間性があらわになる機会でもある。「単数」のイタリア実現の鍵をそこに見出すことはできないだろうか。実際に、深いレベルでの交流を通じることで表面的な差異を乗り越えられるというのは、筆者自身の経験でもある。複数性を定めとするイタリアの地で、人間性が尊重されるのは、人類が共有する次元にフォーカスすることで、複数性につきものの差異を維持しながらの共存が可能になることを知っているからかとさえ思えてくる。

統一国家「イタリエ」が名実ともに「イタリア」を目指すとき、そのような根源的な人間性を基礎としたアプローチが有効となるだろう。さらにこのことは、グローバル化が進み、異なるバックグラウンドをもった人たちの交流がますます活発化する世界に一つの範を提供することにもなるかもしれない。「イタリエ」から「イタリア」へ、いままさに正念場を迎えている統一国家イタリアのゆくえに期待を寄せたい。

（石田聖子）

8

ローマ――幻想としての「永遠の都」

俗なるローマ、聖なるローマ

双子ロムルスとレムスが狼に育てられる建国神話を持つローマは、ハドリアヌス帝によって「永遠の都」と称せられたように、古代よりさまざまなイメージをまとってきた。現代において「都」が意味するのは、まずは国の首都ということである。これは共和主義と愛国思想を説くマッツィーニが唱えた、新統一国家（イタリア王国、一八六一―一九四六）のための「永遠の都」ローマ首都待望論が実った結果である。そしてカトリック教会にとっては精神的支柱となる聖地である。言うまでもなくローマは法王のお膝元であり、信仰が解禁された四世紀から、ペテロ殉教の地であるヴァチカンの丘にサン・ピエトロ大聖堂が鎮座してきた。本項では、ローマのイメージを俗なるものと聖なるものとに分けて論じてみたい。

図１　「首都はローマ」と唱えたマッツィーニの像（ジェノヴァ）

空洞化する街と人

まずは俗の面から始めてみよう。映画『甘い生活』（一九六〇）において――この表現がひとり歩きしてイタリアをどこか素敵な「憧れ」の地としてしまっている――監督Ｆ・フェッリーニは、ローマの文人や知識人層、ブルジョワ、セレブリティの世俗的生活の空漠とした内実を描き出す。オリンピック開催の年に華々しく公開されたこの作品は、実は現代人についての残酷なまでのドキュメントであった。

図２　20世紀前半の文人たちが集ったカフェ・グレコ

図３　映画『マンマ・ローマ』修復版 DVD

あれから半世紀が過ぎ、享楽の極みに行き着いた現代都市ローマはふたたび、二〇一四年度アカデミー外国語映画賞に輝いた『グレート・ビューティー』の舞台となる。フェッリーニ作へのオマージュである本作に登場するのは、ローマの外部（南部、ナポリ）からやってきて野心ゆえに自壊あるいは挫折する孤独な人々である。

この映画と同じタイミングで発表された『ローマ環状線、めぐりゆく人生たち』もローマを扱いつつ、初めてドキュメンタリー作品としてヴェネツィア国際映画祭の金獅子賞を受賞した。G・ロージ監督によれば、I・カルヴィーノのポストモダン小説『見えない都市』（一九七二）を発想の源としたとのことだが、それそのものを語ることはない方法論を確かに応用している。映画では、空洞としてのローマの周縁部を走る環状道路沿いにて静かに営まれる日常が語られる。

それまでにも詩人P・P・パゾリーニが、戦後復興期に執筆した処女小説『生命（いのち）ある若者』（一九五五）のなかで、初めて文学作品でローマの町外れにあるボルガータ「庶民地区」を活写し（ゆえにスキャンダル、発禁検閲問題をひきおこした）、「イタリアの奇跡」と呼ばれた高度成長期の只中、映画『マンマ・ローマ』（一九六二）で中流に憧れる元娼婦による郊外の新興団地ＩＮＡカーサへの入居を「堕落」として描いていた。

つまりローマの俗なる側面においては、上層であっても下層であっても、あらゆる階級がローマの幻想にとらわれては、その虚に呑まれていってしまう（法王から庶民まで、階級の重層性と各層にあふれるエネルギーもまたローマらしさだが）。誰もが自己喪失の陶酔という「甘さ」をローマで味わう。

図5　サン・ピエトロ大聖堂内

図4　コロッセオ（80年に完成）

ローマの偉大さと重層性

ローマ郊外の開発という退廃は、M・アントニオーニ監督による問題作『情事』（一九五九）のオープニングでもはっきりと確認できる。地平線のかなたにはサン・ピエトロ大聖堂のクーポラのみが顔を出していて、前景には建設中の共同住宅がおかれる。失われつつあるのは原初の風景、すなわち生命力あふれる掃き溜めとしてのバラック地区、あるいはありのままの野原であった。

手つかずの自然と、崩れかけている古代ローマ建築の遺跡が併せて描かれる一種の風景画が、カプリッチョ「綺想」と呼ばれてバロックの時代から流行り始める。これが人々のオリジンへの憧れをローマに結びつけていく。この幻想はやがてイギリスを中心とした北方の良家の慣わしとなる、若者が大人となるイニシエーションとしてのローマ詣で、いわゆる「グランドツアー」に具体化する。

今では、古代の名残である遺跡群の整備された姿を、街のあちこちで目にすることができる。その威容がかきたてる崇高の感情は、聖なるローマがもつ絶対的な力を前にしたときのそれに通じている。聖なるローマとは、直接的には市内に九百以上あるとされる教会があらわすものである。サン・ピエトロ大聖堂（一六二六年落成）はそれらすべての上に立ち、教団最大のサイズを誇る。ただやはり教会が無数にあること、そしてそれが時代や様式によって細かく分かれることが、歴史の重層性というローマの特徴を示している。

初代ペテロから数えて第二六六代目となる現教皇フランシスコも、全信徒十億人を率いる神の代理人ではなく、地元の教区付「ローマ司祭であることを好む」のは、

（ローマ方言ロマネスコとイタリア語の併用）
リッチェットは早めに外出した。こざっぱりした格好で，ズボンの後ろのポケットをパンパンに膨らませている。カーセ・ノーヴェの門の前に集まって大声で議論している若者のうちに，ロッコとアルヴァーロをすぐさま見つけた。２人は体を洗う前で，作業着のままだった。股間部が膨らみ足首はすぼまった短めのズボンの内側で，まるで花瓶に指した花のような細い足が動いていた。写真でポーズを決めている兵隊さながら足を組んでいた。上に付いている２つの顔は，犯罪博物館で保存処理されたもののようだった。リッチェットは２人に近づいていった。球蹴りをする同年代の悪ガキたち pischelli（俗）は放っておいた。ボールを盗られた少年 ragazzino（伊）は泣いていた。

（パゾリーニ『生命ある若者』第２章）

即位のさいに選んだ名のもととなった中世末期のアッシジの聖人を見倣い清貧と倹約を信条としているだけあって、本音であろう（実際、ローマ司祭が教皇を務めているともいえる）。

ローマにおいて下層の存在感が強いのは、ローマ方言が広く話されているからでもある。首都だからといって標準語を話すわけではない（イタリアには標準語を話している地方はないと言っていい）。だからどちらかというと、ローマは「都会」ではなく、大きな「地方」ととらえられる。

ＲＯＭＡ×ＡＭＯＲ

ローマを「地方」とみなすうちに、悪意をもって「大泥棒ローマ（Roma ladrona）」といった悲しい韻を踏んだ罵りに至る場合がある（分離主義を掲げる北部同盟や、他者に対して不寛容な北部の右派）。悪意ではなく好意を伴って引用される、生まれたのはいつの頃とも知れない、ＲＯＭＡの逆さ読みはＡＭＯＲ、アモルすなわち愛、という常套句がある。これは二世紀までにすでに碑文として有名になっていたラテン語の回文 Roma tibi subito motibus ibit amor（愛するローマはすぐにもやってくるだろう）のなかに含まれていた。街がローマではなく、初めは違う名をもっていたという都市伝説においても、人々が探し求める「秘密の名前」、それはなにを隠そうAmor であったとまことしやかに言われる。それはローマが、愛神アモルと同一というよりも、表裏の関係にあるサタン的と人々にとらえているからなのかもしれない。

（土肥秀行）

9 リソルジメント――終わりなき祖国回復運動

リソルジメントの定義と三傑

「リソルジメント」の語は日本の高校教科書でもそのまま用いられているが、字義通りには「ふたたびのぼること」である。北部にオーストリア領、中部に教皇領、南部にスペイン王家領といったように各支配地域に分かれていた半島においては、回帰すべき先として、イタリアが独立していた古代ローマの栄光、または中世都市国家の繁栄がイメージされていた。ロマン派の時代における愛国心の起こりから一八六一年への統一までの過程を、「リソルジメント」と総称する。

運動で中心的な役割を果たした三人を紹介する。まず「政治家」カミッロ・カヴール（1810-61）は、統一イタリアの母体となるサルデーニャ王国の外相、ついで首相を務めた。一八四八年の第一次イタリア独立戦争（全欧州を襲った革命の波に乗った）では、サルデーニャ王国が北伊からのオーストリア勢力の駆逐を目したが失敗。カヴールはフランスと同盟関係を結び、外交政策によりオーストリアを包囲し、一八五九年の第二次イタリア独立戦争に勝利する。ミラノのあるロンバルディーア地方は解放（サルデーニャ王国に吸収）され、半島統一へと前進した。

次に、イタリア色の強い南仏ニース出身の「軍人」ジュゼッペ・ガリバルディ（1807-82）は、マッツィーニ結成の「青年イタリア」に共鳴し、南米の諸独立戦争でのゲリラ戦で活躍したのち、一八四八年革命時にはローマでフランス軍と戦う。

図1　ラグーサ作ガリバルディ像（1891，パレルモ）

図2　赤シャツ隊のシチリア遠征
（映画『山猫』パンフレットより）

図3　「青年イタリア」結党記念碑（ローマ）

彼の名をさらに高めたのは一八六〇年のシチリア遠征である。義勇兵「赤シャツ隊」（千人隊）と共にジェノヴァ近郊から出発、シチリア島に上陸した。各地を併合しながら南伊を転戦し、ローマ攻略を寸前で断念し、それまで手に入れた土地をサルデーニャ王に献上した（有名な「テアーノの握手」）。王はこれで弾みをつけ、翌一八六一年三月一七日、サルデーニャ王国首都トリノにて、イタリア王国成立を宣言する。

最後に「思想家」ジュゼッペ・マッツィーニ（1805-72）である。フランス革命後のジャコバン派の影響を受け、秘密結社炭焼党（カルボネリーア）に参加するが、自身による新たな運動「青年イタリア」を立ち上げる。数度の亡命のうち、一八四八年革命で成立したローマ共和国の三頭政治の一翼を担う。新国家のために共和制の採用を訴えるも、サルデーニャ王と王国のスライドによるイタリア王国成立に幻滅し、国会への参加要請にも応じなかった。最期まで亡命の身を貫き、イタリア半島への再密入国を試みるうちに息絶える。マッツィーニの残した課題、共和制とは二度の大戦を経るまで解決されなかった。

三人のなかではガリバルディの人気が当時から現在までもっとも高く、勇敢かつモラルある英雄として尊敬を集める。またこれら三人とは別にサルデーニャ王から初代イタリア国王となったヴィットリオ・エマヌエーレ二世も、統一の象徴として讃えられる。

ゆえに［穏健派による］政治指導部は支配機構の一部と化した。というのも敵対グループのエリートを吸収して打ち首に処し長期に渡って不在としてしまうからである。穏健派による政治から明らかなのは，権力奪取以前にもヘゲモニー活動がありうること，またなければならないこと，効率的な指導体制のために権力が与える物質的な力に頼ってはいけないことである。ちょうどこうした問題を見事に解決して，リソルジメントは定められた範囲内で可能となったのである。「怖れ」もなく，「革命なき革命」として，つまりクオーコの言葉を意味を少し変えつつも借りるならば，「受動的革命」として実行されたのである。

（グラムシ『監獄ノート』19，§24）

図4 『グラムシ・セレクション』

リソルジメントは革命か

フランス革命後に、「革命精神」の担い手ナポレオンの支配を受けた地域、またジャコバン派の影響を受けて秘密結社に参加した上流の人々は、どこか「革命」を意識していたはずである。しかし結果的にリソルジメントは市民革命たりえなかった。そのことを二〇世紀の思想家アントニオ・グラムシ（1891-1937）は、一九世紀前半の哲学者クオーコの用語を借りて、「受動的革命」と喝破し、「革命のない革命」とまで言った。ブルジョワジーは、民衆ではなく、開明貴族（啓蒙主義的な進んだ特権階級）と結びつき、そこにヘゲモニー「覇権」（いわばゆるがぬ実質的な権力、グラムシがマキャヴェッリ『君主論』から援用）が生じた。民衆と連帯できずにいるイタリアのブルジョワジー特有の限界が示される結果となった。ゆえに革命家や共和主義者ではなく、穏健自由派による既存の国家（サルデーニャ王国）主導の統一が成ったのである。王位にはサヴォイア家が就き、前身であるサルデーニャ王国の体制を温存することになった。

ロマン主義と父殺しの欠落

そもそも国民国家形成には欠かせないロマン主義がイタリアにはあったのか、リソルジメントの支えの思想があったのか、再検証が必要なまで疑われることがある。都市国家の伝統ゆえに国民意識形成が遅れ、「イタリア人」像がないままイタリア半島ではリソルジメントの動きを迎えている。市民革命が起こりえない精神風土なのではないかという疑念に、二〇世紀詩人ウンベルト・サーバ（1883-1957）の言葉

図５　第一次世界大戦の激戦地である北部ロヴェレート

を思い出す。「イタリア人は父を殺さず、兄弟を殺すのだ。父親に奉仕し、見返りとして、他の兄弟を殺す許可を得る」（『短文と小噺』一九四六）。つまり父殺し（市民革命）ができないイタリア人は兄弟殺し（内戦）をする。イタリアの東端トリエステで書店を営んでいたサーバは、マージナルな土地にいたため、つかみどころのないイタリアの中心（の希薄な本質）がよく見えていた。革命家ではなく、カインとアベルの系列にあり、ロムルスとレムスの子孫なのである。

リソルジメントは終わらず

イタリア王国が誕生してもリソルジメントは終わらなかった。というのもまだヴェネツィアはオーストリア領であり、ローマは教皇の領地のままであったからである。前者は、「独立後」の一八六六年の第三次イタリア独立戦争で併合し、後者は普仏戦争の裏でようやく一八七〇年に教皇と仏軍の手から奪取した。翌年、念願のローマ遷都を果たす（トリノ、フィレンツェにそれぞれ五年間首都をおいたのち）。ここでリソルジメントはひと段落するが、一八七〇年代後半にはすでに次の流れ、イレデンティズモ（未回収地回復運動）が興る。とくにジューリア地方（現在のクロアチアとスロヴェニア）や、トレント地方以北のイタリアへの編入を求めた。どこまでがイタリアなのかという問題は、畢竟イタリア人とは誰かという問題にかかっており、リソルジメントから半世紀後、第一次世界大戦でふたたびオーストリアと戦う動機をつくっている。

（土肥秀行）

10

国旗と国歌――トリコローレ、「マメーリの賛歌」

法的扱いの違い

イタリアのシンボルとなる旗と歌は、成立事情や受け留められ方の違いから、それぞれ分けて論じる必要がある。日本では日の丸と「君が代」がセットとして扱われるのと対照的である。イタリアで国旗と国歌とが異なるのは、まず法的な面においてである。国旗は憲法で定められている一方、国歌にはつい最近まで法的根拠がなかった。次に、国旗の替わりは考えられない一方、歌についてはいくつか他の候補がある点も異なる。本項ではこうした違いが生まれた背景をみていく。

図1　ローマのヴィットリアーノに掲げられた三色旗

トリコローレ？　トリコロール？

まずは旗からである。イタリアの三色旗「トリコローレ」を耳にすると、「トリコロール？」と思わず聞き返してしまいそうになるのは、三色旗といえばフランスとのイメージが強いからであるが、実際、イタリアの三色旗は、他の三色旗を掲げる国同様、フランス革命の影響を受けている。最初期の愛国者であり、革命を標榜していたボローニャ大学生ザンボーニとデ・ロランディスの発案により、トリコロールの導入とイタリア独自の配色が決まったと伝えられる。ナポレオン軍のイタリア半島進出のさい、それまでの古い体制が覆されたイタリア北部の小国家連合「チスパダーナ共和国」で、トリコローレは初めて国旗として採用された（よって一

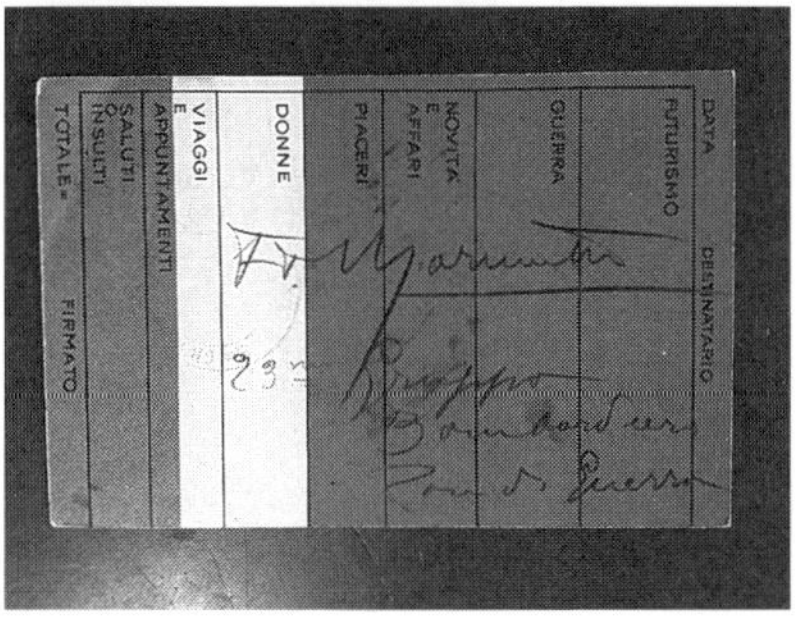

図２　未来派葉書は赤（＝未来）が幅広

七九七年が誕生の年、当時は上から下に赤白緑が並ぶ）。そもそもナポレオンは、イタリアでは侵略者である一方、現代に至る国家の枠組みを整えた、いわば国の立役者としてポジティヴにみられている。トリコローレは、数多くのナポレオンの影響のひとつである。フランス＝ナポレオン起源の旗が近代から現代にかけて、半島統一の主体であったサルデーニャ王国、そしてイタリア王国、イタリア共和国へと受け継がれていった。

憲法に定められた国旗

旗は等しく三つに分割される。数字の3は、カトリック教国にとって、三位一体を想起させ縁起がよく、またバランスよく感じられる。それぞれの色の意味は、フランスでは、青＝自由、白＝平等、赤＝博愛、イタリアでも青が緑に替わっただけで意味合いは変わらないと広く信じられている。

または三色というより、二色と中間の空白部、とみなすこともできる。イタリア王国の時代（一八六一年から一九四六年まで）には、その空白部に王家サヴォイア家の紋章が刻まれていた。一九四六年六月二日の国民投票の結果を受け、王政から共和政にスイッチし、国旗も変化した。それゆえ翌一九四七年に定められる憲法にはその変更について明示する必要が生じた。つまり家紋の入っていない旗が国旗であるとはっきり言わなければならなくなったのだ。イタリア共和国憲法第十二条は定める、「共和国旗はイタリアのトリコローレである。すなわち緑、白、赤、同じ幅の縦縞からなる」と（ちなみにドイツとフランスも国旗を憲法で定める、フランスは国歌

図３　左からＥＵ旗，イタリア共和国旗，大統領旗

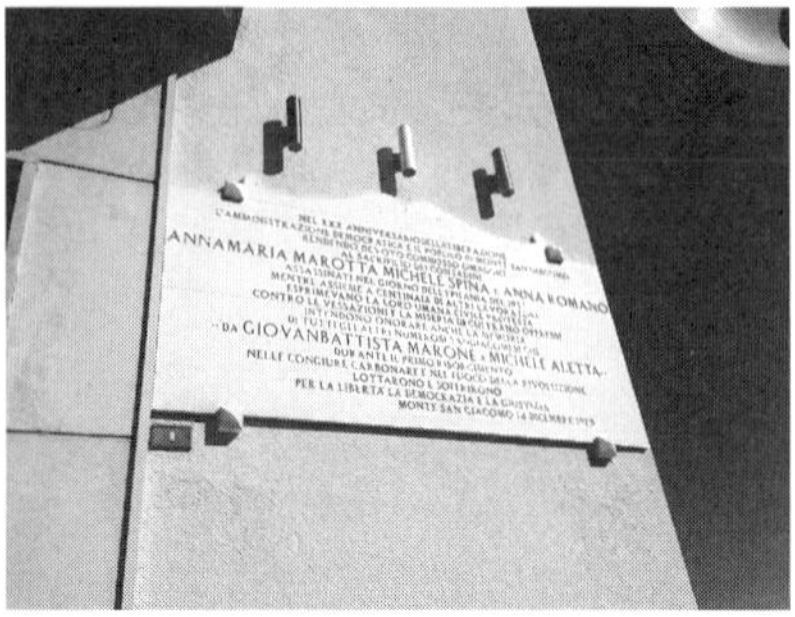

図４　国旗強奪の農民蜂起記念碑（モンテ・サン・ジャコモ村）

も）。そして誕生からちょうど二百年の「誕生日」、一九九七年一月七日以降、同日が「トリコローレの日」と定められ、毎年大統領府で祝典が開かれるようになった。一方、現在ではＥＵ旗と並べて掲げられることが多く、絶対的な地位は揺らいでいる。国という枠組みや旗自体を否定する人々は、代わりに、旗でない旗、多様性を示す七色旗により親しみを感じている。

現在の国歌ができるまで

次に国歌についてである。イタリアの国歌は、歌い出しから「イタリアの兄弟」、または作詞家の名から「マメーリの賛歌」と呼ばれる。曲調は、他のヨーロッパ諸国同様、マーチである。一九世紀の国民国家創設をめざす戦いから生まれた曲であり、時代性を色濃く残す。作られたのは一八四八年革命の前年、ジェノヴァにおいてである。すでに独立を失っていたジェノヴァでは、オーストリア継承戦争に伴うオーストリア軍の侵略撃退から一世紀の記念の歌を作って、人々を鼓舞し、ふたたびオーストリアの侵略を受けている現状の打開を試みた。直接的な言及は避け、自分たちの境遇を、ポエニ戦争でハンニバル率いるカルタゴの侵略を撃退して、栄華をきわめたローマの民に重ねている。発表翌年のさまざまな蜂起の場で広まっていった「マメーリの賛歌」は、一八五九年のオーストリアに対する勝利から一八七〇年のローマ攻略までの、数次にわたるイタリア独立戦争でも歌い継がれた。

しかしその後もこの歌が歌われ続けたわけではなく、王国時代には「君王陛下行進曲」が国歌として採用された。ファシズム期になると併せて「青春」（もとは愛国

作者不詳「ベッラ・チャオ」(いとしい君よ)

ある朝目覚めたら,
いとしい君よ,ベッラ・チャオ
ある朝目覚めたら
侵略者がいた

パルチザンよ,連れていっておくれ
さらばいとしい君よ,ベッラ・チャオ
パルチザンよ,連れていっておくれ
死にそうな気がする

もしパルチザンとして死んだら
いとしい君よまたね,ベッラ・チャオ
もしパルチザンとして死んだら
君が僕を埋めておくれよ
[…]

的な「バンカラ」ノリの歌)も演奏され、対してコミュニストのあいだであれば「ベッラ・チャオ」(もとはレジスタンスの歌)が歌われた。政治信条に応じて歌が入れ替わる状況では、「マメーリの賛歌」よりもポピュラーなものがいくつもあった。なかでももっとも根強い支持があるのは、ジュゼッペ・ヴェルディ作のオペラ『ナブッコ』(一八四二)の合唱曲「行けわが思いよ、金色の翼に乗って」(ソレーラ作詞)である。旧約聖書から題材をとった、バビロン捕囚に遭ったイスラエルの民が帰郷を願う歌を、同じく外国支配により祖国喪失に陥ったイタリア半島の人々は、深い共感をもって歌った。国民的作曲家ヴェルディの愛国心あふれるこの曲こそ、芸術性豊かで、国歌にふさわしいと考える人は多い。

国歌の法制化

さまざまな候補が挙がるなか、第二次世界大戦後に「国歌」に指定されたのが「マメーリの賛歌」である。統一一五〇周年を経て、二〇一二年には法制化され、小学校での国歌学習を義務化した(同時にイタリア王国が誕生した一八六一年三月一七日の同日を「祖国統一の日」と定めたが、祝日ではない)。こうして「マメーリの賛歌」の国歌としての地位は定まったが、慣習に留めるのをやめたのは、移民が大量に流入し、イタリア人のアイデンティティが急速に多様化しているためであろう。優勝した二〇〇六年のワールドカップにおいて、南米へのイタリア系移民の子孫がサッカー代表となるために帰化し、国歌を知らずにいて、試合前の国歌斉唱のさいに口をつぐんでいたのが問題になったことがあった。

(土肥秀行)

11 『ピノッキオの冒険』と『クオーレ』——児童文学が映す時代と社会

図1　木に吊るされたピノッキオ

時代背景

言わずと知れた児童文学の名作『ピノッキオの冒険』と『クオーレ《こころ》』——この二作が、互いにたった三年の年月を隔てて生まれたのは、イタリア激動の時代である一九世紀末、一八六一年に統一国家が形成されてから約二〇年後のことであった。サルデーニャ王国は、一八五九年七月から翌年一〇月までに、ロンバルディーアやトスカーナ、マルケ、モデナ、シチリア島などで住民投票を行い、結果これらを併合・統一し、一八六一年三月にイタリア王国が誕生した。当面の首都はトリノ（一八六五年、フィレンツェに移転）、国王はサルデーニャ国王ヴィットリオ・エマヌエーレ二世（在位一八六一—七八）と定められた。

国民投票の末に生まれた王国とはいえ、国が統一されればその日から国民が皆同じ理想をもち、ひとつの言語を共有し、大きな障害もなく政が行われるというわけではない。イタリア王国もまた、南部農民の反乱や、王国に組み込まれることのなかった教皇国家との対立、ローマとヴェネツィアの併合という課題、国民の言語の不統一など、さまざまな問題を抱えていた。『イタリア文学史』（一八七〇）を著したデ・サンクティスは当時、「イタリア人の改革がないままにイタリアが形成されたことは遺憾だ」として、イタリアにおいて、政治的統一はなされたものの、知的・道徳的統一の課題は依然として残るということを指摘している。『ピノッキオ

図２　ピノッキオの生みの親
カルロ・コッローディ

図３　「こども新聞」掲載の
『ピノッキオの冒険』

の冒険』（一八八三）と『クオーレ』（一八八六）が出版された時代は、イタリアが統一後の混乱や困難を経験したリソルジメントの時代から、帝国主義の時代へと移り変わる、その過渡期にあたる。

『ピノッキオの冒険』

作者カルロ・コッローディ（本名カルロ・ロレンツィーニ、1826-90）は、フィレンツェに生まれ、父母が奉公をしていたジノーリ侯爵家の援助を受け、コッレ・ディ・ヴァルデルサの神学学校で五年、続いてフィレンツェで二年、修辞学と哲学を学ぶ。やがて、ある書店で働き出したのをきっかけに編集の仕事に携わるようになり、以後、文筆や辞書編纂、翻訳などを生業にした。第一次イタリア独立戦争には志願兵として、第二次イタリア独立戦争にはピエモンテの兵士として参戦している。

多くの雑誌や新聞に寄稿したコッローディだが、なかでも彼を一躍有名にしたのは、『ピノッキオの冒険』であった。実はこの木彫りの人形の物語は、賭け事で金を使い果たし、すっかり首の回らなくなった作者が、編集者の依頼で仕方なしに書き始めたもので、一八八一年七月七日、「こども新聞」にその連載の第一回が発表された。「昔むかしあるところに……ひとりの王さまがいたんでしょ！　わたしのちいさな読者たちは、すぐさまそう言うにちがいありません。いいえ、みなさん、それはまちがいです。ひとつの木へんがあったのです」という、お決まりのおとぎ話の出だしをもじった冒頭の数行は、巧妙に読者の心を摑んだ。作者は、借金を返済し終えると、早々にピノッキオは木に吊るされて死んでしまいましたと話を結ぼ

図4　エドモンド・デ・アミーチス

図5　ガルザンティ社出版の『クオーレ』

うとしたが、小さな読者たちからの「ピノッキオを殺さないで！」という声に応え、物語を継続することにしたのだった。著者自身は、借金のかたに練り出された作品が、やがて世界中の子どもたちに愛される古典の仲間入りをするとは、想像だにしていなかったに違いない。

『クオーレ』

他方、『クオーレ』の作者エドモンド・デ・アミーチス（1846-1908）は、コッローディより二〇年遅れて、イタリア北西部の町オネッリアに生まれ、幼少期にピエモンテに移り住む。比較的裕福な家庭に生まれた彼は、当初弁護士になるつもりでいたが、父の死後進路を変更し、一七歳のときモデナの士官学校に入学する。一四歳という若さでガリバルディの千人隊に参加表明するほど愛国心が強く（若すぎるとの理由で拒否された）、一八六六年には、小隊長として第三次イタリア独立戦争に参加した。翌年、イタリア王国の首都フィレンツェで「イタリア陸軍」という軍の機関紙の編集を任され、一八六八年から同新聞に連載した軍生活のルポルタージュが、彼の最初の作品となる。やがて、スペイン、オランダ、モロッコなどの旅行記を精力的に発表し、紀行作家として認められるようになっていく。

デ・アミーチスが、子どもたちのために『クオーレ』を執筆することを心に決めたのは、二人目の息子ウーゴの誕生に触発されてのことだったという。物語の構想を始めてから出版に至るまでに、八年もの歳月をかけている。統一イタリアの首都トリノを舞台にしたこの作品は、一三歳の少年エンリーコがつけた日記、学校の授

図6　現代でも子どもに大人気のピノッキオ

業中に行われる「書き取り」（「今月のお話」）、ときおり挿入される家族の少年への手紙から構成されている。作品には、イタリアの未来を担う子どもたちの愛国心、道徳心を育てたいという、統一運動《リソルジメント》色の強いデ・アミーチスの思惑が随所に感じられる。この作品は現在でもよくイタリアの小学校の教科書に採用されており、今日まで数多くの翻訳がなされている。日本では、挿話の一つ、「母をたずねて三千里」（原題は「アペニン山脈からアンデス山脈まで」）が以前からよく読まれたが、一九七〇年代にアニメ化されたことで、より一層知られるようになった。

対照的な両作品

ほぼ同時代に出版された『ピノッキオの冒険』と『クオーレ』であるが、どちらも子ども向けに書かれていながら、作者の執筆の動機も、そのスタイルも異なり、対照的である点は興味深い。前者はコミカルで、大人の読者も思わず笑ってしまうようなユーモアに富むタッチで子どもの社会関係や心理を描き出しているのに対し、後者は愛国的精神に溢れ、倫理的かつ教訓的、またときに感傷的で、真面目一徹である。ピノッキオが人間になった後も庶民の子どもであると推測されるのに対し、エンリーコはブルジョワに成長するはずの子どもである、という視点から作品を眺めることもできよう。対照的な両作品ではあるが、どちらも、統一後間もないイタリアが急務としていた「イタリア国民」の形成、すなわち子どもたちの教育のために採用され、長い間イタリア国民の道徳の教科書とでもいうべき役割を担った点においては共通している。

（柴田瑞枝）

12

共和国憲法と大統領——国民投票、改憲

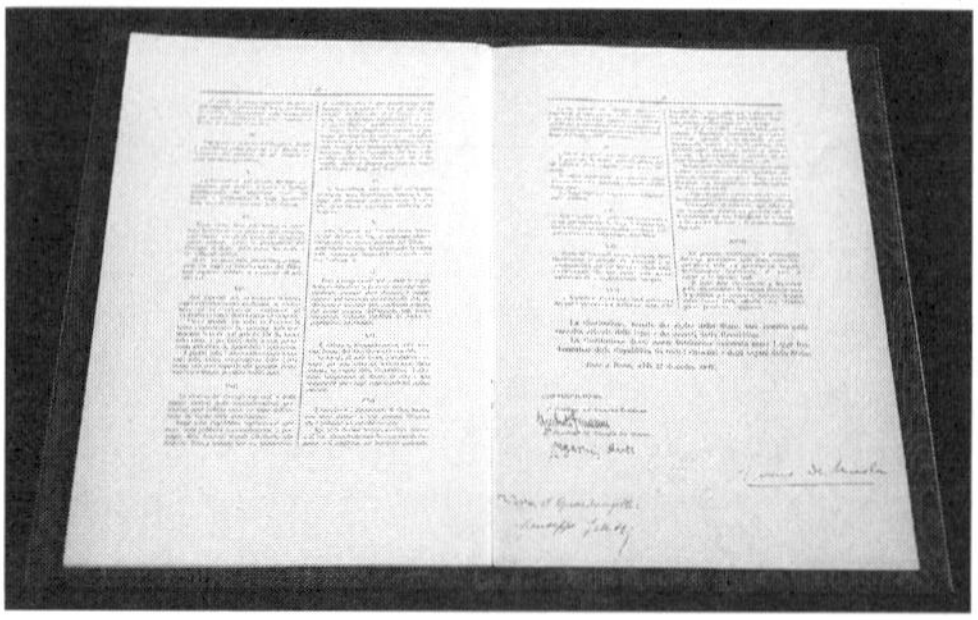

図１　大統領府収蔵の憲法の原本

共和国憲法の誕生まで

憲法はイタリア共和国と共に誕生する。二つは、第二次世界大戦における連合国に対する敗戦、続く内戦（ナチスドイツのイタリア半島侵略に対するレジスタンス含む）という経験を経たのちの、戦後の再出発において不可欠であった。一八六一年の国家統一以来続いてきた王制をどうするか、一九四六年六月二日の国民投票（ラテン語「レフェレンドゥム」）に答えは求められた。王制または共和制の選択について国を二分した論争は、からくも共和制支持が五四・三％で勝利した。この投票は、女性が参政権を持った初の機会という意味でも画期的であった。最後の王ウンベルト二世（在位一カ月）は国外追放となり、共和国体制が敷かれた。政体を決定する国民投票と同時に行われた制憲議会選挙では、五七三名の憲法制定議員が選出された。さらに草案作成のために七五名からなる憲法委員会が設置された。翌四七年一月に草案が提出され、一二月に国会で認められるまで審議が続いた。一九四八年元旦の施行にむけ、一二月二七日に初代大統領エンリーコ・デ・ニコーラ、制憲議会議長ウンベルト・テッラチーニ、首相アルチーデ・デ・ガスペリの署名により交付された。

憲法の特徴

こうして、イタリア王国時代にも憲法として有効であったサルデーニャ王国アル

図２　大統領府クイリナーレ宮の執務棟

イタリア共和国憲法　基本原則
第１条
イタリアは労働に基礎を置く民主共和国である。
主権は国民に存し，国民は憲法の定める形式と制限のなかでこれを行使する。

[…]

第３条
すべての国民は社会的尊厳を等しく持ち，法の前で平等である。それは性，人種，言語，宗教，政治信条，個人・社会的身分を問わない。
共和国の使命として経済・社会的規範にとっての障害を除去せねばならない。それは国民の自由と平等を実質制限し，人間としての最大限の発展と，国の政治・経済・社会的集団にすべての労働者が本格参加できないようにする障害である。

ベルティーノ憲章（カルロ・アルベルト王の治世に成立、ファシズム体制下では実質反故にされる）が制定されてからちょうど一世紀の年に、まったく新しい憲法が誕生した。この新憲法の最大の特徴は、連合軍政府の介入や前体制の残存に余地を与えず、イタリア人民が主体的に作成にあたった点にある。まさに（主権在民）民主主義国家や（もはやカトリックが国教ではない）世俗国家へと歩み始めるにふさわしいものとなった。全一三九条の始まりにあって、一一ある基本原則の第一を伝える一条は「イタリアは労働に基礎を置く民主共和国である」と力強い。最近でもこの条文を引用して、失業率がつねに上昇していく昨今、安定した雇用の機会をつくるよう国や企業に求めるデモが絶えない。イタリアらしいのは、六条で言語マイノリティの保護、九条で文化の推進および記念物の保護を訴えている点である。イタリアは海と山に囲まれた歴史的な多言語地域であり、多元的な文化のあり方に対する意識が強い。文化財保護については、ユネスコが存亡が危ぶまれる世界の文化遺産に対して行っている支援策を先取りしてきた。一一条では、日本同様、戦争放棄を謳っているが、ＮＡＴＯやアメリカとの同盟関係ゆえに派兵を行った湾岸戦争以降、実質が問われている。

国民投票

戦後の国づくりに決定的な役割を果たした国民投票制度は、憲法七五条でその権利が保証されている。しかし関連法が整備されずに有名無実の状態が続き、ようやく一九七〇年になって、既存の法律の廃止のみを可能とする仕組みが設けられた。

図３　大統領府内の衛兵

それも離婚法の廃止を目論む与党キリスト教民主党が動いたからであった（結局、一九七四年の国民投票で離婚法は廃止とならず）。とはいえ、国民投票は五〇万人の署名を集めれば実施できるので、野党や政治的少数派が声をあげるさいの有効な手段となった。しかし投票率が過半数に至らなければ不成立となる。二〇一四年までに計七〇回の国民投票があり、うち成立は半数の三五回となっている。もっとも最近のものは二〇一一年六月に行われた原発再稼働を問うものであるが、投票率五七％、再稼働反対九五％の結果となり、イタリアは永久に原発を放棄することとなった。

改憲の動き

イタリアの憲法改正は国会の議決のみで可能である（上下両院の過半数で発議、両院で三分の二以上の賛成が二回必要）。二回の採決でも決まらない場合、改正に反対する側は国民投票を申し立てできる。二〇一四年まで細かな修正を一五回重ねてきたが、途中二〇〇六年に大規模な改憲が国民投票に問われたものの斥けられた。このときも議論された、現行の「完全な二院制」（上下院が同等の力を持つ仕組み）が、二〇一三年に二カ月の政治的空白を生みだしたことから、下院の優越を定めるよう改正への動きが加速した。憲法を守る動きは国民に広く浸透しているが、一方で制度としても一九五六年より憲法裁判所が機能し始め、日本の最高裁判所にあたる破棄院にならぶ権威として憲法の番人を務めている。

図4　クイリナーレ宮の毎週土曜日恒例の衛兵交替式

もしわれわれが1860年当時のように８つの国に分かれたまま，自由もなく外国支配の下に留まっていたなら，歴史の外に追い出されて，ヨーロッパの強国に決してなれなかったであろう。すでに当時，大国民国家を形成していたスペイン，フランス，イギリス，そしてそうなりつつあったドイツに対して，われわれは遅れをとっていた。
（第11代大統領ナポリターノ，2011年３月17日大統領府における統一150年祭での演説）

大統領の存在感

共和国の理念を体現する存在としてほぼ象徴的な存在である。国会議員と各州の代表による投票で決まり（得票が全体の三分の二に達する勝者が現れるまで投票は繰り返し行われる）、任期は七年である。共和国に功労ある経験豊かで、党派主義に陥らない公平公正な政治家が選ばれる（首相経験者、年配者であることが多い）。機能としては、国会の決議を承けて総理大臣の任命、国会の招集と解散、法律の公布（よって議会に再考を促すこともできる）、恩赦などであるが、めずらしいところでは終身上院議員を任命できる（大統領経験者も終身議員となる）。

セルジョ・マッタレッラに交替するまで、大統領の職にあったジョルジョ・ナポリターノ（1925–）は、前例なき二期目を途中まで務めた。九〇歳に達する老齢であったが、二〇一三年の政治危機を乗り越えるためやむなくその地位に再び就いた。初の共産党出身の大統領であり、第四次ベルルスコーニ内閣時（二〇〇八年からの三年半）のように、実際の国家元首である首相の信望が不安定なとき、大統領への期待と信頼は高まる。ゆえに民間の調査機関 Eurispes による「イタリア・レポート」では、二〇一一年に支持率六割超えを記録した。その後二年間は、国民の三分の二を占める政治不信のあおりを受け、大統領の存在を信頼する人は四割強に減少している。最後に、大統領府は、ローマの「七つの丘」の一つクイリナーレの丘に建つ。一五八三年建造の宮殿は、代々ローマ法王、イタリア国王、そして共和国大統領と、いわばイタリア半島を制する最高権力者がつねに居してきた。建物内部の見学は予約により可能である。

（土肥秀行）

13

大学――その誕生から「ボローニャ宣言」へ

図１　中世の講義風景

ボローニャ大学の誕生――ヨーロッパ最古の大学

ヨーロッパ最古の大学は、イタリア中部の町に一〇八八年に誕生した。ボローニャ大学だ。その起こりは自然発生的だったと考えられる。古代ローマの詩人マルティリアスに「学識深き」と謳われたこの町に、一〇世紀後半、学びを志す者たちが集まってきた。この学生たちは、ローマ法に注釈を施す法学者たちに金銭的報酬を渡し、講義を受けた。本拠となる校舎はなく、講義は教会など町なかのいたるところで行われたという。さらに学則を制定したのも、講義のレベルが水準を満たしていなかったり、遅刻したりする教授者に懲戒処分を実施したのも学生であった。イタリアにおいて大学は、学生が運営する自治組織として発祥したのだ。

その後、一一五八年に、神聖ローマ皇帝フリードリヒ一世によるハビタ（特許状）の発布により、宗教や政治などの外部権力から独立して自由に研究を発展させることのできる特権的な場として承認されると、同大学組織をモデルとした大学が、パルマ、モデナ、パドヴァ、ナポリなど、イタリア各地に次々と誕生した。

学びの場としてのボローニャの名声はイタリアを超えて響いた。国の内外から学生が多数集まっていたらしいことは、一五六三年に建造されたボローニャ大学最初の学舎であるアルキジンナージオ宮の天井や壁面にびっしりと描かれた、学生たちの出身地が記された紋章が証言するとおりだ。学生の大量流入により人口が急増し

図2　アルキジンナージオ宮の天井

図3　ボローニャのポルティコ（アーケード）

たボローニャでは、住居スペース確保のためにポルティコ（アーケード）が各戸に増築され、現在も町のシンボルとなっている。

一六八七年、ボローニャ出身の司教であり生物学者のアントニオ・フェリーチェ・マルシーリは「教養の町ではないボローニャは、もはやボローニャではない」と喝破した。このことは、語源的に「すべてを内包する」という意味をもつ大学（イタリア語で「ウニヴェルシタ」）が、内部組織に閉じるのではなく、都市の政治や経済にも影響を与える、社会的に重要な組織にまで成長したことを示す。

統一国家の国民形成のために

ボローニャ大学の創設年をあげたが、考えてみれば、自然発生的に誕生した大学がいつ開学したかを特定するのは容易ではないはずだ。実は、この創設年は、一八八八年、詩人ジョズエ・カルドゥッチ（1835-1907）を中心とする委員会の調査のもとに恣意的に定められたものだ。同年、世界各地から大学関係者がボローニャに集い、「あらゆる大学の母」の生誕八百周年が祝われた。

この時期に大学が注目を浴びたのには理由がある。先だって国家統一を成しとげたイタリアが、真の統一国家として歩んでゆくにあたり、高等教育が注目を浴びたのだ。異なる来歴や文化を持つ人々が共存するには、高度な知が拓く展望のもとで相互理解を図る必要がある。専門知識の伝達と創出だけでなく、学びを通じ、成熟した個人と世論を形成することが肝要だ。

実際に、国家統一に向けては、当時イタリア半島に計二〇校存在していた大学が相互に連携する動きがみられた。統一に先がけ、全イタリア学識者会議が複数回にわたって開かれ、一八五九年一一月一三日には、初めて地方の垣根を越えて、高等教育機関で実施されるべき教育および行政について包括的に規定する法律三七二五号法（通称「カザーティ法」）が施行された。ところでこのカザーティ法をのぞいてみると、当時の高等教育がある特定の層のみを対象としたものであったことがわかる。高等教育の意義を定めた第四七条の条文は次のとおりだ。「高等教育は、必要とされる基礎学力をすでに備えた若者を、高度な専門知識、または科学的・文学的教養の維持・向上が求められる国内の公的あるいは民間の職務に進ませることを目的とする」。つまり国家統一にあたり、大学は、自由と寛容に支えられた国民意識の醸成という国家の要請にこたえて指導的立場に立つエリート養成の場ととらえられたのである。

長い歴史を誇りながら、それまで群雄割拠状態にあったために方針も立場（とりわけ教会との関係）もばらばらであったイタリアの大学が、ここにいたって初めて、その原義にふさわしい普遍性に向けて大きな一歩を踏み出したという点で、この時期はイタリア大学史における重要な転換点といえる。

ボローニャ・プロセス――世界市民の育成へ向けて

イタリア統一一五〇周年を記念して、イタリア国立統計研究所が発表したデータによると、一八六一年度の大学登録者数は七〇〇〇人だったのに対し、二〇〇九年度の大学登録者数は一六六万八〇〇〇人である。その数、優に二三〇倍以上だ。こ

図4　現在のボローニャ大学構内

の状況は、当然ながら、社会における大学の役割を変えることとなる。大学は少数のエリート養成の場から、大衆の教育に携わる場へ変化した。従来の制度では対応できなくなり、大学の危機が叫ばれ、抜本的な制度改革が求められた。

そうした状況を受け、一九九九年、ヨーロッパ最古の大学が誕生したボローニャで、高等教育に関する新たな挑戦が始まった。ヨーロッパ二九カ国の教育担当大臣により、その名も「ボローニャ宣言」が採択されたのだ。これをもってスタートしたボローニャ・プロセス（宣言内容を実現するための具体的なプロセス）では、緊密な協力体制のもと、参加国間の教員や学生の移動を促進するばかりではなく、比較可能な学位、単位互換制度や共同学位授与制度の導入を通じ、教育システムの統一を実現することで「ヨーロッパ高等教育圏」の構築が目指される。いまや大学は、ヨーロッパという、より広範な地域を展望するものとなったのだ。

イタリアにおいて、大学は、カトリック教会に次いで二番目に長く存続する制度だ。「大学」と「カトリック」が、ともに「普遍」という意味をもつ語源に派生するのは偶然ではないだろう。大学は、高度な知のもと、時代の変化や要請にそのつど柔軟に対応しながら、統合を推し進めてきた。都市国家、次いで統一イタリアを中心的に牽引してきた大学で、いまヨーロッパ市民の育成が始まっている。いや、ボローニャ宣言に賛同を表明する国がその後増加をつづけ、二〇〇五年にはアルメニア、アゼルバイジャン、グルジア、そして二〇一〇年には四七カ国目となるカザフスタンまでを含んだことを考えると、大学が世界市民の養成を請け負うことで、真の普遍を実現する日も遠くないかもしれない。

（石田聖子）

14

イタリアのワールドカップ――「カルチョ」の祭典

図1　イタリア代表アッズーリ（2012）

イタリア人にとってのカルチョ

自国で人気のスポーツは何かと尋ねれば、イタリア国民の誰もが一番に「カルチョ」（サッカー）と答えるだろう。サッカーくじ「トトカルチョ」でもおなじみの「カルチョ」という言葉は、「Calciare《カルチャーレ》（蹴る）」という動詞から派生したものである。中世の時代より親しまれてきた至極単純なボールゲームに、一九世紀末、サッカーの母国イギリスの「フットボール協会ルール」が導入され、それが近代の「カルチョ」として、イタリアにも次第に根づいていくことになる。一八九三年には、リグーリア州の港町ジェノヴァに、イタリア最古のクラブチーム「ジェノア」が設立され、イタリアリーグの創成期には無敵の強さを誇った。

イタリアのプロリーグは、上から順にセリエA（二〇チーム）、セリエB（二二チーム）、セリエC1およびC2と続く（二〇一五年三月現在）。日本のJ1、J2リーグ同様、毎年、成績の振るわなかったセリエAの下位三チームと、セリエBの上位三チームの入れ替えが行われるため、そこでの結果はクラブのファンにとっては死活問題である。試合観戦に加えて、賭け事の「トトカルチョ」を楽しむ人も多いが、近年、若者の間では「Fantacalcio《ファンタカルチョ》」（「空想」「仮想」を意味するFantasia《ファンタジーア》とカルチョを組み合わせた造語）という名のゲームが人気だ。一定のルールに従い、一般の観客が複数のチームから好きな選手を選んで仮想のチームをつくり、オンラインや

図2　2006年W杯の優勝を祝う若者たち

友人同士で対戦し、勝ち点を競って遊ぶ。

イングランドのプレミアリーグ、ドイツのブンデスリーガと並んで、世界三大リーグの一つとして人気を誇るセリエAだが、うちに抱える問題は少なくない。ユヴェントスやACミランをはじめとするビッグ・クラブチームのたび重なる八百長試合への関与や、サポーターによる選手への人種差別的行為、熱狂的なファンの対戦相手チームサポーターへの暴力など、事件が起きるたびに何らかの対処は試みられるものの、こうした過ちは繰り返されることが多い。また、現今のサッカー界には実際上多額の金の流動がつきものであるが、八百長試合にしろ、何十億円という選手の破格の移籍金にしろ、サッカーをスポーツというよりも「ビジネス」とみなす国民のなかには、あまりにも莫大な金の取引に閉口し、サッカーを支持しないという人もいる。

ワールドカップの歴史

W杯の歴史は古く、ウルグアイで行われた第一回大会の開催は、一九三〇年にまで遡る。当時、ウルグアイへは欧州から船で二週間かかったため、ヨーロッパからの出場国は少なく、イタリアも不参加であった。四年後のイタリア大会では、開催国イタリアが優勝するが、当時のファシズム政権が審判を買収したという説もあり、爽やかなスポーツの祭典とはほど遠い、黒い影のつきまとう大会であった。さらに四年後の仏大会に至っては、ムッソリーニが決勝戦前日、選手たちに「勝利か死か」という物騒な電報を送ったとする逸話まである。

図４　ドーハにあるジダン（左）とマテラッツィの彫像

図３　国旗を持って街を練り歩くサッカーファン

イタリアは過去四回――一九三四年イタリア大会、一九三八年フランス大会、一九八二年スペイン大会、二〇〇六年ドイツ大会――優勝を収めており、世界のなかでも強豪国として名を馳せている。普段サッカーにさほど興味のないイタリア人でも、W杯はやはり特別な催しで、開催時期になると突如国民の愛国精神に火がつく。スタジアムへ足を運べなくとも、街の広場に設置される巨大スクリーンで観戦したり、試合を放映するレストランや友人宅に集まってアッズーリを応援したり、下手なプレーを罵倒したりする。一九六六年のイングランド大会では、格下と考えられていた北朝鮮に敗北し、グループリーグ敗退を余儀なくされたイタリアチームに対し、国民が怒りを爆発させ、帰国した選手たちに腐ったトマトを投げつけたという。反対に、二〇〇六年のドイツ大会決勝で、イタリアがライバル、フランスを破ったときのイタリア国民の歓喜ぶりは凄まじく、試合終了後、街はイタリア国旗を掲げて、歌いながら道を練り歩く人々でごった返した。この決勝戦では、フランス代表引退を宣言していた名手ジダンが、イタリアのDF選手マテラッツィの暴言に激昂し、頭突きをして即退場となるという大事件が起こったのだが、イタリアではこれを野次る『マテラッツィがゴールした』という歌謡曲までもが大流行した。まさに、国民の誰もがW杯を共通体験し、愛国心に燃えた瞬間であった。

二〇〇二年の日韓共催ワールドカップでは、イタリアは決勝トーナメント第一戦を開催国韓国と戦ったが、大方の予想に反し、一対二で破れる結果となった。主審の、イタリアに不利な誤審が大問題となったいわくつきの試合であったが、ゴールデンゴールを決めた韓国のアン・ジョンファンは、当時イタリア、セリエAのペルージャでプレーしており、怒り心頭のペルージャのガウチ会長が、彼を解雇するという記事が出回った（さまざまな憶測が行き交ったが、実際には穏便に「移籍」することで片がついた）。ことがワールドカップに及ぶと、誰もが冷静さを失ってしまうイタリアらしいエピソードとして、人々の記憶に残る一件であった。

国民的英雄ロベルト・バッジョ

四回の優勝を経験しているイタリアだが、長いワールドカップの歴史においては、苦い涙を呑んだことも多々ある。フィオレンティーナやユヴェントスで長年プレーした他、代表チームにも大きな貢献をした天才ロベルト・バッジョがPKをはずした、一九九四年のアメリカ大会決勝戦（対ブラジル）は、今でも国民の語り種になっている。延長戦でも勝敗がつかず、PK戦にもつれこんだ末、バッジョのシュートがゴールポストを大きく外れて場外へ飛んで行くのを見たときのことを、皆、絶望的な瞬間としてよく憶えているのである。しかし、バッジョが夢を見せてくれる「ファンタジスタ」と称され、とうに現役を退いた昨今でも、国民的英雄として絶大な人気を誇っていることに変わりはない。若い時分から怪我が多く、つねに順風満帆とはいかなかった彼のサッカー人生だが、バッジョは、自らの活躍ぶりは仏教のおかげだとしていて、カトリックの総本山ヴァチカンを膝元に擁し、依然カトリック教徒が多いイタリアにおいて、珍しい「仏教徒の著名人」としても名を馳せている。

（柴田瑞枝）

図5　国民的英雄ロベルト・バッジョ

Column 2

ピッツァ・マルゲリータと三色旗

本場ナポリで代表的なピッツァと言えば、マリナーラとマルゲリータ。このうち後者は、トマトとモッツァレッラとバジリコをのせたもので、赤白緑の三色旗を思わせる。一八八九年、イタリア統一後初の女王、サヴォイア家のマルゲリータのナポリ滞在のさい、女王の要望で呼ばれた当時の有名なピッツァ職人が、三色旗の色を意識して創作し、マルゲリータと命名したという説もあるが、なかば伝説のようである。一八五八年出版の『ナポリの風俗習慣』(デ・ブルカール De Bourcard 著)には、すでにマルゲリータらしきピッツァの記述がある。

ことの真偽はともあれ、統一イタリアの国旗の色と初代女王の名を持つピッツァを世界に誇るナポリという町は、だからといってイタリア統一やサヴォイア王家にことさら好意的だったわけではない。

ナポリの王宮の正面には、ナポリ王国(一一三〇―一九世紀)歴代の王の像が八つ並んでいるが、地元出身者は皆無である。大雑把に言えば、ノルマン人、ドイツ人、フランス人、スペイン人、オーストリア人、ピエモンテ人。現在イタリア共和国と呼ばれる領土における、相次ぐ外国勢力による支配と略奪の歴史を端的に示す好例である。

フランス革命(一七八九)が生んだ青白赤の三色旗と一色だけ違うイタリア国旗の原型は、一七九六年からすでに、ナポレオン率いるフランス軍による占領地(衛星共和国)の旗としてイタリアに存在していた。その勢いのなか、ナポリでは一七九九年に王制を廃するナポリ共和国が誕生した。その旗もフランスの旗と一色だけ違う、青黄赤の三色旗であった。イタリア南部の選りすぐりの進歩的な自由主義知識人らが幹部であったが、財政難、海からのイギリス軍の攻撃に加え、教会と組んだ反動・反自由主義の民衆中心の組織による強い抵抗にあう。第二次対仏大同盟の圧力によりフランス勢はイタリアから一時撤退し、わずか五カ月で共和国は廃止。ナポリでは王制が復古し、一二〇名余りの共和主義者らが処刑された。民衆はボルボーネ王家を支持したのである。ところがイタリア統一後は北のサヴォイア家が王宮入りし、ボルボーネ家は追放。ナポリ王国の首都からイタリア王国の一都市へ格下げとなったナポリは、諸制度の急激な変化のなか、衰退の一途を辿る憂き目にあった。国家への不信が今も根深いのは、しかし、ナポリに限った話ではない。もともと貧しい庶民の食べ物ピッツァ、なかでもマルゲリータの大成功は、皮肉な歴史をくぐりぬけてきたナポリ、ひいてはイタリアの庶民のしたたかさを象徴しているかのようである。

(林　直美)

第3章

日常を彩る文化

文化に彩られた町並みを散策する人々（旧市街地スパッカ・ナポリの一角）

日常の詩学

イタリアで暮らすと、日常が生きることの基本という、当たり前ながらもつい忘れがちな事実をことあるごとに意識させられる。イタリアでは、家族や日々の食事といった、ともすれば看過されがちな日常の些事に熱い眼差しが注がれる。離れて暮らす家族、とくにマンマにご機嫌うかがいの電話をかけるのが日課というイタリア人は珍しくない。どのソースにどの形のパスタを合わせるべきといったたわいのない話題をめぐり喧々諤々《けんけんがくがく》の議論が交わされる場面に出くわすと、「イタリアらしいなあ」としみじみ感じ入ってしまう。あるいは、週末の午後に不意に飛び込んでくる「出かけよう！（Usciamo!）」というあまりにシンプルな誘いのフレーズに面食らった経験をもつのは筆者だけではないだろう。そこで怪しみながらも誘いに応じてみると、誰かと出かける際に「〜に行こう」や「〜をしよう」など、目的を明確に示す必要はじつはないのかもしれないと思えてくるから不思議だ。というのも、イタリア人に倣って町をそぞろ歩き、偶然行き交った知り合いとひとしきりおしゃべりを楽しみ、広場に面したカフェに腰掛けて道行く人々を観察したりストリートミュージシャンの演奏に耳を傾けてみるなら、じつにぜいたくな過ごし方をした気分になれるのだ。ますます慌ただしい現代であれ、日常を慈しむ生活スタイルはイタリアに今なお健在している。

こうした日常志向は、イタリアの芸術にも明らかに見てとることができる。たとえば、しばしば指摘されることだが、イタリアではSFというジャンルの収穫に比較的乏しい。イタリアの書店のSF小説の棚に並ぶのはほとんどが外国小説の翻訳だ。イタリアは未知との遭遇を地球外でなく、日常のさなかで果たすというわけだ。たしかに、大胆で魅惑的なファンタジーはイタリアの十八番だろう。しかしその空想力に揺るぎない基盤を提供しているのが鋭い現実観察力であることを忘れてはならない。事実、イタリアはドキュメンタリーの手法にも並外れた適性を示してきた。例としては、第二次世界大戦後、日本を含め世界じゅうに衝撃を与えた、ネオレアリズモ映画を挙げれば十分だろう。映画『自転車泥棒』（一九四八）の脚本家であり、ネオレアリズモ映画の理論家であるチェーザレ・ザヴァッティーニは「現実こそ最高のスペクタクル」と述べた。興味をもって見つめるなら、平凡こそ非凡に見えてくる、すなわち詩情を催すという考えがネオレアリズモの根本にある。

こうした「禅的」とも形容したくなるような厳かかつ真摯なまでの日常へのこだわりが、イタリアの豊かな生活と文化の基礎を形成している。

矛盾に満ちた現実が生む創造力

現実は矛盾に満ちている。日常に重きをおくイタリアが矛盾に出合い、それと深く対峙してきたのは必然だったといえる。ところで、矛盾を恐れず現実に向き合うだけでなく、矛盾というギャップに生じるダイナミズムを楽しむ傾向は、イタリアの地にもう一つの伝統を育んできた。仮面劇コンメディア・デッラルテから現代のロベルト・ベニーニに至るまで、イタリアに脈々と受け継がれる喜劇だ。

喜劇が目的とする笑いはそもそも矛盾から生まれる。一九〇八年、著書『ユーモア論』で、ユーモアの根本に矛盾の自覚があると喝破したのは、劇作家ルイジ・ピランデッロだった。ピランデッロは、ユーモアの発生について、滑稽なほど若づくりした年配の女性を例にとり、次のように説明する。女性の姿を見て、老年女性の敬すべきあり方にそぐわないと感じられるとき、おかしみが生じる。思わずクスリと笑ってしまうというわけだ。それに対し、若づくりしなければならない女性の抱えるやむにやまれぬ事情（年若い夫の愛をつなぎとめるため等）にまで思いを馳せるなら、ユーモアが生じるという。このとき起こる笑いは、慈愛に満ちた微笑だ。

ここでユーモアは、事物の表面的な理解にとどまることなく、思考や創造力を通じて、内部まで探索しようとする態度（ひいては、それに伴って味わえるおかしみ）とされる。そうすることで、現実がはらむ矛盾まで丸ごと引き受けようというわけだ。実際のところ、目を背けたい現実もあるのが普通だろう。若づくりを笑いとばしておくだけなら気楽でいい。対するに、現実ときちんと向き合うには勇気と責任が必要だ。だからこそ、矛盾を引き受けると同時に、その労をねぎらうべく、笑いという快をともなう反応が発生するというわけだ。

シチリア島の「カオス」という象徴的な名を負う地に生を享けたピランデッロ自身、矛盾に満ちた星のもとを生き、矛盾が引き起こす悲喜こもごもをユーモアを込めて描きつづけ、膨大な数の戯曲、小説、短篇、詩を残した。その功績には一九三四年、ノーベル文学賞が授与された。

矛盾がイタリア的創造力の源泉にある。イタリアの日常は、開放性と閉鎖性、先進性と保守性、信頼と不信といった相対する項のあいだを激しく往還しながら、日々、創造的に営まれてゆく。日常を丁寧に生きることは、その独特のダイナミズムを維持することで、日常をよりカラフルに演出することにつながる。こうして、イタリアの文化に彩られた日常は、それ自体もまたイタリアを代表する文化として多彩な魅力を放つのである。

（石田聖子）

15

カトリックとフォークロア——宗教と生活あるいは儀式と祭り

フォークロアの定義

イタリア語のfolcloreはfolc（folk）とloreから成り、folkはpopolo（民衆）を、loreはdottrina（知識、教理、理論、信条）を表す。すなわち、古くから伝わる因習・伝承の総体をいい、具体的には、通過儀礼、衣食住、祭り、芸能、俗信、口承、方言などがそれにあたる。近年はイタリアでも各地で町おこしを兼ねた国際フォークロア祭りが盛んとなっている。

カトリックとフォークロア、両者の関係

多くがカトリック信者であるイタリアのフォークロアはカトリックと深い繋がりがある。これは年中行事を例にとっても明らかである。その理由を教会と信者の関係から辿ってみよう。教会は信者であると認可するために、ある種の道筋を用意する。カトリックであるという太鼓判を押すために、何を信じていかなる慣習を行えばよいのかを明示する。子どもの誕生にさいしては洗礼を施し、九歳か一〇歳で最初の聖餐拝受を経験する。白いドレスを着ることで教会と一体となった子どもは罪を自覚し、これ以降聖礼典に携われるようになる、というように。また、善悪の区別を教えるため、善である神の対極に、たとえば悪魔や魔女の存在をほのめかす。古代の自然観を反映したキリスト教の儀礼は宗教改革以降に発展したと言われるが、

図１　1950年代の南部ルカニア地方の宗教的な行列

図2　聖アントニオ寺院前の売店（ロザリオや聖人画が売られている）

図3　ヴェネツィアの謝肉祭で仮面をつけた人々（サンマルコ広場のカフェ・フローリアン前）

教会はまさに社会でヘゲモニーを得る必要性ゆえに、近世は政治的・イデオロギー的利用を含めて、人々の生活に根差した伝統的な慣習と繋がってきたのである。

フォークロア——さまざまな種類とその意義

カトリックと繋がりのあるフォークロアのなかでもっとも宗教的なものとして挙げられるのが、カトリックとしての認可を与える儀式であり、洗礼、聖餐拝受、神の前の結婚などである。これに類似した儀式は他宗教にも見られる。たとえば神道における新生児のお宮参りもそうだが、普段信者としての務めを厳密には果たしていない者も、子どもの成長を願い、誰もが通るべき道として行っている場合が多い。

次に、聖なるもの（者・物）を敬うためのフォークロアとして聖遺物信仰が挙げられる。第四次十字軍遠征でコンスタンティノープルが征服されると、聖遺物が多くヨーロッパに移動した。教会は当初聖遺物信仰に反対したが、大衆心理に立脚した傾向を結局は認めることになり、聖遺物の真偽のほどは別として、その象徴的意味を敬う契機として奨励している。ナポリの大聖堂には街の守護聖人であるジェンナーロの血液が保管されており、その溶解を確認する祭典が年中行事として行われているし、トリノでは、磔にされたイエス・キリストの遺体を包んだとされる聖骸布が聖ヨハネ大聖堂に保管されている。また、信者を守ってくれる聖母や聖人の奇跡伝説は無数にあり、リスボンとパドヴァで同時に姿を現したと言われるパドヴァの守護聖人アントニオやアッシジの聖フランチェスコにはとりわけ敬意が払われており、国内に約二二〇カ所あると言われる至聖所のなかでもっとも参詣者が多い。

図４　謝肉祭（聖マルコ寺院前、ヴェネツィア）

図５　サンタ・マリア・デッラ・サルーテ教会に至る参道（ヴェネツィア）

不幸や災いを処するために行われてきた慣習もある。『新約聖書』にはイエス自らが悪魔を払ったことが記されているが、カトリックにおいては悪魔や魔女といった存在が神や聖人にしばしば対置されてきた。原罪やそれまで犯してきた罪を清める洗礼はお祓いの最たるものであり、枝の主日に信者がもらうオリーブの枝はお守りの役目を果たす。これら一種魔術的ともいえる慣習はカトリック神学の中心をなしてきたもので、民俗学者エルネスト・デ・マルティーノ（1908-65）は『南部と魔術』（*Sud e Magia*, Feltrinelli, 1959）において、イタリア南部に伝わる魔術的な慣習を紹介している。

イタリアの年中行事——カトリックの主な行事

全国で行われる行事としては、一月六日の救世主御公現の祝日（Epifania）、二月から三月の謝肉祭（Carnevale）、その後の復活祭（Pasqua）、復活祭から数えて七週目の日曜日に行われる聖霊降臨の祝日（Pentecoste）、八月一五日の聖母被昇天祭（Assunzione/Ferragosto）、一一月一日の諸聖人の日（Ognissanti）、一二月八日の無原罪の聖母マリアの祝日（Immacolata Concezione）、一二月二五日のキリストの降誕日（Natale）がある。

これ以外にイタリア各地ではその土地に特有の宗教的行事があり、とくに守護聖人の祝日は重要とされる。アッシジの聖フランチェスコは一〇月四日、ミラノの聖アンブロージョは一二月七日、ナポリの聖ジェンナーロは九月一九日と決まっており、ナポリではこの日に大聖堂で、大司教がジェンナーロの奇跡が起こったと言明

図6　参道で祭りのお菓子を売る出店

図7　リフィコローナ（フィレンツェ）

する儀式が行われる。また、謝肉祭で世界的に有名なヴェネツィアでは、その期間になると島中が仮面をつけた人々でごった返す。一方で、一一月にはサンタ・マリア・デッラ・サルーテ教会の祭りが行われる。これはヴェネツィアを襲ったペストの終息を聖母マリアに感謝するため地元住民によって受け継がれてきた祭りで、カナルグランデに橋が架けられ、住民はサンマルコ地区からドルソドゥーロまでを歩く。

民衆に根差した伝統——伝統を支える役目としての教会

フィレンツェに伝わるリフィコローナ（Rificolona）という興味深い祭りがある。毎年九月六日と七日にサンティッシマ・アンヌンツィアータ広場で行われるこの祭りの主人公は小さな子どもたちである。子どもが手にする棒（リフィコローネ）の先端に取り付けられた火のついた紙提灯を、別の子どもが吹き矢の筒で壊し、最終的に提灯が燃え落ちてしまうという、提灯を持つ子どもにとっては何とも切ないこの祭りの起源には諸説ある。もっとも有力なのは、その昔、遠くからまだ暗い明け方、フィレンツェの街へと冬の備えを得るために農産物を売りにやって来た農民を、街の住民がからかったことに始まったというものである。現在は七日の夜に枢機卿が広場に集まった人々に講話をして祭りが終わる。このようにカトリックは、厳密に教会とは関係のない地平でも伝統を支える役目を果たす。一九七〇年代以降、世俗化が進んだイタリアでは、祭りを宗教的な意味よりも、地域のアイデンティティや故郷に対する誇りを強める意味において重要視しており、教会も地域の一員としての役目を果たすようになった。

（越前貴美子）

16

マリアとマンマ——矛盾を包み込む女性像

マンマ・ミーア！

「マンマ・ミーア！」という表現を耳にしたことがある読者も多いのではないだろうか。直訳すると「わたしのお母さん」を指すこの表現は、英語の「オー・マイ・ゴッド！」に対応する、「なんということだ！」を意味する間投表現だ。さらに、同じ意味をもつ表現として「マドンナ！」（「聖母マリア」の意）がある。窮地に陥ったさいに人が救済を求めて呼びかける対象が、他の文化圏では「神」であることが多いのに対し、イタリアでは「マリア」と「マンマ」という、ともに女性であり母親である点は興味深い。

イタリア社会における女性の存在感は大きい。少なくともそうした印象を一般にもたれていることは、女性をこよなく愛するラテン・ラバーにはじまり、料理上手で家族を大切にするマンマ、さらには、そんなマンマに成人後も執着しつづけるマザコン男性（イタリア語で「マンモーネ」と呼ばれる）など、イタリア人をめぐるステレオタイプの多くが女性に関するものであることからも明らかだ。永遠の憧憬の対象であり、惜しみなく与える存在としての女性のイメージは、イタリアの特質を代弁するばかりではなく、そのアイデンティティ形成にも一役買っているといえる。

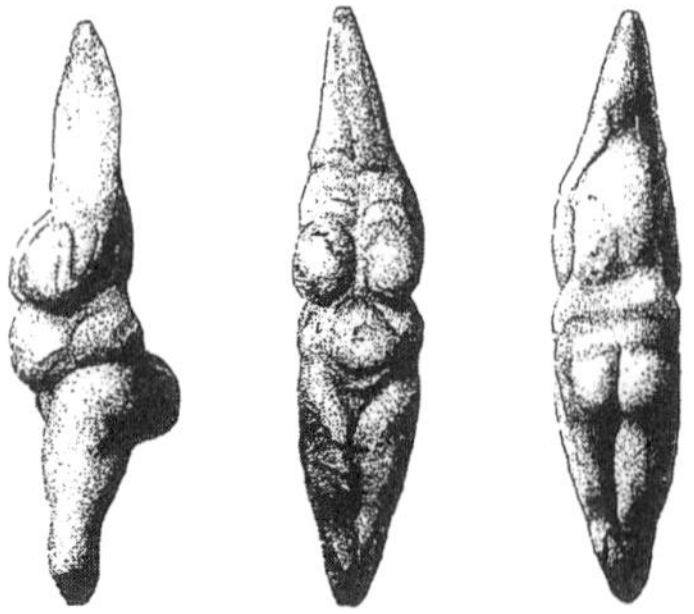

図１　モデナで出土した女性を象った小像

図２　サン・ルーカ教会の聖母マリア（ボローニャ）

図３　街角の聖母マリア

図４　聖母マリア像をかつぐ行列

善き母――地母神から聖母マリアへ

「女性」という言葉は、生物学上の区別のみを意味しない。「母」は、たんに子を生んだ女性を指すのではない。これらの語が、生命を創造する存在、それゆえに大地や自然、神と深く結びついた存在というコノテーションをもつことを忘れてはならない。こうした女性をめぐるイメージは太古より存在し、地母神信仰を育んできた。豊かな乳房と腰を特徴とする女性を象った小像は、イタリア半島を含むヨーロッパ各地で出土しており、地母神崇拝が広く行われていた可能性を示唆する。地母神は、生や自然を司る神秘的な力を秘めた存在として、豊穣の祈りとともに崇められたと考えられる。

　神性を宿した肉体という地母神が体現していた特性は、キリスト教が広まると、イエスの母マリアに引き継がれた。マリアをめぐっては、聖書の記述に根拠がないにもかかわらず、早くから神性の有無が議論された。そして四三一年のエフェソス公会議で、神の子イエスを生んだ女性、すなわち「神の母」としての称号が正式に認められ、現在、カトリック教会が掲げる教義の中心に位置するまでに至っている。注目すべきは、神ではなく、あくまで母としてマリアに神性が認められた点だ。処女懐胎し被昇天する無原罪のマリアには、徹底した純潔のイメージがつきまとい、女性をめぐる理想が集約されているかのようだ。

マンミズモ――悪の元凶としての母

太古から受け継がれる母性崇拝は、宗教の役割が大きく変化した現代イタリアで、

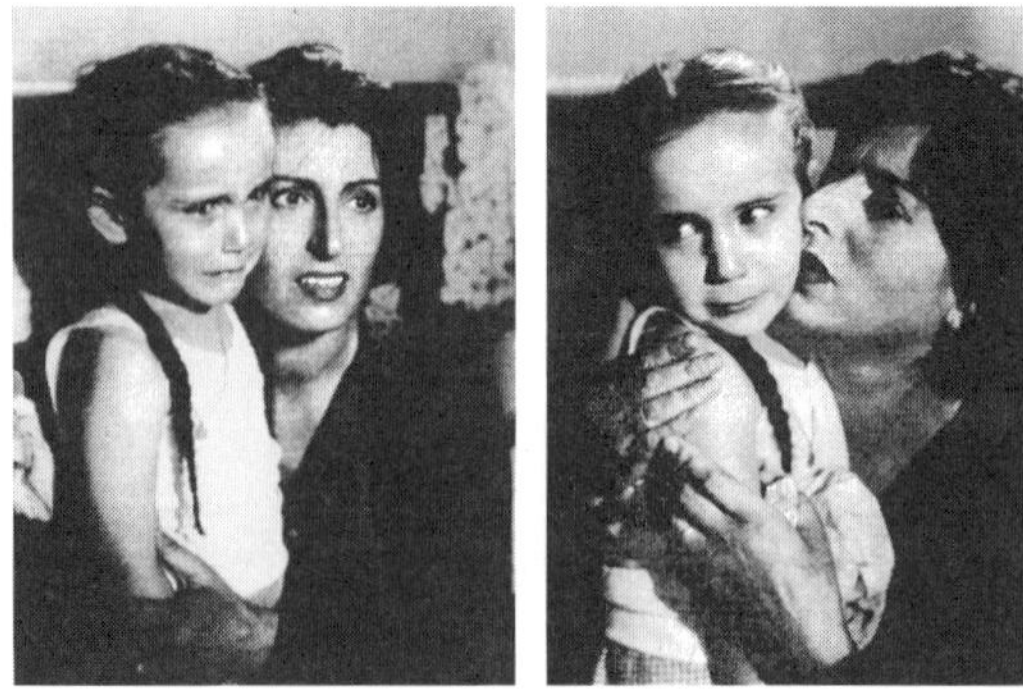

図５　マンマのイメージ（映画『ベリッシマ』より）

別のかたちをとって命脈を保っているようにみえる。現代イタリアの母性、とくに母親崇拝は、一般に「マンミズモ」と呼ばれる。母親を意味するイタリア語「マンマ」に「イズム」が加わった造語だ。母親を中心としたイタリアの家族観の本質を突く語として現在広く知られているために意外に聞こえるかもしれないが、実は、この語が登場したのはようやく第二次世界大戦後のことだった。戦後、足並みをそろえて新たに歩みだす必要性と相まって、急速に受容されたのだ。

「マンミズモ」という語は、一九五二年に作家コッラード・アルヴァーロ（1895-1956）により初めて使用された。著書『わたしたちの時代と希望――現代生活批評』の「マンミズモ」と題された章で、アルヴァーロは、「何世紀にもわたり、これほど母親を崇め、息子を無駄にしてきた国は他にない」と喝破。イタリアを「道義心や義務でなく、母親の記憶に依拠する」「母親から主役さながらに育てられた男たちの社会」と非難した。一方の母親は「森に守られて暮らす野獣」と呼ばれる。人間性より獣性に根差すマンミズモは、公共感覚と責任感に支えられた、真の政治意識の欠如をもたらすとした。ここで母性は賛美されるのではなく、現代イタリアの堕落の元凶として手厳しく批判されたのである。

マンミズモが盲目的な母性崇拝でない点は重要だ。聖母マリアのイメージのもと、神秘化が進んだ母性の概念は、現実の母親のネガティヴな側面をも考慮に入れることで、冷静な検討が加えられた。事実、母親と聖母マリアは、イタリア語のスラングにも頻繁に引き合いに出されるのだ。こうして母性は、対立する概念を含みもつ統一的概念として再生する。

図6　フェッリーニ映画の女性のイメージ

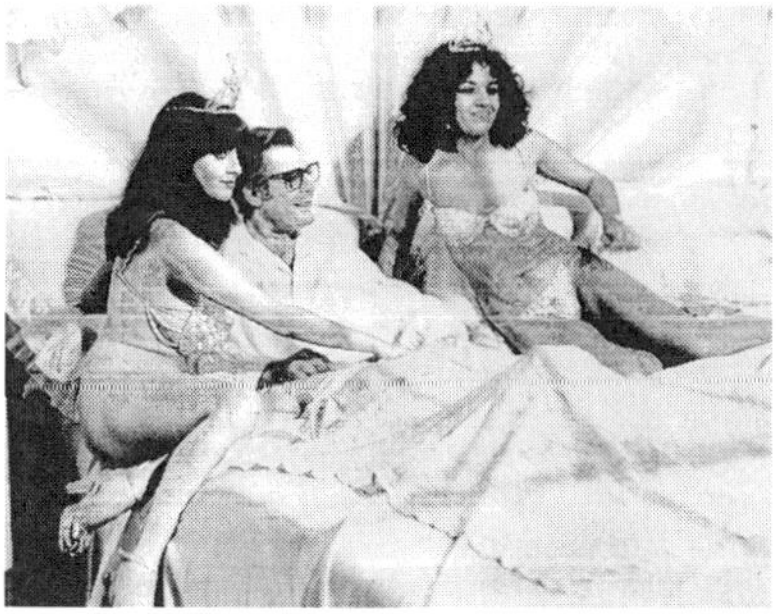

図7　フェッリーニの映画『女の都』の1シーン

矛盾が生むグロテスクなイメージ

矛盾をはらむ存在としての女性を現代イタリアでもっとも巧みに描き出したのはフェデリーコ・フェッリーニ（1920-93）だろう。フェッリーニの映画に女性の存在は欠かせない。その多くはグロテスクだ。『8 1/2』（一九六三）に登場する、海辺でルンバを踊る怪女サラギーナや、『フェリーニのアマルコルド』（一九七三）で主人公の少年ティッタに性の手ほどきをほどこすタバコ屋の豊満な女性を想起してもらうといいだろう。加えて、「女性」そのものを主題とする映画『女の都』（一九八〇）もある。マルチェッロ・マストロヤンニ演じる主人公スナポラッツが、地母神や聖母マリア、イタリアンマンマを彷彿とさせるさまざまな女性に出会い、翻弄される。実在しない「たったひとりの理想の女性」を求めての、さすらいの旅の物語だ。フェッリーニはこの映画によせて、以下のように語った。「何世紀ものあいだ、女性は男性が望むものでした。わたしたち男性が女性を好き勝手につくりあげてきました。自分自身を女性に投影し、役割を課してきたのです……この映画では、主人公のマルチェッロ・スナポラッツが、あるとき、自分の投影を女性たちが拒否し、当惑し、投げ返してくることに気づくのです」。

矛盾を抱えもつグロテスクな存在は恐れられ、崇められ、排除される。あるときには最善、またあるときには最悪のものとされる母性は、驚異であり脅威なのだ。アルヴァーロは「母」という言葉を「魔術的」と述べた。母性神話が生まれ、その影響が際限なく膨らむのは、女性がさまざまなイメージのあいだで揺らぐことをこそ本質とする存在であることの証かもしれない。

（石田聖子）

17　パスタとカフェ——「普遍」であることの新しさ

図1　スパゲッティを頬ばるナンド
（映画『ローマのアメリカ人』より）

イタリア人の心身を育む食材

映画『ローマのアメリカ人』（一九五四）で、アルベルト・ソルディ演じる主人公ナンドがスパゲッティを口いっぱいに詰めた姿は、戦後イタリアを象徴するイメージのひとつだ。第二次世界大戦後、アメリカに希望を見出したナンドは、生活スタイルをすべてアメリカ風に変える。アメリカの言葉を話し、アメリカ映画を鑑賞し、食事もアメリカ風にしようと試みるが、どうも口に合わない。山盛りのスパゲッティを思い切り頬ばり、ようやく身も心も満たされるというわけだ。

言わずと知れたイタリアの国民食であるパスタ。イタリアのスーパーにはさまざまな形のパスタがところ狭しと並び、日々の食卓にのぼる。イタリア人の心身を文字通り育む食材だ。実際に、赤と白のギンガムチェックのテーブルクロスのかかったテーブルで大家族が熱々のパスタを囲む様子は、イタリア人のステレオタイプとして広く認知されている。また一九三〇年に、未来派の主唱者フィリッポ・トンマーゾ・マリネッティ（1876-1944）が、「イタリアの食の愚かしい宗教」と呼んで、パスタの廃絶を訴えたのも、イタリアとパスタのあいだにただならぬ関係があってのことだ（ただし、その後まもなく、スパゲッティを食べるマリネッティの姿がミラノのレストランでスクープされる）。

図2　スーパーのパスタコーナー

図3　パスタ料理

文化融合の産物——パスタ

パスタの歴史は古く、詳細は闇に包まれている。パスタの語源をめぐっては諸説あるが、古典ギリシア語で「小麦粉を水や塩と混ぜたもの」を意味する「パステー」に由来するとする説が有力だ。古代ギリシアでは、紀元前一〇世紀頃にはラガノンと呼ばれるタリアテッレに似たパスタ料理が食べられていたとされる。イタリア半島でパスタが食されていた可能性を示唆する最古の記録は、紀元前四世紀のものとされる、ローマ県チェルヴェーテリにあるエトルリア人の墓室「グロッタ・ベッラ」に残る、パスタづくりに用いられたらしい道具を模した浮彫り装飾だ。さらに、紀元前一世紀の古代ローマには、ラザーニャの原型となるラガナと呼ばれる料理が存在した。小麦粉に水を加えてこね、薄く伸ばし、幅を広めにカットした後、窯で調理されたというこの料理は、帝国領内に広まるにつれ、土地ごとのアレンジが加えられていった。そして中世に、アラブ人に伝えられたとされる乾燥技術のおかげで長期保存が可能になり、ジェノヴァ商人により海路や陸路を通じて世界各地へ届けられるようになると、パスタの生産地としてのイタリアの存在感はますます高まる。五〇〇種類を超すとされる形状や、そのそれぞれを引き立てるレシピを生み出した功績はイタリア人の食にかける飽くなき情熱と想像力に帰すべきにしろ、イタリアンパスタの誕生の背景には、実に、周辺地域から受け継いだ伝統と技術があった。

イタリア社交の主役——カフェ

起源が伝説に包まれたコーヒー豆がヴェネツィア商人によりイタリアにもたらさ

図4　カフェ——エスプレッソコーヒー

れたのは一六〇〇年頃のこと。外国原産でありながら、イタリアの地で独自の発展を遂げ、現代イタリアの食文化を代表する存在にのぼりつめたのは、カフェも同様だ。パスタの強烈なイメージの影に隠れがちだが、いまや世界を席巻しつつあるシアトル系コーヒー店チェーンの着想源となったこと、カフェ・ラテやカプチーノといった、日本でもおなじみの呼称がイタリア語に由来することを思えば、イタリアのカフェが世界に及ぼす影響の大きさがうかがえるだろう。

イタリアのカフェの成功の鍵は、独特のカフェ文化にある。イタリアでカフェを注文すると、デミタスカップが準備され、大きなマシンで一気に高圧抽出された濃色の液体が提供される。イタリアで「カフェ」は、エスプレッソコーヒーを指すのだ。これに砂糖をたっぷり投入して、強烈な苦みと甘みの奏でる絶妙のハーモニーを楽しむ。ところが、ここで終わらないのがイタリア流だ。ミルクを少し垂らしたカフェ・マッキャートや、倍量のカフェ・ルンゴといったお決まりのメニューに加え、「泡を少なめに」「ぬるめのお湯で」など、それぞれが思い思いの注文をする。エスプレッソをベースに、誰もが自分だけの一杯をつくりあげるのだ。

嗜み方にも特徴がある。イタリアのカフェは、バールと呼ばれるコーヒースタンドのカウンターで立ち飲みするのが主流だ。容量が少ないため、一杯飲み干すのに時間はかからない。クイッと飲み干し、風のように店を去る。それを朝、仕事や授業の休憩時、食後と、日に何度も繰り返す。この習慣は、イタリアの町中に点在するバールを、たんなる飲食店ではなく、人々が他愛ない時間を共有する社交場とした。頻繁に顔を会わせて近況報告を行うことで、絆をますます深めるのだ。

ファンタジーを引き立てる素材

イタリアには、地方料理こそあれ、「イタリア料理」は存在しないとしばしば言われる。素材を生かした調理を基本とすることから、南北に細長く、地形も気候も変化に富むイタリアでは、料理にも地方ごとの特徴が色濃く反映されるというわけだ。パスタに関して言えば、北イタリアではバターや生クリームの使用が多いのに対し、南イタリアではトマトソースやオリーブオイルが多用される。また、内陸部では肉、沿岸部では魚介類が多く用いられる。カフェに関してもやはり、北イタリアでは浅煎り、南イタリアでは深煎りが好まれるなど、嗜好に傾向がうかがえる。しかし見逃せないのは、パスタとカフェがイタリアのすべての地方に偏在する事実だ。その意味で、パスタとカフェは、イタリアの食を代表するにふさわしい。

加えて興味深いのは、この二つの食材がいずれもイタリア原産ではなく、普遍性に富む点だ。たとえば、パスタは小麦粉と水というシンプルな原料からなる世界中で親しまれる食材であり、カフェもまた、水に次いで二番目に世界で多く消費される飲料だ。だとすれば、注目すべきは、これら普遍的な食材が、ほかならぬイタリアの地で、めざましい発展を遂げた事実だろう。基本的な素材がイタリアの地でさまざまに加工・洗練され、「メイド・イン・イタリー」の旗印のもと、世界に輸出されてゆく。外のものを取り入れ、好奇心いっぱいに改良し、魅力を高めたうえで改めて外へ発信する。素材がシンプルだからこそ、ファンタジーが生きる。パスタとカフェがイタリアの食を代表するゆえんだ。

（石田聖子）

18

バカンス——貧しくてもゆたかな休暇

図１　夏季休業のお知らせ「8月30日に戻ります」

バカンスの変遷

歴史を紐解けば、イタリア人が長期バカンスを楽しむようになったのは比較的最近のことである。一九六〇年代以前、バカンスは一部の富裕層のみが享受できる贅沢であった。国立統計研究所ＩＳＴＡＴによると、休暇に関する調査の始まった一九五九年、一年間に一度以上のバカンス（四日以上の休暇）を取った人は人口の一一・三％にすぎなかった。

五〇—六〇年代に起きた経済ブーム以降、中流層もバカンスを楽しめるようになり、八月は家族総出で海辺の家へ行き、約一カ月を過ごすということが当たり前のようになった。バカンスを取る人の数は年々増加し、八〇年代以降は人口の約五〇％にまで上がった。さらに、バカンスの平均日数も一九八五年まではほぼ一九日間で一定しており、この時期、いかにイタリアが「バカンス大国」であったかということがわかる。

八〇年代以降は行き先にも選択肢が増え、国外で過ごす人々も増えた。二〇〇〇年以降は毎年休暇を取る人の約二〇％が外国へ出かけるようになっている。ただし、バカンスの長さは次第に減少し、二〇一三年には平均一二日間となった。土日を含めれば約二週間といったところである。八月になると町がゴーストタウンと化したのはすでに昔話となり、とくに二〇〇八年の経済危機以降は、夏も町に残る人々が

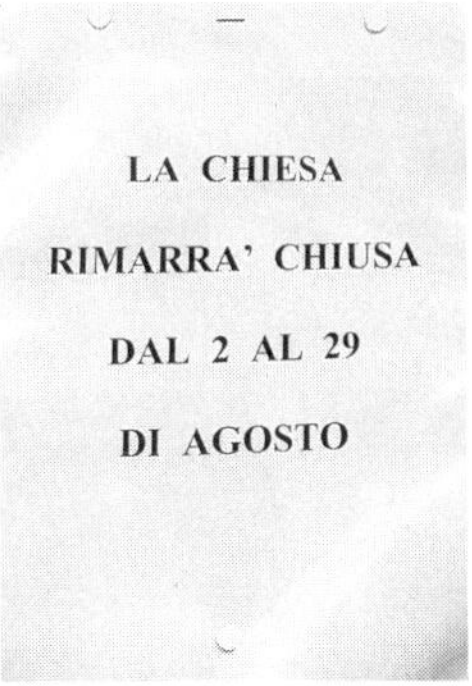

図２　８月，ミラノでは教会もバカンスのため閉鎖される

図３　夏のリゾート地として有名なリグーリア海岸

増える傾向にある。

とはいえ、景気後退の最中にもイタリア人はバカンスをあきらめない。ＩＳＴＡＴによれば二〇一三年も国民の約半数がバカンスを取った。二〇一四年、Confesercenti（個人経営者同盟）と調査会社が行った合同調査では、全体の六四％がバカンスを取ると回答した。

バカンスの時期

学校に通う子どもたちには、年に三回の長期休暇（夏休み、クリスマス、復活祭）がある。クリスマス休暇は一二月二〇日頃から一月六日前後にある公現祭《エピファニア》までの約二週間、復活祭は年によって時期が異なるが、復活祭前後の一週間が充てられる。夏季休暇は非常に長く、二〇一四年の場合、六月八日から九月一六日まで一四週間にも及ぶ。

学校のカレンダーに合わせるように、社会人のバカンス・シーズンも、夏休み、クリスマス、復活祭と年に三回ある。さらに、これ以外の時期の週末を利用して三、四日間の小旅行に出かけることもある。

夏のバカンス

八月ともなると、学校に加えて多くの工場やオフィス、さらには店舗やレストランも次々と夏季休業に入り、町から次第にイタリア人がいなくなる。これが頂点に達するのが八月一五日、聖母被昇天祭《フェッラゴスト》を挟んだ一週間である。バカンスが終わり、

図４　「エスターテ・イン・チッタ」の会場

町がふたたび賑わい始めるのは八月も後半に入ってからであり、あちらこちらで日焼けした人たちが再会の挨拶を交わしている姿が見られる。

夏の行き先は、海が不動の人気を誇る。イタリア国内では、プーリアやシチリア、海外では、フランス、スペイン、クロアチア、ギリシアが人気である。

宿泊先は、以前はセカンドハウスや貸アパートに滞在する人が大多数を占めていたが、近年はホテルに宿泊する人が増えている。しかし、全体的に節約傾向にある現在は、親戚や友人の家、あるいはその実家に招待されて休暇を過ごすことも広く行われている。

気になるのがバカンス中の日々の過ごし方であるが、最近は多様化してきているとはいえ、基本的には、日中は砂浜に寝そべり、夜はバーベキューをしたり、酒を片手に歓談を楽しむというのが一般的なイメージである。

一方で、先に述べたように夏も町に残る人たちが増加している。そのため各自治体も、「エスターテ・イン・チッタ（町で過ごす夏）」といったイベントによって、展覧会、野外映画上映会、ジャズ生演奏、野外ダンスなどを企画し、人々に憩いの場を提供している。

冬と春のバカンス

クリスマスや復活祭は、家族や親戚が集まる大切な機会でもある。最近は旅行に出ると費用もかかることから、これらの時期にとくに有給休暇を取らない人が増えている。バカンスを取る人も、その半数はホテルなどには泊まらずに別荘へ行ったり、親戚や友人の家を訪れたりする。

もちろん、この時期に旅行する人たちもいる。行き先として人気があるのは、国外ではパリ、ロンドン、アムステルダム、ウィーン、国内ではローマ、フィレンツェといった文化・芸術に触れられる都市で、滞在期間は数日から一週間ほどである。また、冬には山へウィンタースポーツを楽しみに行く人も多い。かつては、そのために一週間休む「セッティマーナ・ビアンカ（白い一週間）」という習慣があったものだが、現在では週末スキーで済ませる人が増えている。

図5　アグリトゥリズモで有名なオルチャ渓谷

バカンスと観光

経済の低迷に伴って失速する観光業界で唯一業績を伸ばしているのが、クルーズ客船による船の旅である。かつては富裕層だけが楽しめる贅沢な旅行というイメージがあったが、最近では価格を抑えた大衆向けツアーも登場し、地中海の有名観光地を訪れる魅力的な旅程と船上での多彩なアトラクションによって人気を呼んでいる。

イタリアの美しい田園風景を満喫できるアグリトゥリズモも人気がある。建物はホテル並みに居心地よくなり、また、提供されるアクティビティも料理教室、乗馬、自然散策と年々充実し、ヨーロッパ全域から観光客を呼び寄せている。

さらに、最近では、ソーシャルネットワークを通じて自らの持ち家をバカンス用に貸し出す人々が現れ、費用は抑えつつ個性的な旅を楽しみたいという人々にうけている。


（山﨑　彩）

19

マフィア――カトリック社会のもうひとつの顔

マフィアの起源

イタリアにはいくつかの組織犯罪集団が存在するが、とくにシチリア州のマフィア、カラブリア州のンドランゲタ、プーリア州のサクラ・コローナ・ウニータ、カンパーニア州のカモッラのような、ことさら暴力的な組織によるものについては、「マフィア型犯罪組織」と呼ばれる。シチリア・マフィアは、そのなかでも象徴的な存在である。

なぜ、シチリアがマフィアの温床となったのか。それには、この地特有の歴史が深くかかわっている。シチリア島は古くからさまざまな民族の支配を受けており、マフィアが生まれたとされる一八世紀末から一九世紀初頭には、スペインのブルボン王朝の支配下にあった。王朝はシチリアを植民地化し、本国からやってきた貴族たちに土地を与え、封建的な大土地所有制の農場経営を行わせた。貴族たちは、分割した土地をガベッロットと呼ばれる農地管理人に貸し、彼らに小作人たちからの収税などの仕事を委託した。農場を実質的に管理・支配していたこの農地管理人やその配下の者たちが、後にマフィアと呼ばれるようになったという説が、シチリア・マフィア《コーザ・ノストラ》の起源としてもっとも有力視されている。

やがて、農地の実質的な支配者となったマフィアは、地主や農民を盗賊たちから護るという名目で、ピッツォ（シチリア方言でウ・ピッツゥ）と呼ばれる保護料を取

図1　映画『ゴッドファーザー』イタリア語版 DVD

図2　パレルモ旧市街

るようになる。これは強制的なもので、逆らえば家を焼かれたり、家畜を殺されたりする恐れがあった。ピッツォは、現代ではマフィアがその支配下の地域で商店などを営む者に納めさせる、ある種の「ショバ代」として形を留めている。民衆たちは、ブルボン王朝下で腐敗した公権力に対し強い不信感を抱いていたが、マフィアはそれを巧みに利用した。警官や裁判官が汚職に手を染め、ほとんどあてにならない状況下で、報復という形で弱者の仇を取ったり、盗まれたものを一定の見返りと引き換えに取り返してやったりするなどして、さしずめ弱者の味方のように振る舞ったのである。マフィアはこのようにして、公権力に頼らず自らの正義を通す「名誉ある男」として、その支配力を強めた。シチリアのマフィアとアメリカのマフィアを単純に同一視することはできないが、映画『ゴッドファーザー』（一九七二）の冒頭は、マフィアの精神性を理解する上で好例であろう。娘を強姦された父親が、司法のもとで正義が果たされなかったからと、マフィアのボスに報復を依頼する場面がある。ボスは、「なぜ警察などに行く前に自分に相談しなかったのか」と娘の父親を詰《なじ》るが、これは、「名誉ある男」ならば、公権力に頼らず力で反撃するべきだという、マフィアの精神構造を示しているのである。

現代のマフィア

マフィアが現代まで強い勢力を誇ってきたのには、政治家と癒着して国家の細部までその網の目を拡げて自身を護ってきたため、という側面がある。ファシズム期には弾圧されて力を弱めたものの、第二次世界大戦末期、アメリカ軍のシチリア島

図３　ベレー帽を被ったシチリア人男性

上陸を手伝い、さらに反ファシズム・反共産主義を掲げたことで米国と近づき、戦後は彼らの後押しを受けて政界にも進出した。農業地帯よりも大きな金が動く建築業などの分野に可能性を見出したマフィアは、一九五〇年代「奇跡の経済復興」を遂げたイタリアで、建築ブームに便乗し、政治家との癒着関係を利用して、公共事業の入札にかかわるなどして利益を上げた。次第に都市部に進出し、麻薬取引や煙草の密輸などで莫大な金を稼いだが、麻薬取引の主導権争いはファミリー同士の抗争にも発展し、血生臭い争いが繰り広げられた。とくに、八〇年代コルレオーネ・ファミリーを率いたボスのなかには、従来のマフィアのやり方とは違い、直接の抗争相手のみならず、捜査にかかわる警官や刑事までをも殺害し、その残忍さから「野獣」の渾名を持つ者もいた。そんななか、マフィアの大物、トンマーゾ・ブシェッタ（1928-2000）らが「改心」して自白したことから次々と逮捕状が出され、一九八六年、四七五人のマフィア構成員を裁くために「大裁判」が開かれた。多くの被告が終身刑を科せられ、検察側の歴史的な大勝利となったが、裁判の立役者であったパレルモの検事二名が、報復のために九二年に相次いで殺害されるなど、支払われた代償も大きかった。

組織としての「ファミリー」

マフィアの「ファミリー」の構造については、ブシェッタの告白によって明らかになったところが大きい。各地区を縄張りとするファミリーは、下部の「兵士《Soldati》」と、それらを一〇人ほどの単位で統べる「十人頭領《Capodicina》」数人、ファミリーを率いる

図4　マフィア最大の拠点（シチリア州パレルモ）

「頭領《Capo》」と、その下で働く「副頭領《Vicecapo》」、「相談役《Consigliere》」から成るという。ファミリーのさらに上には「最高幹部会《Commissione》」という機関があり、組織全体にかかわるような重要な問題の決議権を持つ。ファミリーはコーザ・ノストラの隠語で「コスカ」とも呼ばれる。コスカの一員となり、マフィアの「名誉ある社会」に受け入れられるためには、普通、そのなかの誰かと血縁関係か親戚関係になければならない。仲間うちでは、子どもたちを小さい頃から監視し、将来「殺し屋」になる資質のありそうな者を、グループの一員として組織全体で教育するという。

マフィアはまた、信仰に厚いことで知られる。彼らはカトリックの家父長制的家族像や、伝統的な価値観に非常に重きを置くのである。ボスを頂点とした、マフィアのヒエラルキー型の「ファミリー」と、父親が家長として強い権限を持つ、カトリックの伝統的な家族像には、少なからず通ずるものがある。マフィアのボスを意味する隠語の「パドリーノ《Padrino》」（ゴッドファーザー）は、もとはといえば、子どものキリスト教の洗礼に立ち会い、名を与える名付け親を指すものである。加えて、コーザ・ノストラには入会の儀式なるものがあり、そこでは志願者が利き手に小さな針を刺し、流れる血を彼らの守護聖人・聖母マリアの絵の上に垂らし、それをファミリーへの忠誠の誓いをたてながら火で燃やすのだという。自らの行く手を阻む者を容赦なく抹殺してきた、冷酷なマフィアが、博愛を謳うキリスト教を熱心に信仰するのは矛盾しているようにも見えるが、少なくとも、彼らはこうしたカトリックの数々の儀式や精神性のなかに、自らの文化的アイデンティティを見出そうとしてきたといえるだろう。

（柴田瑞枝）

20

ストライキと市民運動――イタリア社会の底力

ストライキの国イタリア？

イタリアに対するマイナスイメージのひとつにストライキの多さが挙げられる。一九九〇年以降は、国営サービス業の民営化の影響でストライキが減ったと言われているが、それでもまだ多い。イタリア語でショーペロ（sciopero）と言われるストライキは、仕事の場において「自己の利益を守るために被雇用者が集団的に仕事を忌避すること」であり、共和国憲法や労働者憲章では「diritto、権利」として保障されているものの、ＥＵ圏では国によって「libertà、自由」とされている。つまりイタリアでは、権利を行使して自らの就業状況を改善しようとする回数が多いといえる。既成の状況に物申す彼らの姿勢は、果たして何を意味しているのだろうか。

図１　1960年代から70年代に盛んに行われた離婚法を求めるストライキ

レジスタンスから生まれた共和国

イタリア初のゼネストは、一九〇四年サルデーニャのカリアリ近郊で、鉱員たちが昼休みを大幅に減らされたことに対して起こした抗議活動に発した。全国規模にまで発展したこのストライキは、国家警察が力ずくで沈静化させようとしたことで、歴史に大きな汚点を残した。その後イタリアは二度にわたる世界大戦を経験し、第二次大戦末期の泥沼状態のなか、もはやあてにならない国家に頼らずして、市民自らが批判的に行動し闘うことで忌まわしい戦争を収束させた。イタリアはいわばレジスタンス（抵抗運動）から生まれた共和国である。

　戦後の奇跡的と言われた経済復興を経た六〇年代後半に入ると、次第に労働倫理は世俗化し、人々のモビリティも拡大して大衆のなかに批判的な文化が広がった。このような状況下で、「熱い秋（Autunno caldo）」と呼ばれ、のちにテロリズムが吹き荒れる「鉛の時代（Anni di piombo）」に繋がっていく労働者の組合闘争が、最初は学生運動に触発され、フランスの五月革命やチェコ事件にも影響を受けて拡大した。六九年に結成された議会外新左翼グループ「ポテーレ《Potere》・オペライオ《Operaio》」「ロッタ《Lotta》・コンティヌア《Continua》」「イル《Il》・マニフェスト《Manifesto》」などの活動家たちは、情報さえ「公」から与えられるものに甘んじてはならないと叫び、自らの労働条件を民主主義的に改善しようという理念を掲げて闘ったのだった。

図2　製造の効率が求められるようになったフィアットの工場（1955，トリノ）

近年の傾向――市民運動への道のり

　レジスタンスや学生および労働者運動によって大衆自らが闘った歴史を持つイタリアでは、今も自ら民主的に改善を勝ち取るという理念が、市民運動の形で受け継がれている。社会のなかで人々が共通の生活上の問題を解決する目的で、主体的で能動的、かつ集団的で統一的な行動をとるのが社会運動であるが、そのなかで地域に根差した問題を住民が改善しようと行う運動を住民運動という。さらに、より普遍的な理念に則って展開されるのが市民運動である。「市民」とは古代ギリシアにおけるポリスの構成員であり、自己の考えをもつ自立した個人を指す。つまり、住民運動ではたんにその住民に改善が実現されればよかったものが、市民運動ではよ

図3　労働組合本部前に集結した農業従事者と家族によるストライキ（1910，フェッラーラ）

図4　塀にペンキで書かれたスローガン「現実を見つめよ。不可能を求めよ」

り広い意味での市民的な公共性が理念の中心にあるため、無党無派の立ち位置が基本にある。また、自発的民主的な運動であるところから、市民が自ら考える形で自由に運動に参加する。目標実現は目指すものの、不成功や非能率も厭わない。結果として弱さや欠点も認められるが、集権的な力に対抗するがゆえの柔軟さもあり、政治的な運動にできないことを実現できる場合がある。

　この市民運動は、大きく非政府組織（ONG：Organizzazione non governativa）と非営利組織（ONLUS：Organizzazione non lucrativa di utilità sociale）に分けられる。民主主義体制のもとでは、政府が行動を起こすには大多数の支持が必要であり、改善しようにも対応が遅れることが多い。しかし市民運動はより小さな組織で迅速に対応できる。とりわけ非営利組織は地元に根差している場合が多く、その活動を通してコミュニティづくりをしたり、コミュニティの枠組みを形成する制度の再構築への働きかけをしたりする。両組織とも無理解や過剰な期待を被ることもあるが、いずれの市民も自発的に参加でき、その結果として、一市民としての自分を含んだ、ときには世界的な視野でのより高い理想を追求することができる。グローバル化が進むなか、イタリアでも市民運動の存在感がいっそう増している。

イタリアにおける非営利組織ＯＮＬＵＳの実際

イタリア国内外でもっとも知名度の高いＯＮＬＵＳの例を二つ挙げておきたい。

「スローフード」は、国際的によく知られた非営利組織である。ピエモンテ州の小さな町ブラ（Bra）で一九八六年にカルロ・ペトリーニが起こしたこの組織は、

図５　AVAPO の資金集めのバザーを手伝うボランティアの女性

図６　AVAPO 事務所のボランティアの皆さん

現在一五〇カ国に一三〇〇以上の支部を有し、一〇万人以上のメンバーをかかえ、「持続可能な食文化」を目指した活動を続けている。初めはローマのスペイン広場にマクドナルドができたことに対して考案された「スローフード」という言葉は、今や世界中の人々が知るところとなり、その影響力は計り知れない。

ＮＧＯ「エマージェンシー」は一九九四年にミラノで発足した。これに先駆けて一九七七年に設立されスイスに本部があるＮＰＯ「国境なき医師団」と同様に政治・思想・宗教にかかわらず、世界各地のさまざまな紛争地で数知れない負傷者の外科医療活動に無償であたり、病院などの建設に携わってきた。「スローフード」「エマージェンシー」ともに、日本にも支部がある国際的なＮＧＯである。

もう一つ、筆者がイタリアで実際その内実を見る機会を得た例を挙げておきたい。「ＡＶＡＰＯメストレ」は、ヴェネト州メストレ（Mestre）で一九九一年にステファニア・ブッロが立ち上げた、がん患者をボランティアが支援する非営利組織である。メストレは石油コンビナートをかかえるマルゲーラ工業地帯に直近の街で、公害が原因と考えられる発病率が高く、市民の健康への懸念が大きい地域である。そこで、医師、看護師、精神科医、衛生士からなる専門家とボランティアのチームが、がん患者とその家族が尊厳を失わず孤立せず闘病生活を送れるようさまざまな面で支援している。運営にかかる費用は、一般および亡くなった患者の遺族からの寄付や慈善バザーなどで賄われている。「与える」ことを前面に出して地道な活動を続けるこの組織は、地元メストレの市民や、市民の心のよりどころである教会と緊密な協働を行う、コミュニティに深く根差した組織である。

（越前貴美子）

21

イタリアで暮らす——クリエイティヴに生きるということ

イタリアの空間——素材の美が基準

生きるために人間が日々行う営みは人類共通だ。しかし生活スタイルは、それが実際に行われる地域やそこで育まれる文化により大きく異なる。イタリアでの暮らしがどのような空間的条件のもとに行われるかをまず考えてみよう。

地中海に突きだしたイタリアは一般的に温暖なイメージをもたれがちだ。しかし実際は、日本に似て南北に長く、アペニン山脈が縦断する国土にはさまざまな地理的条件が存在し、気候も変化に富む。映画『カオス・シチリア物語』(一九八四)や『イル・ポスティーノ』(一九九四)で印象的な南イタリアの乾燥した大地や真っ青な海、『踊れトスカーナ!』(一九九六)を彩る中部イタリアのなだらかな丘陵地帯、『ベニスに死す』(一九七一)や『一九〇〇年』(一九七六)を演出する霧の立ち込めた北イタリアの風景を比較してみるとよいだろう。

バリエーションに富む地理的条件は豊かな食文化を育む。はっきりした四季をもつイタリアには、四季折々の風物や旬の食べ物を楽しむ文化がある。農産物の収穫の時期になると「サグラ」と呼ばれる収穫祭があちこちで開催され、季節の恵みを楽しむ人々であふれ返る。豊かな食は必然的に多彩な気質を育む。各人の個性も際立つが、地域による差も顕著で、たとえば北イタリア人と南イタリア人の気質の違いは、映画『南イタリアへようこそ』(二〇一〇)と続編『北イタリアへようこそ』

図1　歴史的建造物が立ち並ぶイタリアの町

図２　休日の街角の音楽家たち

（二〇一二）が面白おかしく描きだすとおりだ。

先に挙げた空間的条件はイタリアに「多様性」という特徴をもたらしている。あわせて注目したいのは、イタリアにおいて地形・食物・人間が本来的にもつ豊かな個性が徹底的に尊重される点だ。イタリア料理は素材を生かす調理法で知られる。また、イタリアの町を歩くと、歴史的建造物の多さに圧倒される。できる限り、現代まで受け継がれてきた状態を保とうとする努力の結晶だ。その強いこだわりがイタリア独特の美を生む。イタリアでは利便性よりも美に重きが置かれることが多いように感じられる背景には、イタリア固有の多様性とそれを尊ぶ意識がある。

イタリアの時間――緩急が織りなすリズム

イタリアにはどのような時間が流れているのか。イタリアを訪れたり、イタリア人と接したりするなかで、その独特のありように気づく人も多いだろう。

イタリアでは時間は直線的に進まない。そのことに気づかされるのは、たとえばイタリア人と共同で課題に取り組むときだ。課題達成にいたるプロセスが大きく異なるのだ。効率を追求した直線的な日本式プロセスとは対照的に、イタリア人は課題を多角的に眺め、さまざまな角度から、いわば重層的にアプローチを試みる。一見すると、非効率的で迂回の連続にもみえかねない。しかし、最終的には目標を鮮やかに達成する。そのうえ、さまざまな可能性が想定・検討済みであるため、あとから問題が発生してもフレキシブルな対応が可能なのだ。本当の効率とは何かを考えさせられる。

図３　海でのんびりバカンスを過ごすイタリア人

このようにイタリアでは時間は独特のリズムを刻んで動く。イタリア人については「時間にルーズ」「怠け者」というステレオタイプが根強くあるが、これは必ずしも当たらない。リズムの違いを考慮する必要がある。実際に、店の営業開始や公共施設の開館は総じて日本より早い。多くのイタリア人が朝食をとりに立ち寄るバールは夜が明けないうちから営業しており、商店も朝九時頃からシャッターを上げはじめる。たしかに長い昼休みが入るが、その分、夕方遅くまで営業する。さらに帰宅後も、社交や趣味、家族との時間を十分に楽しむ。遅くまで遊び歩いても、翌朝は誰もがシャキッと学校や仕事場に現れる。二日酔いや寝不足で朝から浮かない顔をしているイタリア人にはなかなかお目にかかれない。

この独特のリズムを形容するには「緩急のついた」という語がふさわしいだろう。オンタイムには高い集中力を発揮する一方、オフタイムにはしっかり休むというメリハリあるスタイルが定着している。実際、イタリアの町が、平日と休日にみせる顔はまったく別ものだ。宗教上の理由もあり、日曜日は多くの店が閉まる。家族を大切にするイタリアでは、休日の昼は家族そろって時間をかけて食事を楽しむことが多く、中規模以下の町や村では街頭から人影が消えるほどである。夏のバカンスの時期には、数週間単位で休みをとるのも一般的だ。オフのあいだにしっかり英気を養い、インスピレーションを得て、オンタイムに挑むのだ。

ユーモアをもってクリエイティヴに生きる

二〇一一年一一月、喜劇役者で映画監督のロベルト・ベニーニ（1952-）は、イタ

図4　イタリアンユーモアの天才，ロベルト・ベニーニ

リアに関し欧州議会でスピーチを行った。現在、イタリアは政治経済的に厳しい局面を迎えている。憂慮すべき状況だろうか。いや、古代ローマ帝国の崩壊やナポレオン侵攻など、イタリア半島はこれまでも数々の苦境を経験し、乗り越えてきたではないか。すべてを失っても、そのたびに再生してきたではないか。「ルネサンス」（イタリア語で「リナッシメント」）や「リソルジメント」はともに「再生」を意味するが、イタリアは危機をチャンスに変え、なお美しく復活する点にかけては模範的存在ではなかったか。事実、イタリアは創意にかけては超一流、古代ローマやルネサンス期の発明はいまも世界各地で生きている。たとえば水道も古代ローマで考案された。ただし、世界じゅうで水道が整備されても、発明者のイタリアには一銭も入らないが……そうした具合に、イタリアは統一前の国も言語もバラバラだった時分から、創意を生かし、豊かな文化で世界を魅了してきたのではなかったか。「国家の成立に先立って文化が誕生した世にも稀な国」とイタリアの本質を示唆し、各国の代表を感動と笑いの渦に包んだ。

「絶望の淵にこそ希望がある」。現実を表面的に受けとるのではなく、ユーモアをもって、すなわち高次の視点から眺めることで本質を把握、突破口を見出し発展する。物事のもつ多様な側面に気づくことのできる感受性に発するこうしたクリエイティヴィティこそが、文化に基づき人間らしく生きることをあきらめないイタリア人の暮らしの基盤をなしている。イタリアで暮らす醍醐味だ。

（石田聖子）

Column 3

「ラウレア（大学卒業）」という人生の節目

イタリアの大学には「卒業式」が存在しない。では、学生たちのキャンパスライフはいつの時点で終わりを迎えるのかというと、それは「ラウレア（laurea）の日」である。ここでは、大学卒業という人生の節目に関して、日本のそれとは相当に異なるイタリアの事情を簡単に紹介してみよう。

ラウレアとはもともと、名誉や勝利の象徴である「月桂冠」を意味する言葉だった。一四世紀のイタリアでは古代ギリシアの風習に倣い、月桂冠を詩人に授与してその業績をたたえる祭式が行われていた。そこから転じて、ラウレアは大卒者に与えられる称号（学士号）の名となった。

イタリアの学生は「ラウレアの日」に卒業論文の公聴会に臨み、この審査に合格した時点で「卒業生」と認定される。公聴会の開催期間は四季を問わず年間を通して設定されているため、学生は論文の進捗状況に合わせて、自身に都合の良い日程を自由に選ぶことができる。つまり、イタリアでは日本と違って、一人ひとりの学生がてんでんばらばらの日づけに大学を巣立っていくのである。

イタリアでは、大学を無事に卒業できる学生の割合は入学者の半分にも満たない。それゆえになおのこと、「ラウレアの日」はイタリアの若者にとって、人生の晴れ舞台といえるだろう。普段はTシャツにジーパン姿の学生も、この日ばかりはスーツと革靴に身を包む。公聴会はたいてい大講義室にて催され、そこに学生の両親、友人、親類縁者たちが大挙して詰めかける。ビデオがまわされ、カメラのフラッシュが光り、講義室は非日常の劇場空間へと変貌を遂げる。教壇にずらりと居並ぶ教授たちに、学生は一人きりでまっすぐに向き合い、論文に関する質問に答えていく。質疑応答を終えた学生は、いったん講義室の外に追い払われ、そのあいだに教授たちが成績について討議する。やがて学生が呼び戻されると、ギャラリーが固唾を呑んで見守るなか、論文の点数が高らかに読み上げられる。優秀な成績を収めた学生には熱烈な拍手が送られ、公聴会という一大イベントは幕を閉じる。審査を終えた学生には、両親や友人たちから月桂冠がプレゼントされることが多い。かくして、名実ともにラウレアート（もとは「月桂冠を戴く者」の意だが、転じて「大学卒業生」の意）となった若者は、キャンパスライフに別れを告げる。

翌日からは、いつ終わるともしれぬ職探しの日々が始まる。苦難の末に「ラウレアの日」を乗り切った「学士さま」を待ち受けているのは、若年層失業率が四〇％を超えた、過酷にして無慈悲なる社会の荒波である……。（栗原俊秀）

第4章

美から醜，醜から美へ

ミケランジェロ広場から眺めるルネサンスの都フィレンツェの街

『短いけれどほんとうのイタリア絵画史』

イタリア絵画！　さてこの言葉がいったい何だというのだろう！　どんな権利と義務があって、ある絵画をイタリア絵画と呼ぶのだろうか。ボッライオーロやティツィアーノ、カラヴァッジョのなかにどんな特別のイタリア精神を感じるというのだろう。だから次のこともまた諸君にはっきりと知ってもらいたい。つまり「芸術における民族性には何の重要性もない」ということだ。民族性は常に似非批評家の商売道具の一つである。これをもってかれらは芸術を〈環境の中に〉位置づける〉と言うが、それは芸術を解釈する術を知らないからだ。しかし芸術家は純粋に芸術的なもの以外のどんな環境とも無関係なものだ。かれらは皆、歴史的伝統の鎖を形成すべく手に手を取り合っている。そして農工商の産業が形成する祖国の土地、すなわち民族性と環境から、かれらを魔法にかけるように持ち上げるには、握り合ったその手のふれあいだけで十分なのだ（ロベルト・ロンギ『イタリア絵画史』和田忠彦・柱本元彦・丹生谷貴志訳、筑摩書房、二〇〇九年、一九七頁）。

至高の美術史家ロベルト・ロンギ（1890-1970）はその『短いけれどほんとうのイタリア絵画史』（邦題『イタリア絵画史』）を締め括る結論を書き上げるとき、上に引用したように、芸術におけるイタリア性を定義しようとすることの無益さを確言してはばからない。そうして芸術を純粋に観ることに言葉を紡いだロンギの美術史講義は、ちょうど一〇〇年を経てイタリア絵画史を知ろうとする私たちにとっても、今もなお色褪せない導きであり続けている。事実、ロンギの講義録は一九一四年に纏められた。第一次世界大戦前夜、イタリア統一からまだ目には見えないファシズムの足音がどこからか轟き始めた世紀を跨いだ時代に、否が応でも共通美学としてのイタリア性の確立が工作された一方で、ロンギ教授は、美術史を学ぶ学生たちに芸術の本質的なものへ鋭い眼差しを向けるよう説いていた。

第一次世界大戦から一〇〇年

今日イタリアでは、第一次世界大戦開戦に至る激動の時代を読み直そうとする傾向が顕著である。まさに一〇〇年前のイタリア半島では、まるで地下マグマが噴き出さんとしているかのような大地の振動を敏感に感知した者たち未来主義者が、それに鈍感で気づかぬふりを決め込んだ者たち過去主義者へ、目を覚ませ未来を見つめよと大呼した。

生活の急激な変化を知覚した身体は、新たな芸術表現に相応しい色調、音、リズム、コンポジションを編み出した。イタリア未来派（未来主義）の芸術に体現されたこの敏感な身体感覚は、絶えず変容する暮らしに自ら融合し、変貌を遂げながら決して断絶することなく、新しい時代の芸術のあり方を提案し続けた。今日、決して輝かしい傑作を遺したとはされないイタリア美術史の二〇世紀を振り返り、芸術においていかにイタリアが変容を可能にする触媒であり続けたかを再考察する必要性への気づきがみられる。ほとんどシニカルに自己批判的に、イタリアの芸術批評はファシズム時代も含む二〇世紀の芸術の本質へ眼差しを向け始めているのだ。

未来へ開かれたイタリアの美の歴史

本章では、イタリア文化に固有の美意識とそこに生まれた芸術の歴史を辿り、ルネサンスからバロック、ロマン主義、「前衛」芸術への、また、美の理論、様式美の変遷をめぐる。イタリアに生起したルネサンス芸術やバロック芸術の隆盛に象徴される比類なくすばらしい芸術と美の精神が、時間的また地理的制限のうちに留まるどころか、今に至るまで芸術創造の基盤となり異国文化へも展開し続けていることを改めて見出すガイドとなるだろう。遡れば一九世紀半ば、『イタリア・ルネサンスの文化』を編纂した歴史家ブルクハルトにとって、イタリアへの旅は、かれを取り巻く当代にはないなにか、かれが憧れ続けたなにかを希求するロマンティックな遁走であった。芸術家たちももちろん、ほとんど一つの芸術作品であるイタリアの都市へ技術を学びに参じた。けれど、イタリアが提供したのは過去回帰の可能性だけではない。二〇世紀初めの多様な「アヴァンギャルド」を色づけた芸術家たちも好んでイタリアへ往訪し、過去のマエストロたちの手法に学ぶだけでなく、新たな芸術を実現するひらめきを得ていた。イタリア滞在を習慣にしていたバレエ・リュスの敏腕興行主ディアギレフは、ストラヴィンスキーをミラノに呼び寄せ、マリネッティ率いる未来派グループに引き合わせた。一九世紀的な古典バレエに対し、革新的な総合芸術としてのバレエを提案し続けたディアギレフは、騒音を奏でる未来派の〈オーケストラ〉がストラヴィンスキーに新奇なインスピレーションを与えることを確信していたからだ。そうして「純粋に芸術的なもの」が作品から作品へと時間の境界も地理的境界も超えて渡り続けていく。イタリアの美の歴史を巡ることは、ロンギが喚起するように、時代と国境を越えた芸術家たちの「握り合ったその手のふれあい」に眼差しを向ける一つの手がかりとなる。

（横田さやか）

22 ルネサンス――調和の美をもとめて

美は古代にあり

ルネサンス期、およそ一五世紀から一六世紀にかけ、古代モデルを理想として再提示する文化傾向がイタリアに芽生えた。ルネサンスという用語は、ジョルジョ・ヴァザーリが一五五〇年に記した『画家・彫刻家・建築家列伝』（邦題『芸術家列伝』）にイタリア文化隆盛の新風を〈復活（rinascita）〉と表現したことに由来する。古代文化の誉望をふたたび甦らせること、つまり復活や再生という概念にイタリア文化の隆盛を重ねる考え方は、当時の芸術家たちの自覚に根ざしていた。その思想は、文学、哲学、科学、美術、すなわち人間の創造力と知識のなすあらゆる分野に影響を与え、フィレンツェを中心に、都市国家が繁栄した北イタリアから全ヨーロッパへと広まった。人間の内面性の形成を目指す文化思想である人文主義がルネサンスの基盤となり、古典文化の再考察、自らの運命を操る知識ある人間の価値への自覚や仁愛に特徴づけられる。芸術においては、古代ギリシアや古代ローマの自然主義文化に美しさの理想を見出し、調和のとれたその崇高な優美さを表現することが芸術活動の目的とされた。

図1　アルベルティ設計のサンタ・マリア・ノヴェッラ教会正面（1458-60）

単眼に切り取られた風景

ルネサンス以前の絵画では、重要性の高い神聖な存在が平面上に大きく描かれ、距離感は重視されていなかった。人間を超越する存在である神の視点から構築された世界観においては、象徴性が重視されたからだ。一方、ルネサンスでは、人間を中心に据え、人間によって知覚される風景を再認識し再現することが、創作活動の動機となる。その手段となったのが、遠近法である。一五世紀初め、フィレンツェのフィリッポ・ブルネッレスキ（1377-1446）が遠近法（透視図法）の法則を見出し、レオン・バッティスタ・アルベルティ（1404-72）、ピエロ・デッラ・フランチェスカ（1412-92）が理論化していく。

遠近法とは、固定された単眼が、その三次元の視覚像を奥行きのない二次元へ正確に還元する試みである。よって、五感のうち視覚がもっとも重要な感覚であるととらえられた。この視覚の優位性は、見る者を対象と切り離し、非経験的な「眼差し」に集約する。見る者の身体が俯瞰する立場に据えられることは、ルネサンスの人間中心主義の主観性を象徴するといえる。ここでは、見る者の固定された視座がその者の身体的介入を拒み、対象と直接関係性を結ばない主体を構築する。言い換えれば、見る者である画家の務めは、その先にある、身体と実体のある世界には触れない存在として、美しいものを現前させる役目に終始したのだ。こうしたルネサンス期の身体観をより具体的に把握するには、二〇世紀初頭、前衛芸術運動未来派が遠近法の視覚性を覆した一連の絵画を思い起こすと効果的だろう。均質的な「静」の一瞬ではなく、運動の持続を描き出す作品例や、見る者の身体が対象に巻き込まれそこに参加していく試みと比較すると、単眼により秩序化された視覚性の特徴を実感することができる。

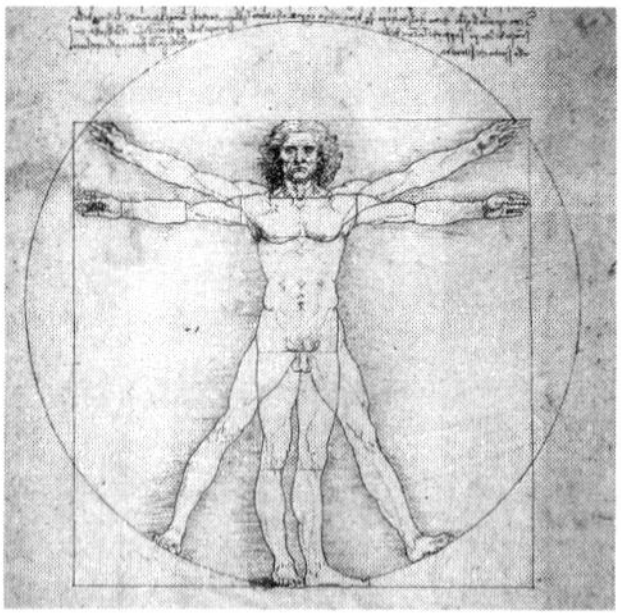
図２　「ウィトルウィウス的人体図」（1487–90）

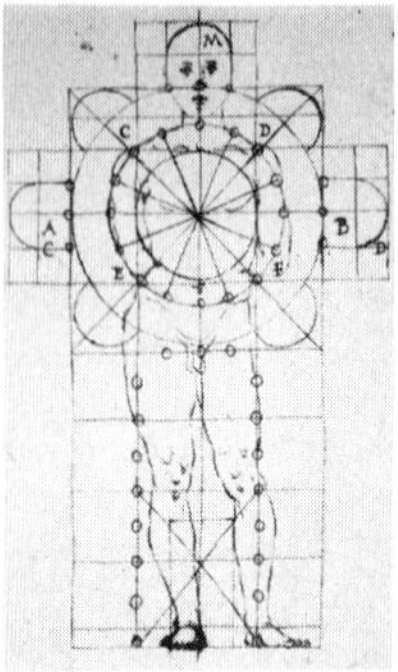
図３　「人体に基づく教会建築設計比例図」（1489–1501）

身体の調和と美

古代ギリシアや古代ローマの芸術が知的活動における発想の源となったルネサンス期、多大な影響を与えた理論のひとつに、ウィトルウィウス（紀元前八〇年頃―紀元前一五年頃）の『建築論』（紀元前二九―二三年頃）がある。ウィトルウィウスは、建築における理想的な比率を、自然の創造物である人間の身体に反映させた。この問題は、ルネサンスの多くの芸術家たちにより研究され、その理論に基づき調和のとれた美しい建築を実現しうることが実証された。たとえば、レオナルド・ダ・ヴィンチ（1452–1519）は、「ウィトルウィウス的人体図」を残している。臍を中心として円を描くと、伸ばした手足の先端が円周に重なること、また身長と両腕を広げた長さが一致するというウィトルウィウスの説明を描写したものである。また、フランチェスコ・ディ・ジョルジョ・マルティーニ（1439–1501）は、教会平面図とファザードに人体像が一致するさまをきわめて明確に理論化した。実に、ルネサンス期には、古代文化を芸術の理想像としてそこに見出される優美さを追究すると同時に、人間に考察の目が向けられ、人間そのものの姿や価値が追究されたのだ。ラファエロ（1483–1520）の絵画に見られる威厳ある貴族的な人物像や、ミケランジェロ（1475–1564）の絵画に特徴的な苦しみもだえる人物像に代表されるように、ルネサンスが成熟するにつれて、人物像が芸術創作の好まれた主題になり、今日われわれが鑑賞しうる多彩なルネサンス絵画の傑作がそれを象徴している。

図4　長持ちに描かれた結婚式での踊り（15世紀後半）

身体の織りなす美

ルネサンス期のイタリアは、身体芸術においても重要な礎を築いた。のちにバレエとよばれ、一九世紀に花開く舞踊芸術の起源は、まさにルネサンス期イタリアの宮廷舞踊に遡る。一五世紀半ばより、とりわけフェッラーラ公国エステ家の庇護下、ドメニコ・ダ・ピアチェンツァ（一四世紀末―一四七〇以降）とその弟子たちによって舞踊の教則が成文化され始める。教則本は、無意識と無秩序によるのではない、計算に基づく意識的な美しい身振りを定義することを目指し、たとえば、音楽に誘発されて身振りがそれと調和すべきであること、すなわち動きだけでなく精神も重要であるという解釈や、動きをより優雅なものに見せるための実践方法を説いた。つまり、身体を主体とすることでも、調和のとれた規律に優美さを見出す試みが実践されたのだ。そして、その華やかさと優美さゆえに、宮廷舞踊は、宮廷の威厳や誇り、礼儀を表象する役目を担い、祝祭に欠かせない文化になる。理想的な宮廷人の姿とは、精神と身体のどちらにも美しさを備えていることとされ、舞踊が貴族の礼儀作法に欠かせない学びごとにもなったのだ。

また、ここに初めて、身体によって美しい文様を描き出すことを目指す振付家と、それを実践する技術を身につけた踊り手の関係性の萌芽がみられる。このことは、他者の視線のもと身体が身振りによって芸術表現を実現しうることへの自意識の芽生えともいえる。事実、舞踊芸術とは、踊り手が他者の眼差しのもと表現する主体となる芸術形式である。バレエの起源は、まさに人間を再評価する知的試みがさまざまな芸術分野で実践されたルネサンスにあったのだ。

（横田さやか）

23

バロック――美と醜の反転

マニエリズモ――模倣から表現へ

自然を模倣しその規則性に美が見出されたルネサンスが成熟すると、美術におけるマニエリズモ（マニエリスム）の誕生を挟み、一七世紀に花開くバロック期へと、芸術の追究する美は大きく転換する。マニエリズモは、ダ・ヴィンチ、ラファエロ、ミケランジェロに代表される盛期ルネサンスの均一的な規律に基づく見事な手法（マニエーラ）に学びつつ、意識や精神に由来する不安定さやメランコリーも表現する。言い換えれば、調和のとれた様式の規律には収まり切らない、醜の側面も内包する人間性を表出する芸術が出現するに至ったのだ。

バロック――単眼から複眼へ

一七世紀は、イタリアにとって反宗教改革の世紀であり、宗教改革によって根底から覆される危機にさらされていた価値観や倫理を再構築させる必要に迫られた。カトリック教会は、より効果的な方法で民衆心理へ教義を浸透させなければならず、その役目を担ったのが建築、美術、彫刻といった、信者の視覚に直接訴えうる芸術だった。たとえば、十字架に磔にされたキリスト像について、苦しみに歪む表情やその肉体から滴る生血をも描写することによって、信者の共感を呼び起こすことが推奨された。バロック美術は、ゆえに、教皇領であるローマに花開き、教会権力の

図１　「ゴリアテの首を持つダビデ」

荘厳さを示すべく、ほとんど舞台美術のような装飾性が特徴的である。同時に、均一的美しさや調和とは真逆にある表現、まさに不安定な社会情勢に衝き動かされた非均一性や動性が表れてくる。すなわち、固定された単眼による静的視覚世界から脱し、複眼にとらえられた奇妙でいびつな形や凹凸のモティーフが繰り返されることで、激しい動性が表現され始めたのだ。

カラヴァッジョ——光から闇へ

ルネサンス期には芸術の題材になりえなかったような、美しさや「生」の裏に潜む要素が顕在化した傾向において、カラヴァッジョ（1571-1610）は象徴的な画家である。画家自身の波乱に満ちた生涯そのものに裏づけられるかのように、カラヴァッジョは優美さとは対角に位置する闇、醜、グロテスクさを描き出した。「ゴリアテの首を持つダビデ」（一六〇九—一〇）では、「ホロフェウスの首を斬るユディット」（一五九九）や「洗礼者ヨハネの首を持つサロメ」（一六〇九頃）に続き、「死」のテーマをその残虐性を和らげることなく劇的に描く。効果的な明暗法により、ゴリアテの生首に光が差し、闇に包まれた背景に気味悪く浮き彫りになる苦痛と恐怖に絶望するその表情は、画家自身の肖像でもある。この意味で、画家という存在は、もはや対象を俯瞰する務めに甘んじず、絵画のなかに姿を変えて忍び込んでいるさまがみてとれる。

図2　「ペルセフォネの略奪」部分

図3　「アポロンとダフネ」

図4　「聖テレジアの法悦」

ベルニーニ――静から動へ

一方、ローマカトリック教会の教義を伝達する役目を担い、その威厳を荘厳な作品に実現したバロック期の芸術家を牽引するのが、ベルニーニ（1598-1680）である。その彫刻「ペルセフォネの略奪」（一六二一頃）では、肉体の動性と筋肉の緊張感がリアリスティックに再現されている。プルトンが左足の重心で体を支える一方、逃れようとするペルセフォネの動きは上へ向かい、それぞれの四肢がねじれ構造をつくり出している。さらに、腰と太ももに食い込むプルトンの両手にみられるように、肉体の躍動感がほとばしる。また、「アポロンとダフネ」（一六二二―二五）においても、ねじれの構造とダイナミックさを表すことに成功している。こうした表現的な形式は「聖テレジアの法悦」（一六四六―五一）に成熟する。神の顕現を受け恍惚とする聖テレジアは、神聖さの象徴である雲の上に配置されるが、左腕はだらりと脱力し、素足は投げ出され、頭はぐったりと力を失っている。まるで、固い大理石が肉体となり、彫刻が配置されたコロナーロ礼拝堂全体が幻惑的な舞台のひと幕であるかのような効果が演出されている。

ボッロミーニ――円から楕円へ

ベルニーニに対抗するボッロミーニ（1599-1667）は、ルネサンス期に一般的な、あらゆる芸術分野を生業とする芸術家ではなく、もっぱら建築を専門とした。ボッロミーニの教会建築には、調和と秩序を尊重する様式が消え、かつては美しさの対極にあるとされたような不規則な形の均衡が現れる。サン・カルロ・アッレ・クワ

図5　サン・カルロ・アッレ・クワットロ・フォンターネ教会中庭

図6　サンティーヴォ・アッラ・サピエンツァ教会クーポラ

ットロ・フォンターネ教会中庭の列柱廊（一六三五―三七）は、上階と下階が非対称な構造を成し、下階部分のアーチは二本の柱が一つのアーキトレーブを支えている。中庭は長方形を成すがその四隅は面取りされ、凸型の歪みが施されている。でこぼことした動きを生みだす凸型のモチーフは、楕円形をしたクーポラにも、正弦曲線を描く教会ファザードにも繰り返される。さらに劇的な空間の改革がみられるのは、サンティーヴォ・アッラ・サピエンツァ教会（一六四二―六〇）の三角形のクーポラである。正三角形の各辺に半円が貼付けられ、三つの角が凹状に切り取られている。この空間構成により、ボッロミーニはルネサンスの均質な形の繰り返しを決定的に放棄し、自らの創造による空間の変容を実現しているといえる。

バロック的空間――規則性から不規則性へ

こうしたルネサンスの美的概念からバロック期のそれへの劇的な変容は、今日のわれわれも体験し、当時の身体意識がそれをいかに知覚したのかを垣間見ることができる。たとえば、フィレンツェを訪れ、アルベルティ設計による調和のとれたファザードを持つ教会建築に佇んだのち、ローマを訪ね、ボッロミーニの建築に身を置いてみる。すると、幾何学的に整頓された空間から、突如空間がくねくねと波を打ち歪み出すさまを体感できる。それほどまでに、バロック期における美しさの概念の変化は、触感的な、より体験的な変容だったのだ。

（横田さやか）

24

ロマン派とオペラ——一九世紀劇場芸術

ロマン派

一八世紀、ヨーロッパ各国間のたび重なる戦争により政治権力図は絶えず変容し、さらに一九世紀にかけ、産業革命により社会構造と人々の暮らしも変貌を強いられた。それに伴い、芸術活動の地図像もまたその様相を大きく変える。芸術の中心地はイタリアからフランスの首都パリへ移行する。イタリアは、もはや新しい芸術様式を発信する地ではなく、ヨーロッパ各国から芸術家らがルネサンス以来の偉大なマエストロたちの作品を学びに訪れる地となったのだ。こうした激動の時代にあって、フランスを中心にロマン派が形成され、その思想は政治、哲学、美術、文化のあらゆる環境に派生した。ロマン派思想の下では、各国家が、混沌とした権力闘争のなかにみずからの血統を再確認する必要に迫られ、言語、宗教、文化、伝統といった解きがたい絆に結束した民衆像が称えられた。必然的に、個人もまた個々の歴史を持つかけがえのない主体であるとみなされた。この傾向から、ロマン派芸術の関心は、個人の感情面に向けられる。芸術の主題には、個人とその形成に影響を与えうる環境や文化的要素が好まれ、情熱と不安がロマン派芸術のモティーフの基盤を成した。

図１　『仮面舞踏会』舞台スケッチ（1859頃）

図２　「VIVA VERDI」と壁に落書きをする人々（作者不詳）

イタリアのロマン派オペラ

イタリアにおける「ロマン派」の呼称は、音楽において、すなわちオペラにおいて有効である。聴き手を引き込むような感動的な楽曲が特徴的であるロマン派時代のオペラは、ルネサンス以来初めて、見た目にも質としても確固たる芸術的価値を築いたといえる。

一九世紀、イタリアオペラの隆盛を実現し、イタリアらしさが象徴的なオペラ・ブッファと神話や歴史を題材にするオペラ・セリアにおいて数々の名作を残した作曲家として、ロッシーニ（1792-1868）、ドニゼッティ（1797-1848）、ベッリーニ（1801-35）、ヴェルディ（1813-1901）が挙げられる。なかでも、ヴェルディは、五〇年以上にわたり作曲活動を続け、イタリア統一運動の高揚と歩調を合わせるように、全国的な人気を博す作品を発表し続けた。ヴェルディのオペラが失敗を知らなかったのは、それが社会情勢の要請に応えるものであったからだ。力強く心に響く楽曲と、迫力のある歌声、人目を惹き付ける舞台美術、衣装、そして共感を呼ぶ筋立ての台本の全条件が揃い、観客の意識に直接訴えるヴェルディの作品は、すなわち、リソルジメント期の勇往邁進の気性に効果的に響いた。よって、ヴェルディ本人の政治思想や作曲意図とは別に、ヴェルディの姿は愛国心とナショナリズムの象徴となった。一八五九年、ローマでの『仮面舞踏会』初演のさいには、かの有名なスローガン「VIVA VERDI（ヴェルディ万歳）」が、通りや広場の至るところに掲げられた。「VIVA VERDI」とは、V（ittorio）E（manuele）R（e）D（'）I（talia）を意味し、作曲家ヴェルディの名を借りて「イタリアの王ヴィットリオ・エマヌエーレ万

図3　サン・カルロ劇場内部（19世紀初頭，ナポリ）

歳」の意味が込められた巧妙な言葉遊びでもあった。

オペラ劇場

イタリア統一国家思想が形成する一九世紀を通じ、オペラはそれを牽引する要素として働き、あらゆる社会階級から好まれた。つまり、この時代のオペラの特徴のひとつは、その大衆性にある。たとえ、劇場に足を運ぶ市民の身分差は明確に三段階に区切られていたとしても、オペラ劇場は、異なる階級の人々が出会う唯一の場だった。劇場内では、中産階級や旅行者は舞台正面にあたる平土間に席をとり、貴族や資産家の上流階級は劇場を囲むように配置されているボックス席に、そして商店主や職人、兵士は世紀末になって設置された桟敷席に席をとった。オペラ劇場へ足を運ぶ目的は、今日のように、演目に集中し真面目に鑑賞を行うこととは大きく異なり、お喋りや食事、そして劇場運営の資産にもなる賭け事を楽しみに行くこと、さらには一家の威厳にふさわしい身なりで人前に出ることそのものにあった。こうして、各都市でオペラ劇場は社会生活において中心的な位置を占めた。オペラ作品は、人々に広く理解され、人々の趣味思考にかなうものでなくてはならず、その意味では、今日の娯楽映画やテレビ番組に共通する役目を負った。それに伴い、劇場建築が急速に進み、一八九〇年代には登記上、南イタリアを含み全国に一〇五五もの劇場があった。この数は、一八世紀末の劇場数に比較するとほぼ一〇倍の数に値する。やがて、二〇世紀初頭、イタリアに無声映画が流行するに伴い、市民の娯楽は映画へと移行し、多くのオペラ劇場は映画館へと姿を変えることになる。

図4　『エクセルシオール』のポスター

バッロ・グランデ

ロマン派オペラの隆盛が社会の要請を反映したように、同時代、イタリアに特有の舞踊形式、バッロ・グランデが誕生する。未来への楽観的信頼に根づく進歩主義、ナショナリズム、そして産業革命の恩恵による新しい生活への期待を集約するバッロ・グランデは、豪華な舞台装飾を背景に、ソリストと大勢の群舞の織りなす豪華絢爛な舞台である。いくつものバッロ・グランデを演出したマンゾッティ（1835-1905）の作品のなかでも、もっとも代表的なものが『エクセルシオール』（一八八一）である。この作品の主題は「進歩」対「退歩」の攻防のアレゴリーであり、反啓蒙主義に文明が華々しく勝利する物語である。主要ソリストの役柄は、「光明」「文明」「闇」といった、人物ではなく抽象的な意味を担った。そして、蒸気船、ボルタ電池、電信、電球の発明、スエズ運河開通、フランスとの国境を結ぶトンネルの開通といった、当時の生活を一変させた偉大な科学的発明の数々が盛りだくさんに物語に組み込まれた。当時の公演では劇場内に三色国旗が掲げられ、初演後一年間の再演数がミラノだけで一〇〇以上にのぼるほど大変な人気を博した。一方で、イタリア文化を代表する高尚な芸術とされたオペラに比較すると、舞踊は常に二次的な芸術とみなされ、バッロ・グランデは一九世紀の終焉とともに衰退していくが、『エクセルシオール』が繰り広げる進歩主義への熱狂、高揚するスペクタクルは人々をなお魅了し続け、一九一三年には映画作品としても再現された。マンゾッティは、愛国精神のもとに民衆を熱狂させ、まさに舞踊芸術によって時の精神を具体化したのだ。

（横田さやか）

25

美の理論——デコルムの系脈

美の多様性

美とは何か、どこにあるのか——西洋哲学の伝統のなかで問われつづけてきた美しさの本質と所在に、近代は決定的な二つの答えを与えた。ひとつはヘーゲルによる定義、「理念（イデア）の感覚的顕現」であり、もうひとつはカントの「関心なき快」という定式である。前者は客体的な次元、つまり芸術作品そのものに属するものとして美をとらえようとしたのに対して、後者は主観的な次元、すなわち芸術作品を経験する人間の側に美のありようを見出そうとした。美の本質を規定したこの二つの定義は、西洋の美学思想の原動力となった。

では、「美の宝庫」であるイタリアで、「美しさ」はいかに思考されたのか。ひとつ言えるのは、普遍的で明確な定義を与えるのではなく、美が内包している多様性を尊重する態度が受け継がれてきた、ということである。美はひとつではない——たとえば、ウンベルト・エーコが編んだ『美の歴史』（二〇〇五）に収録された図版を通覧するだけでも、時代や地域や観点によって「美」のありようがその姿を変えていくのを実感できるだろう。そして、この美の多様な展開を許容する理論的な枠組みとして、デコルム（decorum）を挙げることができる。

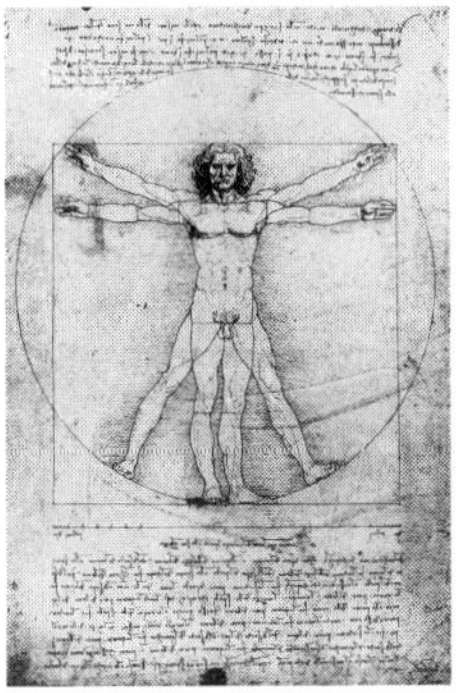

図1　レオナルドの「ウィトルウィウス的人体図」

美的原理としてのデコルム

「デコルム」とはラテン語で「適正さ」を意味し、何らかの目的や条件に沿っていること、理に適っていること、その場にふさわしいことを指す。古代ローマの政治家キケロ（前106—前43）は『弁論家について』（前五五）において、「説得する」という弁論術の目的を果たすためには、テーマや表現を適切に選び、かつ聴衆の態度に合わせて話題や声を調整すべきと説いた。さらに、キケロの同時代人で、現存するヨーロッパ最古の建築論『建築十書』を著したウィトルウィウス（前一世紀頃）もまた、建築には、場所・配置・気候・材料の適切な選択が不可欠であり、とくに外観の美しさは、構造物の各部分がバランスよく調和し、全体がひとつの均衡に達していること——すなわち「シュムメトリア」——から生じると考えた。

両者とも、（弁論と建築に共通する）作品の「組み立て」において、環境に配慮しながら構成要素を選び取り、それを適切に配置することがもっとも重要であると主張している。このことと関連して、プリニウス（22/23-79）が『博物誌』（七七）で伝える神話、「ゼウクシスのひそみ」に触れておくべきだろう。古代の画家ゼウクシスは、神殿に納める絵のために、五人の美女を選び、それぞれのもっとも美しい部分を取り出して合成し、絶世の美女を描いたという。この逸話からも、デコルムには、ひとつではなく、複数のパーツとその組み合わせという課題が潜んでいることがわかる。また、デコルムは弁論術や建築術、絵画、さらには詩学や音楽など、複数のジャンルにまたがる横断的な美の構成原理であった。

図2　アルベルティ設計のルチェッライ宮

図3　ラファエロ「カスティリオーネの肖像」

道徳的規範としてのデコルム

デコルムはその後、古代ギリシア・ローマ文化の「再生」を目指したルネサンスの時代に引き継がれていく。その代表格が、レオン・バッティスタ・アルベルティ（1404-72）である。建築・絵画・文学・詩など、あらゆる芸術ジャンルに通じたこの名高い人文主義者は、「物語画（istoria）」を画家のもっとも偉大な仕事と位置づけた。その制作にあたって重視すべきと考えられたのが、「適正さ」である。つまり、そこに描かれる複数の要素、とくに人物の身ぶりや表情には、それぞれの性格や感情――「魂の動き」――に見合った表現を与え、画面全体においては「謙虚さと羞恥」が遵守されるべきだ、というのである。

それればかりではない。アルベルティの理論によれば、節度や品位は「物語画」を描く者にも不可欠だという。デコルムとは美の条件であるばかりか、モラルを備えた人間性の育成にも深くかかわっている。デコルムに由来するイタリア語「デコーロ（decoro）」が、「装飾」のほか、「気品」や「威厳」「名誉」を意味することからもわかるように、アルベルティをはじめとする人文主義者たちは、「デコルム」が本来もっていた道徳的・社会的側面に光をあて、「適正さ」が「気品」や「徳（virtù）」のための規範となると強調した。バルダッサーレ・カスティリオーネ（1478-1529）が『宮廷人』（一五二八）で説くように、宮廷社会では、「さりげなさ（sprezzatura）」――「何の苦もなく、あたかも考えもせず言動がなされたように見せること」――から「気品」が生じるという。「デコルム」は、芸術の作法と宮廷の礼儀作法の両面にまたがるより広い意味で理解されることとなった。

図4　ヴィーコ『新しい学』（1744）表紙の寓意画

デコルムと修辞学の伝統

「適正さ」や「中庸」の態度は、個や内面を尊重する近代的な思潮に呑まれるようにして次第にその社会的意義を失っていった。しかしながら、ロマン主義やアヴァンギャルド芸術で頂点に達したこの歴史的趨勢のなかでも、デコルムは、イタリアの芸術や詩の理論のなかに屈折したかたちで生き残っていくことになる。ジョルジョ・ヴァザーリ（1511-74）は、その著書『芸術家列伝』（第二版、一五六八）において、「美しい様式（マニエラ）」の定義のひとつとして、「規則（regola）のなかに秩序づけられた破格（licenza）」を挙げている。（「デコルム」という言葉こそ登場しないものの、それに相当する）「規則」とそれを破るところに美しさが宿るという構想は、マニエリズモ（マニエリスム）の詩学を見事に言い当てたものである。

このように、互いに相容れないものが接するところに生ずる「驚き」こそ、一七世紀のバロック的想像力が掻き立てようとしたものにほかならない。ここにいたって、「型」を重んじるデコルムの存在意義は、ますます希薄になっていくように思われるかもしれない。だが、バロック的想像力を代弁するエマヌエーレ・テザウロ（1591-1667）や、ジャンバッティスタ・ヴィーコ（1668-1774）が、日常的感覚では摑めない事物や概念の意外な結びつきを明らかにするために、古代の修辞学を手がかりにしたことを思い出しておこう。イタリアの美の理論は、内容と形式、主体と客体、作品と作家（およびその鑑賞者）を理性によって切り分けることなく、美がもたらす効果や感覚を繭のように包み込む。その柔軟性は、修辞学の伝統に根差していたからこそ獲得されたといえよう。

（鯖江秀樹）

26

「前衛」芸術——未来派から「貧しい芸術」へ

イタリアから世界へ

アヴァンギャルドとは、もともと軍事用語で「前衛」や「尖兵」のことを指す。戦闘の最前線に位置して局面を打開する新たな勢力を指す言葉として、一九世紀以降、急進的で新しい芸術に用いられたメタファーである。伝統的な技法や美の規範を拒絶し、新たな芸術を打ち立てる。前衛芸術家たちに共通するのは、「破壊による創造」であり、熱狂的な変革の希求である。

芸術革命の先陣を切ったのは、イタリアの「未来派」であった。運動の創始者であるフィリッポ・トンマーゾ・マリネッティ（1876-1944）は、一九〇九年二月二〇日、フランスの『フィガロ』紙で「未来派宣言」を発表した。そこでは、戦争と暴力、男性性、速度の美、近代的で新奇なものが賛美され、「疾走する自動車はサモトラケのニケより美しい」と明言された。このようにモラルや常識に反する理念を掲げた未来派運動は、その後二つの水準で大きく展開していくことになる。ひとつは芸術ジャンルを横断する広がりで、「宣言（マニフェスト）」に触発されたイタリアの芸術家や批評家たちは、詩や演劇、絵画や彫刻、建築、音楽からファッションや料理にいたるまで、あらゆる領域で既成概念を打ち砕く実験的な作品理念を次々と打ち出していった。もうひとつは国際的な広がりである。マニフェストは、イギリスやロシア、南米へと伝わり、各地で未来派を標榜する芸術集団を誕生させた。

図１　マリネッティ詩集『ザン・トゥム・トゥム』

わが国でも、ドイツ留学中の森鷗外が「宣言」をいち早く文芸誌『スバル』に紹介したことがきっかけとなり、詩人や美術家が独自に未来派運動を展開した。

近代芸術の運命

しかしながら、本家の未来派運動は第一次大戦を境に急速に衰退した。その直接の理由は、画家・彫刻家のウンベルト・ボッチョーニ（1882-1916）や建築家のアントニオ・サンテリア（1888-1916）など、運動の理論的支柱でもあった未来派のメンバーが大戦で落命したことにあるが、それ以上に、前衛芸術の「宿命」が衰退の大きな要因となった。時代の先端＝前衛に立ちつづけるために、かつて述べたみずからの主張ですら否定し、それとは別の主張を提示していくのが不可欠だ。でなければ、未来派の主張は若い芸術家たちが倣うべき「規範」と化してしまう。前衛芸術は自己否定に達する運命にあるのだ。このように「別のもの」を挑発的に提示することが近代芸術の特質となる。メキシコの詩人、オクタビオ・パス（1914-98）が述べたように、近代性とは「一種の創造的な自己破壊」であり、「過去の否定」であると同時に「別の何かの肯定」でもある二重性を帯びている。前衛芸術は、壊されることを承知で築きあげられた「砂の城」にたとえられるだろう。

図２　カッラ「ロトの娘たち」（1919）

カッラとモランディ

「過去からの決別」「規範や権威の拒絶」といった派手なスローガンの背後にある「別のもの＝オルタナティヴ」の探求――これこそが、未来派以降のイタリアの前

図3　モランディ「静物」(1942)

図4　グットゥーゾ「磔刑」(1942)

衛芸術を理解する鍵となるのだろう。それを見事に体現した近代画家に、カルロ・カッラ（1881-1966）とジョルジョ・モランディ（1890-1964）がいる。カッラは未来派設立当初のメンバーに名を連ね、その理念に即した作品を手がけたのもつかの間、当時パリで注目を集めたパピエ・コレやプリミティヴ・アートの実験を経由して、ジョルジョ・デ・キリコ（1888-1978）が描く「形而上絵画」に近い画風へと転じる。それにとどまることなく、いにしえの巨匠たちの名画や画材を独自に研究し、一九二〇年代には、単純な構図と伝統的な画法による作品を制作した。この時期、未来派を政党化し、ファシズム体制の庇護下で「前衛」を自称したマリネッティとは対照的に、次々に画風を変化させることで、カッラはオルタナティヴを提起しつづけた典型的なモダニストであった。

一方、モランディもまた、一時期ではあるが形而上絵画風の作品を制作するなど、カッラとよく似た推移を辿った。しかしその後、生地ボローニャに構えたアトリエに籠って、同じ壜や壺などを黙々と描きつづけたこの画家はむしろ、伝統的な職人と呼ぶにふさわしいかもしれない。だが、彼の真骨頂は、「変わらないこと」と同時に、そこに確実に存在する無限のバリエーションを生み出したことにある。新しさを求めて目まぐるしく変化するアートシーンのなかで、モランディは際立った存在感を誇っている。

レジスタンスの芸術からアルテ・ポーヴェラへ

直近の過去を否定しつつ、オルタナティヴを提起するという二重の戦略は、第二

図5　ブッリ「袋と赤」（1956）

図6　ピストレット「ぼろきれのヴィーナス」（1967）

次大戦前後に、いっそう急進的なかたちで表面化した。荒いタッチと激しい色彩で、民衆の怒りや不安を暗示する磔刑図を描いたレナート・グットゥーゾ（1911-87）は、ファシズムに対抗するレジスタンスの側に立った。このことが示すように、社会的現実を表現者としてどう受けとめるかという政治的な課題が、前衛芸術家たちのあいだで先鋭化されていった。実際、戦後には芸術家グループが乱立し、無数のマニフェストや戦闘的批評が発表され、芸術の可能性をめぐる激しい論戦が展開した。一九五〇年代には、ルーチョ・フォンターナ（1899-1968）やアルベルト・ブッリ（1915-95）など、ナイフ、タール、炎などで制作する挑発的な芸術家が脚光を浴びることとなる。

一九六〇年代末、トリノを拠点に、木材や石、鉄や布などの素材をできるだけ加工せずに作品として提示する一群の若いアーティストたちが登場する。批評家ジェルマーノ・チェラント（1940-）は、これら画期的な前衛作品を「アルテ・ポーヴェラ（貧しい芸術）」と命名し、アメリカ流のポップ・アートや消費主義、美術館制度に抵抗する「ゲリラ戦」として積極的にプロモートした。

このように、イタリアの前衛芸術は、「別のもの」の連続としてとらえることができる。ただしそれは、「新しさ」のみを求める直線状の推移ではなく、過去との混淆と反復の様相を呈していた。それと同時に、無数の言説（マニフェスト）が書かれてきたという事実も見逃すべきではない。それはあたかも、亡霊のように回帰してくる未来派の遺産ではないだろうか。

（鯖江秀樹）

27

デザインとモード——工業製品から「メイド・イン・イタリー」まで

戦後の工業デザイン

第二次世界大戦後、経済成長を遂げる過程で、イタリアの暮らしは、一九世紀末から二〇世紀初頭にかけて流行した装飾的なリバティ様式から、生活の合理化を助ける家電製品に囲まれた暮らしへと変貌を遂げる。自動車、タイプライター、家電製品、家具等にみられる工業デザインや家具デザインは、技術革新の産物であり、同時に、新たな時代の暮らしや美学を象徴するものであった。歴史的には二〇世紀初頭アメリカのフォード・システムが先駆けとなった、大量生産管理形態の実現を戦後イタリアの個人実業家も実現し、質、量、手頃な値段の三条件を満たす商品が国内でも生産されるようになった。

タイプライターを大量生産しイタリア国内のみならず海外へも輸出したオリヴェッティ社は、イタリアの工業デザインブームを牽引する。生産工程をアメリカに学びつつ、見た目にもエレガントな製品を目指したオリヴェッティ・スタイルは、一九五二年、ニューヨーク近代美術館（ＭＯＭＡ）におけるオリヴェッティ・デザインの企画展（Olivetti: Design in Industry）に象徴されるように、製品の機能とデザイン性において「イタリアン・スタイル」の名声を確立した。

フィアット社は、手頃な価格の小型車を生産し、イタリアの一般家庭に自動車を所有することを可能にした。もっともポピュラーな大衆車、フィアット・チンクエ

図1　オリヴェッティ製タイプライター（1968）

図2　ヌオーヴァ・フィアット・チンクエチェント（1957）

チェントの初期モデル（Nuova Fiat 500）は、一九五五年の「フィアット・セイチェント」の生産に続き、一九五七年に販売が開始された。また、映画『ローマの休日』（一九五三）に登場し海外でも人気を博したスクーター、ピアッジョ社製「ヴェスパ」の生産は、一九四五年に遡る。

こうして、五〇年代にかけ、冷蔵庫、食器洗浄機、洗濯機といった、当初アメリカから輸入されていた家電製品がイタリアでも生産されるようになる。イタリアで初めて生産された洗濯機は、一九四六年のカンディ社の発明であり、「カンディ」という呼称は洗濯機の代名詞となった。その他、テレビ、換気扇、掃除機、床磨き機、ミキサー、ポータブル・レコードプレーヤー、エスプレッソ・マシーン等々、次々に生産された家電製品は、経済成長とともにイタリア工業デザインの台頭を象徴する。

ラディカル・デザイン

戦後の工業デザインが機能性と合理性を追求したのなら、ポスト・モダンの工業デザインは、製品の大量生産による無機質なフォームに抗い、反機能主義的なデザインを生みだした。六〇年代から広がるこの傾向は、「ラディカル・デザイン」と定義され、一九七四年の、ニューヨーク近代美術館における企画展（Italy: The New Domestic Landscape）に特集されたことで、同時代の工業デザイナーに大きな影響を与えた。景気後退やオイル・ショックといった不安定な社会情勢を背景に、新たな材質の可能性が模索されると、プラスチックに代わりポリウレタンやポリ塩化ビ

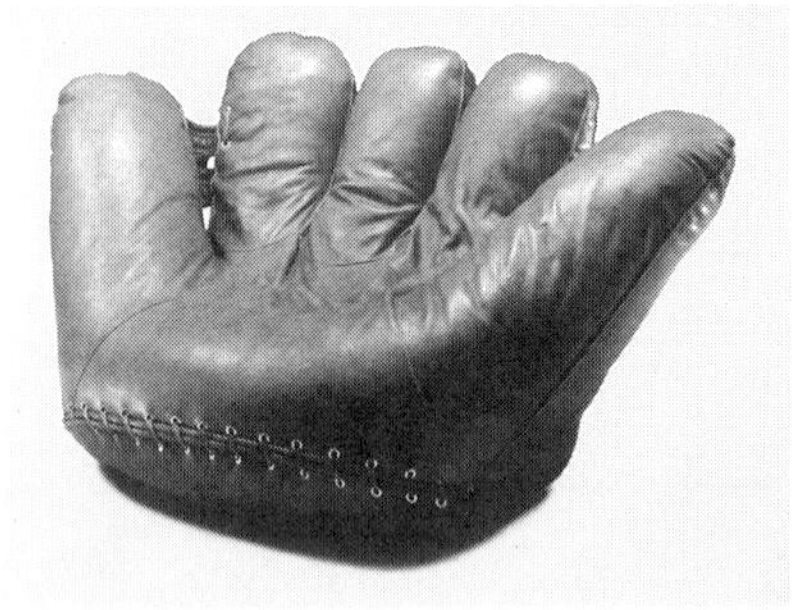

図3　ポルトロノヴァ製「ジョー」(1970)

ニルが使用されるようになり、製品に表現性を持たせることが試みられた。すなわち、ラディカル・デザインは、スタンダード化された環境に身をおくことを拒否し、より触感的な、それを使用する心地や身体感覚にデザインの着想を得たのだ。たとえば、テレビの前に置かれたソファーについては、腰掛け会話をするための家具という規定が覆され、リラックスする空間や個人の思い思いのスタイルを実現しうる空間として考えられた。とりわけ、ラディカル・デザインを牽引した二社の独創的なソファー、ポルトロノヴァ社のグローブ型ソファー（Joe）、そしてグフラム社のふっくらとした唇型ソファー（Bocca）は、その代表的な例である。

「メイド・イン・イタリー」

イタリア語のモーダ（moda）という言葉は、服飾産業そのものを指すと同時に、流行りの傾向、つまり「流行」も意味する。世界のファッション業界を魅了し続けるイタリアの「モーダ」は、戦後、「メイド・イン・イタリー」ブランド化により その価値を築き上げた。「メイド・イン・イタリー」のブランド化は、工業デザインにおけるそれと同様、アメリカ市場からの需要によるところが大きい。一九五一年、戦後ヨーロッパの経済復興を援助するマーシャル・プランのもと、イタリアのファッション業界をアメリカの市場へ開く経済効果を目的として、フィレンツェにて「イタリアン・ファッション展」が開催された。その一貫として、フィレンツェを代表するアトリエが参加する歴史的なファッション・ショーが企画された。針子や仕立て屋の高度な技術、質の良い絹の生産、そして刺繍やレース編みの伝統

図4　グフラム製「ボッカ」(1971)

など、長い歴史に支えられたイタリアの職人仕事は、アメリカの買い手を魅了するに十分だった。さらに、イタリア国内では、国家統一思想、流行を牽引するパリへの対抗意識、戦時中のナショナリズムといった政治的状況を経て、服飾生産のすべてを国内でまかなう生産工程とその価値への自意識がすでに確立されていた。こうして、「メイド・イン・イタリー」は、アメリカの著名人やハリウッド女優たちが好んで身にまとうことによりステイタス化し、数々の歴史的イタリアン・ブランドが世界のハイ・ファッションを牽引するに至ったのだ。

未来にふさわしい暮らしをデザインする未来派

二〇世紀のデザインとモードの歴史は、日常生活が急速に機械化した時代に、人間がそれを融合しようとし、あるいは機械を人間化させようと試みた美学的、身体的経験を物語る。この問題にいちはやく反応し、イタリアが激変する環境を愚鈍に眺めていないでそのスピードに追いつかなければならないと声をあげたのが、未来派だった。事実、未来派は、限られた芸術分野にみられた芸術傾向ではなく、新たな暮らしのあり方を総合的に提案した、初めての前衛芸術運動だった。未来派による室内装飾やファッションへの新たな提言は、新たな暮らしのありようをデザインする試みであり、今日その先駆性が再考察されている。

（横田さやか）

28

建築とフォルム――様式美の系譜

図1　「クリスタル・パレス」からの眺望

ブレシア建築行脚

洋の東西を問わず、古代の建造物や偉大な建築家による傑作を直に見ることは、旅の醍醐味のひとつである。古代から現代まで連綿とつづくイタリア建築の系譜をめぐるには、歩いてまわれるような比較的小さな街を訪れるのがいい。そんな街のひとつにロンバルディーア州の都市ブレシアがある。

街は鉄道線を境に二分される。北側には茶褐色の屋根が並ぶ旧市街があり、南側は、二〇世紀後半から開発された新市街で、列車の車窓から複数の高層建築が見える。ひときわ目を惹くのは、地元で「大きな鉛筆」と呼ばれるガラスの摩天楼「クリスタル・パレス」（一九八八―九〇）。工業と金融業が盛んなこの都市を象徴する現代建築のひとつである。一九世紀後半に建てられたブレシア駅舎は、過去の様式を恣意的に組み合わせる歴史主義建築の実例で、中世の城郭をモティーフとしている。そこから旧市街へ向かい、各時代を代表する建物を巡っていこう。見どころは、街の中心「ロッジア広場」と、そこから東へ伸びる「美術館通り」に集中している。

古代ローマとランゴバルド王国の遺産

「カピトリーノ神殿」は、ローマ皇帝ウェスパシアヌス一世によって一世紀に建造された。現在は神殿と公共浴場などの遺跡が保存されている。表面装飾が一部剝

図２　カピトリーノ神殿遺跡

図３　サン・サルヴァトーレ修道院の身廊

落し、煉瓦が露呈した壁や支柱が目につく。そこから、古代ローマ人が発展させたアーチ構法とともに、彼らが「装飾」として古代ギリシアの様式（オーダー）を継承した点を学ぶことができる。

遺跡の東隣には、「サン・サルヴァトーレとサン・ジュリア修道院」がある。ローマ時代の邸宅（ドムス）跡地に、ランゴバルド王国最後の王デジデリオ（在位七五六―七七四）が創設した女子修道院で、中世期を通じて増改築がなされたため、その内部はさながら各時代の建築様式の一覧表であるかのようだ。修道院の各施設をつなぐ白亜の回廊や小割石の壁体などが、のちのロマネスク建築へとつながる高い技術を感じさせる。この修道院は、二〇一一年に他都市の歴史遺産と合わせて、世界遺産「イタリアのランゴバルド族――権勢の足跡」に登録されている。

ルネサンスとバロック

先述の「クリスタル・パレス」が現代ブレシアのシンボル・タワーだとすれば、「ロッジア宮」（一四九二―一五七四）はルネサンス時代のエンブレムである。旧市街の中心にどっしりと構えるこの建物は、ヤコポ・サンソヴィーノ（1486–1570）やアンドレア・パッラーディオ（1508–80）など、名だたる建築家が設計に関与したことでも知られる。その名のとおり、ファザードには、ロッジア（開廊）様式が用いられ、付け柱と帯状のフリーズ部に施された細密な装飾を持つ上層と、コリント式の円柱四本を配した連続アーチのある下層からなる二層構造である（印象的な船底型の屋根は前世紀にかけ直されたものだ）。広場を囲むパラッツォ（邸宅）とともに、その

図４　ブレシアのエンブレム「ロッジア宮」

図５　サンタ・マリア・デッラ・カリタ聖堂

姿は、ルネサンス期の建築が、古代建築に範を仰ぎ、比例や均衡、シンメトリーといった美的理念を重んじていたことを今に伝えている。

一方、対抗宗教改革時代の様式であるバロック建築の実例もこの街に残されている。見どころは複数存在するが、なかでも二〇一三年に修復作業が完了した「サンタ・マリア・デッラ・カリタ聖堂」（一六四〇—五五）は必見である。そのファサードは、（他のバロック建築もそうであるように）一見すると簡素なものだが、その内部は圧巻である。八角形の平面を持つため、壁や柱、そしてドームに施された豪華かつ過剰な装飾が、フレスコによるトロンプ＝ルイユ（透視図法的錯覚）と相俟ってこちらに迫ってくるかのようである。多色大理石で造られた壮麗な主祭壇は、天使や聖人たちの彫像が今そこに舞い降りたかのように配され、内部空間の劇的効果をいっそう高めている。ブレシアの建築家一族が手がけたこの聖堂では、バロック建築に特有の造形要素のほとんどを文字通り体感することができる。

ファシズムの記憶

こうして主要な建造物を巡っていると、この街は、各時代の建築的遺産を引き継ぎつつ、複数の層を塗り重ねるように形づくられてきたように思えるかもしれない。だが実際には、この旧市街でさえ、大規模な人為的破壊を経験している。その記憶をいまに伝えるのが、ロッジア広場に隣接する「勝利の広場」である。この区画整備（一九二九—三二）を担当したのは、マルチェッロ・ピアチェンティーニ（1881-1960）。のちにローマ大学都市（一九三二—三五）やローマ万博会場（一九四二

図6　ファシズム時代の記憶「勝利の広場」

年の開催予定だったが実現せず。現在のローマ郊外の街区「エウル」）など、ファシズム時代の大規模な建築・開発事業にもっとも深く関与していく体制の建築家である。

古い街並を一掃して空間を切り拓き、その「傷」を郵便局とオフィスビル、時計塔で覆い隠し、広場にはムッソリーニのための演説台が設けられた。そこに刻まれた「FASCISMO ANNO X」は、ファシズム政権樹立「十周年」にイタリア全土が沸いた一九三二年を想起させる。広場の中央で存在を誇示する「郵便局」を見てみよう。交互に積み重ねられた白と黄土の大理石が直交直角を強調するこの建物は、近代的な造形要素と、列柱などに見られる古典的な造形要素を合体させたものである。こうした擬古典的なスタイルは、ファシズム公認の建築様式として、イタリア各地に新設された駅や郵便局に適用されていった。だが、ファシズム国家の美的表象に貢献したこれらの建築物は、忌まわしい負の遺産として破壊されることはなかった。それらを公共施設として今も活用する街の人々は、フォルム（形態）に刻まれたファシズムの記憶とどう向き合っているのだろうか。

一日の建築行脚を終えて、戦後の都市計画で整備された駅前の地区を通り抜けると、この街がいまなお、過去との交錯を生きているという実感が湧いてくるだろう。ブレシアばかりではない。バーリやベルガモなど、同じような歴史的経緯を辿った街はイタリアに数多く存在する。これらの中小都市は、ある意味でローマやミラノ以上に、建築フォルムの歴史的系譜を濃密に経験させる場でありつづけている。

（鯖江秀樹）

29

職人気質——美しさと美味しさをもとめて

図1　バイオリン職人

「メイド・イン・イタリー」の人気を支える職人たち

ファッションやデザイン、食品などの分野における「メイド・イン・イタリー」の成功は、職人たちに支えられているといってよいだろう。イタリアの職人仕事として有名なのものに、たとえば、フィレンツェの革製品やヴェネツィアのガラス製品が挙げられるが、他にも、家具、楽器、陶芸品、宝飾品、紙製品など、イタリアの職人文化は幅広く、いずれの分野でも世界的に高い人気を維持している。手工芸品の分野だけではなく、ハムやチーズ、ワイン生産など、食の分野でも多くの職人が活躍している。もちろん、いずれの分野でも、大量生産化は進んでいるが、小規模・少人数で時間をかけて良質なものを少量生産し続ける工房も数多く残っている。

高い技術を持つ職人の手で丁寧につくられた製品は、大規模工場で機械によって大量生産された製品とは区別され、さまざまな付加価値を帯びる。質が優れていることに加え、伝統文化・地域文化とのつながりを保っていること、個人の身体や好みに合わせられること、芸術性が高いことなども魅力として挙げられる。

そもそも職人文化は芸術と分かちがたい形で発展してきた。ルネサンス美術の歴史を誇るイタリアではとくに製品の「美しさ」に重きが置かれてきたと言ってもよいだろう。低コストで商品を大量生産し利益を上げることよりも、「質の良さ」や

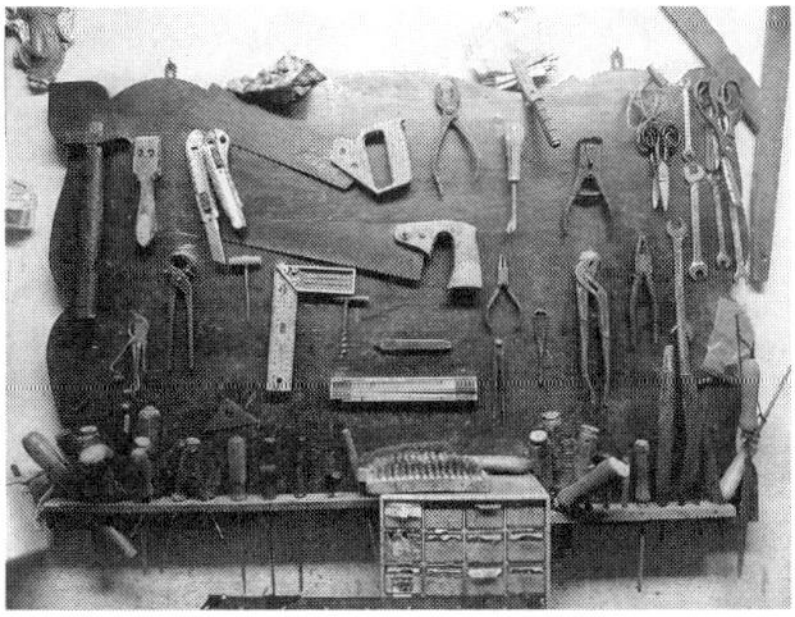

図2　家具修復職人が使う道具類

「美しさ」「美味しさ」を追求することを好むこうした職人的な気質は、伝統的手工業の分野のみならず、自動車製造など現代的な分野までをも含めたイタリアの「物づくり」の世界全体に浸透している精神だといえる。

職人文化の歴史

職人は古代から存在する職業であり、エトルリアやローマ帝国でも優れた工芸品がつくられていたが、イタリアに本格的な職人の文化が花開いたのは、中世の自治都市が繁栄し始めた一一世紀頃からである。同業者組合（ギルド）や、東方文化との接触、一四世紀以降のルネサンス美術も、職人文化の発展に重要な役割を果たした。一一世紀から一七世紀頃までが職人文化の黄金期といえるだろう。職人の技術は、徒弟制度によって、世代から世代へと引き継がれていくとともに、発展を遂げていった。

一八世紀にはイギリスの産業革命により、ヨーロッパの産業構造が大きく変わり、資本家と労働者、工場労働の時代が始まる。しかし、イタリアにその産業革命の波が届いたのは、一九世紀後半になってからのことである。また、その影響はイタリア全土に及ぶものではなかった。イタリア統一後、ミラノやトリノなどイタリア北西部では工業化が進められたが、その他の地域では、従来の産業構造が残されることとなった。

一九五〇年代、イタリアは、北西部の大企業を中心とした急激な経済成長の時代を迎える。職人的業種を担う多くの中小企業は、その流れからは取り残されたもの

図３　靴職人の店（オーダーメイド・ハンドメイドの靴）

図４　生地専門店

の、地域に根差した小規模な家族経営の形態を保ちながら生き残っていった。七〇年代から八〇年代は、こうしたイタリアの中小企業が頭角を現し成長していった時代といえる。とくにファッションやデザインなどの分野では、新たな技術や着想を取り入れながらも職人気質を保つ企業が、世界的に高く評価されるようになった。昔とまったく同じ方法で物をつくり続けるわけではないにしろ、イタリアの「職人気質」は、さまざまに形を変えながら引き継がれていったといえる。

二一世紀の職人文化

現在もイタリアでは、職人文化を継承する工房や企業が数多くある。とくに伝統的手工業を担う中小企業の多い北東部から中部にかけての地域は、「第三のイタリア」と呼ばれ、世界的に注目されている。重工業の発達した北西部（第一のイタリア）とも、経済的に貧しい地域の多い南部（第二のイタリア）とも異なる、「第三のイタリア」の産業構造は、大量消費・大量生産時代の行き詰まりから抜け出すための新たなモデルとしても、関心を集めている。もちろんイタリアの産業構造や経済は三つに分けられるような単純なものではない。職人文化を継承する工房や企業は北西部や南部も含めイタリアの各地に存在する。こうした工房や企業は地域文化や伝統との密接なつながりを持っていることが多いため、地域再生や観光産業の点でも注目されている。

ただし、近年、イタリアの「物づくり」がさまざまな問題に直面していることも事実である。産業のグローバル化が進み、国外の製品とも競合しなければならない

図5　ピザ職人（近年イタリアでは多くの移民がピザ職人として働いている）

状況で、昔ながらの「職人気質」を保ち続けることは決して容易ではない。生き残るため、人件費の低い国外に工場を移す企業も多い。「メイド・イン・イタリー」のブランドもまた、矛盾を抱えたものになっている。「イタリア製」と言えば、「職人気質」のイメージで人気だが、実際には、低賃金労働者によって工場で大量生産されている製品も多い。イタリア製の高級ブランド品のなかにも、実際には、移民を過酷な労働条件のもとで働かせる国内の下請工場で製造されているものが少なくない。職人の地位や給料、将来性が保証されていない状況のなか、後継者問題に悩む業種もある。

しかし、こうした苦境のなかで、新たな技術や着想を取り入れながら、成長する工房や中小企業も少なくはない。職人の文化も多様化し、従来とは異なるタイプの後継者が増えている。たとえば、日本人を含め、外国人がイタリアの工房に弟子入りするケースも珍しくない。また、若い世代はインターネットなどを駆使することにより、職人の製品の魅力を自ら積極的に世界に発信している。消費者の側でも、画一的な大量消費型ライフスタイルへの批判意識から、価格は多少高くても良質な少量生産品を選んで買おうという動きがある。大量生産化やグローバル化が進んだ時代だからこそ地域に根差した製品や手づくりの製品が高く評価されるという傾向もある。新たな時代の変化に適応しながら職人文化が生き残っていけるかどうかは、作る側の工夫のみならず、買う側の意識にもかかっているといえるだろう。

（小久保真理江）

Column 4

「美しい肌」というステイタス

「日焼けした肌」が多くのイタリア人に「美しい肌」とみなされるようになったのは、さほど遠い昔のことではない。ダンテが『新生（*Vita Nova*）』で理想の女性ベアトリーチェの肌を「真珠色」と賛美したのは一三世紀末のことであったが、少なくとも当時から二〇世紀初頭まで、「日焼け」は屋外で働かざるをえない貧しい庶民のものであり、「白い肌」こそが貴族すなわち社会上層部のステイタスであった。

ヴィスコンティの映画『山猫』は一九世紀後半のイタリア統一前後の、『ベニスに死す』は第一次世界大戦前の、滅びゆく貴族的な世界を描いたものだが、長袖のドレスと手袋に身を包み、大きな帽子の縁からヴェールを垂らし、パラソルをかざして眩しい日光を避ける貴婦人たちの肌はあくまでも白い。しかし貴族制の崩壊とともに、「白い肌＝上品な美しい肌／日焼けした肌＝下品な醜い肌」という対立もまた崩れてゆく。

一九世紀以降、日光浴が病気の治療や健康維持のために行われるようになったが、そこからさらに、「日焼けした美しい肌」というイメージが形成され流行してゆく。その過程において、第一次世界大戦後のファシズム政権の果たした役割は大きい。屋外活動を奨励し、児童の健康のため海や山での夏の合宿を推進したファシズム政権を率いるムッソリーニ自身、それまでにない日焼けしたリーダーであった。

強い肉体とダイナミズムが一躍もてはやされ、肌の白さは、清廉、潔白、貴族的、といった概念自体の価値の衰退とともにその価値を失い、「不健康」という忌むべきレッテルを貼られることになる。第二次世界大戦後から一九六〇年代にかけての経済成長の時代、「日焼けした肌」は「（バカンスを海や山で過ごせる）時間的経済的に余裕のある人々のステイタス」となる。カラーテレビの普及とともに、テレビ映りのいい小麦色の肌はますます人気の的となり、一九七〇―八〇年代には、オゾン層破壊や皮膚がん増加という情報もどこ吹く風、黒褐色になるまで日焼けした肌を求める流行はピークに達した。

日光治療がすでに行われていた古代ローマの時代、「ソラリウム」は日光浴室のことであったが、現在は通常「日焼けマシン」のことを指す。これを設置するエステティックサロンが急増し、日焼けはバカンスに行かなくても可能になったため、近年、「日焼け」の価値はやや下降気味である。

（林　直美）

第5章

内なる「他者」と外からのまなざし

額縁の内からまなざしを送るジョルジョ・デ・キリコ（1963，ローマ）

「わたし（たち）とは誰なのか？」

一八六一年に「イタリア王国」が成立する以前、長靴の半島に「イタリア」という名を冠する国が存在したことはいちどもない。本書の①「イタリア人とイタリア語」でも触れているとおり、一九世紀はじめごろまでの「イタリア」とは、「国」というより「地域名」を指す言葉にすぎなかった。当然、自身を「イタリア人」とみなしている住民はそこに存在せず、六一年に国家統一が実現されたところで、「イタリア国民」の自覚が一夜にして生まれるとは望むべくもなかった。

一九世紀後半から二〇世紀のはじめ、イタリアからは大量の移民が南北アメリカやオセアニアへと移住した。移民の多くは識字能力を欠き、「標準イタリア語」も話せなかった。彼らにとって、自己の拠って立つ基盤は郷里の農村（ならびにその地を治めていた近隣都市）をおいてほかになく、「イタリア人」としての国民意識は希薄だった。移民はむしろ、移住先の社会からくりかえし「イタリア人」と（しばしば蔑みをこめて）呼ばれることで、イタリア人としての自覚を少しずつ獲得していった。

「〈わたし〉とは、〈わたしたち〉とは誰なのか？」上述の例が示唆するとおり、この問いかけへの答えはしばしば、「外からのまなざし」によってもたらされる。南イタリアのアルバニア系コミュニティ「アルバレシュ」に生まれ、二〇代のなかばにドイツへと移住した経験のある小説家カルミネ・アバーテ（1954-。この作家については本章「コラム5」でも触れている）は、『足し合わせに生きるということ（*Vivere per addizione*）』と題された著作のなかで次のように書いている。「もしわたしが、ドイツ人にとって外国人のままでありつづけるなら。ほかの外国人たちにとっては、イタリア人のままでありつづけるなら。イタリア人にとっては南部人、南部人にとってはカラブリア人、カラブリア人にとっては〈アルバレシュ〉、そして〈アルバレシュ〉にとっては〈ドイツへ去った根無し草〉でありつづけるなら。ならばわたしは、ただ単にわたしなのだ。それこそが、あらゆる定義を足し合わせた結果なのだ」。わたしたちの自己は「外からのまなざし」に曝されることで鍛えられ練りあげられる。他者が押しつけてくる枠組みに、ときに同意し、ときに反発し、そうした作業をひたすらに繰りかえしながら、自己のあり方を更新しつづけていく。

「わたし（たち）とは誰なのか？」この問いについて考察するうえで有力な手がかりを提供するのが、「内なる他者」の存在である。わたしたちは、「外からのまなざし」

をとおして自己を知る一方で、「内なる他者」にまなざしを注ぐことで自己の差異化を試みる。本書の5「カンパニリズモ」の解説にもあるように、（出身の市町村に強固な愛着を持つがゆえに）国家への帰属意識が薄弱な「イタリア人」にとって、「内なる他者」を見つけだすことはじつにたやすい。一九九一年に結成された北部同盟という政党は、「北部人が働き南部人が搾取するという不公平」を是正するため、北伊ロンバルディーア地方に「パダニア」なる独立国家を樹立しようと目指していた。ところが、外国人移民労働者の増加と北イタリアでの失業問題の深刻化を背景に、南部経済批判から移民排斥へといつしか党の活動目的を転換させ、現在では「かつての敵」であった南部人をも党員として招き入れている。このように、自己を映しだす鏡としての「内なる他者」はときとして、「わたしたち」の凝集力を高めるために恣意的に利用されることもある。

「内」と「外」からイタリアを照らす

本章「内なる「他者」と外からのまなざし」では、イタリアという半島とそこに暮らす人々に、「内」と「外」から光を当てることを試みている。ローマの中枢にある人口一〇〇〇人にも満たない「世界最小の独立国家」ヴァチカンや、独自の言語・文化・習俗を色濃く残す「特別自治州」、イタリアに根を張りながらも「異人」の立場に（好むと好まざるとにかかわらず）とどめ置かれているユダヤ系など、「イタリアでありながらイタリアでない土地」、「イタリア人でありながらイタリア人でない人々」がこの章の主役である。くわえて、ゲーテが熱をこめて描写した南イタリアや、わたしたち外国人がイメージする「イタリアらしさ」といった、「外からのまなざし」によって浮き彫りにされるイタリアの姿についても検討をくわえている。

「マンマの国」と称される一方で、家父長的な伝統が強いとも言われるイタリアにおいて、女性たちが歴史とともに築きあげてきた「ジェンダー」のあり方。カトリック信仰と「異教的」な神話が分かちがたく結びついている、彩り豊かな民間伝承の世界。本章で取りあげるこれらのテーマは、矛盾する要素の衝突を前にして、集団的な知性がどのような「統合」を図ろうとしたかについて、実例をもって教えてくれる。「外」から到来した異質な存在を、「内」に取りこみ創造の契機として利用することは、イタリアの文化が得意としてきた営みでもある。他者という万華鏡をとおしてさまざまに映しだされるイタリアの表情の一端を、九つの項目を通して伝えていきたい。

（栗原俊秀）

30

ヴァチカン——聖と俗のはざまで

図1　ヴァチカン発行の絵葉書（消印と切手付き）

ローマ法王——ヒエラルキーの頂点で

ナンニ・モレッティ監督の映画に『ローマ法王の休日』（*Habemus Papam*, 2011）がある。教皇逝去に伴い、コンクラーヴェ（cum clavi 教皇選挙会議。ヴァチカンのシスティーナ礼拝堂に鍵をかけ、外部と遮断された状態で教皇を選ぶことからこう呼ばれる）で選出された新教皇が、その責務の重圧に耐えきれなくなり逃げ出すという奇想天外なコメディーである。もちろんこれはモレッティならではのパンチの効いた人間味あふれる創作であるが、世界で約一一億人いるとも言われるカトリック信者の頂点にいる教皇の重責は想像に難くない。

カトリック教会の聖職は、信徒を底辺に、司祭、司教、枢機卿というヒエラルキーを成しており、この頂点に教皇がいる。プロテスタントや東方正教会などを含むキリスト教のなかで、カトリックのみが神のもとにヴァチカンという厳格な縦型ピラミッドを形成している。ヴァチカン市国自体はわずか〇・四四平方キロメートルの面積に八一九人（二〇一三年九月）が居住する世界最小の国であるが、全世界へのその影響力たるや計り知れない。

ローマ・カトリック教会の歴史——ヴァチカンの二元性

オリエントで成立し、西欧に達して以来、キリスト教はさまざまな迫害を受けな

図2　ミケランジェロによる天井画
（システィーナ礼拝堂，ヴァチカン）

がら世界の主たる宗教のひとつへと発展を遂げてきた。それに伴い教皇は政治的な役割を担うようになった。それもそのはず、ヴァチカン市国には銀行、ラジオ局、新聞、図書館、消防署、博物館などがあり、ヴァチカンの外とほとんど変わりない生活が営まれているのだから。世界中のカトリック信者を精神的に支える教皇制の歴史は、教会と国家の関係の歴史とほとんど同じと言っても過言ではない。

一八六一年のイタリア王国成立に伴い、ローマ教皇領を守っていたフランス軍が撤退し、七〇年にはヴィットリオ・エマヌエーレ二世がローマの教皇領を接収し、教皇ピウス九世を幽閉した。その後、ヴァチカンとイタリア王国との融和が図られたのは、一九二九年のラテラノ条約においてであった。これは相互の政治的な和解条約であり、カトリシズムを国家唯一の宗教とみなし、リソルジメントで没収した教会財産に対する補償を行い、学校教育や結婚契約における宗教の重要性を強調する見返りに、ファシスト党が、国内外のカトリック大衆のあいだの同意と支持および国際紛争における教皇庁の協力を要請するという内容であった。つまり、ヴァチカンは自らの権限を守るためにファシズムと連携を結んだのであった。

カトリック教会はラテラノ条約以来、イタリア政府とつながりを持つようになり、戦後はキリスト教民主党（DC：Democrazia Cristiana）を無条件で支持するようになった。これはイタリア社会における自らの位置を保証するためで、一九四九年にはピウス一二世が共産主義者を破門する旨の聖告を出した。共産党への加入、加入の勧誘、共産党への投票、共産党系のメディアや組織へのかかわりを行う者を、大罪を犯した背教者として破門の処置を与える内容であった。信者を精神的に導くはず

図3　サン・ピエトロ広場に集まる信者に祝福を与えるローマ教皇

のカトリックの総本山が自らの権力を保持するために宗教を政治的に利用するという、全体主義に重なりかねない野望をむき出しにしたことで、ヴァチカンの二元性があらわになり、その結果、多くの信者が世俗に向かうことになった。

社会の急速な変化のなかで――カトリック離れ

戦争が終わるころ、イタリア人のおよそ九五％が洗礼を受け、六〇％が教会に通っていたと言われているが、戦後は世俗化が進み、その割合は激減した。このことにはいくつか原因がある。ラテラノ条約における教会の矛盾が露呈して信頼失墜に至ったこと、戦後、宗教に代わるもの、たとえば共産主義が出てきたことなどが挙げられる。さらに、一九五〇年代に入ると、経済的にも社会的にも急速な変化があり、奇跡的な経済成長を受けて田舎から街へ人々が移動し、農業から工業へとシフトし、従来の伝統的なカトリック文化に変化が起こった。

そのような状況下、一九六二年から六五年に第二次ヴァチカン公会議が開かれた。教皇ヨハネ二三世のもとで開かれたこの会議は、多元論やカトリック以外の社会的イデオロギー的権力との対話などを謳るものであり、旧弊なカトリック文化に新風を送り込むのを目標としたが、一般には、結局伝統をなぞるものになったと言われている。しかしヴァチカン内部の司教たちは、キリスト教民主党と社会党の同盟といった、教理にもかかわる大きな変化にショックを受け、教会内に混乱が起こった。しかもその混乱期が六八年の大学闘争に端を発した六九年の「熱い秋」に重なったことで、カトリック・アクション（Azione Cattolica）をはじめとするキリスト教関

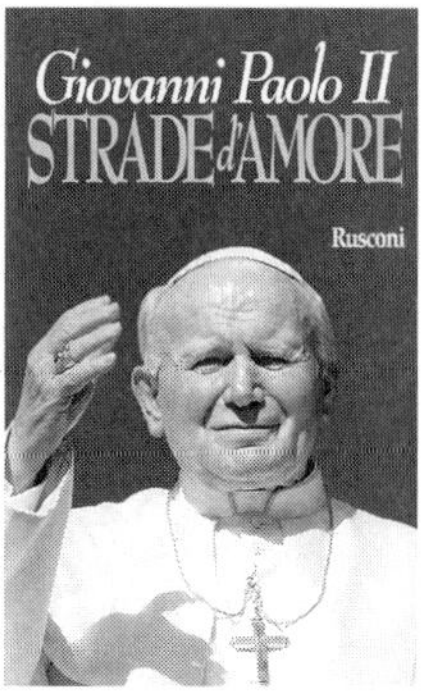

図４　ヨハネ・パウロ二世

係の組織が急速に力を失い、教会の信用が失墜した。七〇年の離婚法成立、七四年の離婚法の廃止をめぐる国民投票での存続の決定、七五年に始まった堕胎の自由を求める運動の高まり、七八年の堕胎法成立へと続く年月は、カトリック文化がさまざまな文化のシステムに取って代わられた激動期といえる。

ヴァチカンの光と闇——スキャンダルを越えて

ヴァチカン市国はイタリア政府の助成以外に、美術館の入場料、切手、コイン、絵葉書、記念品などによって収入を得ている。また、信者による寄付は莫大であり、これらの資産が宗教事業協会（IOR：Istituto per le Opere di Religioni 一般にヴァチカン銀行と呼ばれる）を経由し民間の銀行を通して投資運用に充てられている。この「聖なるお金」にからむスキャンダルが一九八二年に起こった。ＩＯＲのマルチンクス大司教とアンブロジアーノ銀行のカルヴィ頭取のもとで、マフィアや秘密結社ロッジＰ２がからんだマネーロンダリングが発覚したのである。その結果アンブロジアーノ銀行は破たんし、カルヴィとその秘書が謎の死を遂げ、八六年には教皇パウロ六世とも懇意の人物で事件に関与していた銀行家シンドーナが獄中で服毒自殺を図った。一連は映画『ゴッドファーザー Part 3』でも取り上げられている。

一九八一年のヨハネ・パウロ二世暗殺未遂事件、九八年のスイス人衛兵殺人事件もいまだ謎のままである。カトリックの総本山はグローバルな大事業機関であり、宗教を司るゆえの神秘性と、世俗と繋がっているゆえの営利性を併せもつ。その明暗は世俗のそれに似ているかもしれない。

（越前貴美子）

31

神話と民話——生の意味をもとめて

図１　イタリア建国の祖，アイネイアース

神話——民族の存在意義の証明

神話は、神や英雄といった超人間的存在の所業をとおして、世界、人類、自然現象の起源を説明する物語である。そうした事象の発生が人類の経験に先立つために非歴史的な次元に属すること、また、絶対的価値のもとに受容されることなどを主な特徴とする。神話はまた、世界各地に存在し、それぞれの民族に固有の思考の傾向や世界観を反映する。そのため、コミュニティのアイデンティティを形成し、またその内部での結束を固める機能を果たす。しかし他方で、世界の諸神話が「天地創造」「大洪水」などの主題を共有する事実からは、異なる民族間の深層における共通性が示唆されるなど両義的な側面ももつ。

イタリア半島でも、早くから独自の神話が語り継がれていたと考えられる。しかしながら、古代ローマで伝えられたとされるローマ神話は寛容で、他文化との接触を経て、異民族の神話と融合・発展していった（その過程で、ローマ神話の神々とギリシア神話の神々との同一視も行われた）。そうした事情から、ローマ神話の本来の姿を復元することは著しく困難となっているが、ギリシア神話と異なり、神と人間の関係を中心的に物語るものだったと考えられている。

なかでもよく知られるのは、ローマ建国神話だろう。同神話には複数のバージョンが存在するが、概要は以下のとおりだ。ウェルギリウスの叙事詩『アエネーイ

図2　雌オオカミの乳を吸うロムルスとレムス

図3　ローマの建国者，ロムルスとレムス

ス』に登場するアイネイアースは、トロイア陥落後、イタリアに逃れた。その子アスカニウスはラティウムと呼ばれる地にアルバ・ロンガ王国を建設した。王国一三代の王プロカの死後、王となったヌミトルは、弟アムリウスに王位を簒奪される。その頃、ヌミトルの娘レア・シルウィアは軍神マルスとのあいだに双子の兄弟ロムルスとレムスをもうけた。ところが、王位剥奪を恐れたアムリウスにより双子はテヴェレ川に流されてしまう。双子は、まず狼に、次いで羊飼いの手により育てられた。やがて成長し、出自を知った双子は大叔父に復讐、祖父ヌミトルに王位を回復させる。さらに自分たちが流された土地に新たな都市の建設を誓う。そして紀元前七五三年四月二一日、ローマが建国された。

民話——民間での伝承

神話と異なり、民衆の生活の只中から生まれ、人々の日常的な経験にまつわる伝承も存在する。なかでも、神話と同じく言葉を用い、口承で受け継がれてきたものが民話だ。民話もまた世界各地に存在するが、それを共有する母体は神話のそれに比べて小さく、より生活に密着したものであることから、それぞれの共同体における民衆文化の精神風土をいきいきと表現すると考えられる。

民話については、一七世紀末にフランスでシャルル・ペローが、また一九世紀初頭にドイツでグリム兄弟が収集・編纂した民話集がよく知られる。しかし同様の試みが逸早くなされたのはイタリアにおいてであった。一七世紀前半、ジャンバッティスタ・バジーレ（1566?-1632）は、ナポリ方言で語り継がれる民話を採集。その本書をつくりあげてしまったいまだからこそ，言うことができる。それは幻覚ではなかった，職業病などではなかった。むしろ，それはこの仕事に手を初《そ》めたときから薄々感づいていた，ある事柄の確認でさえあった。先にも触れたが，この民話を求める旅を進めながら，それは一貫して私の心の拠り所となっていた事柄であり，いまでも私は固く信じている。民話は真実である，と。

（イタロ・カルヴィーノ『イタリア民話集』河島英昭編訳，岩波書店，1984年）

成果は、作家の死後、一六三四―一六三六年に、『物語のなかの物語――あるいは子どもたちの楽しみのために』（一般に『ペンタメローネ（五日物語）』の名で知られる）と題されて公刊された。ヨーロッパ最古の本格的な民話集であるこの作品は、後のペローやグリム兄弟による民話集に規範を与えただけでなく、方言をそのまま採録した斬新な手法により文学へも大きな影響を及ぼした。その後、民話集編纂の試みはイタリア各地で行われた。たとえば一九世紀後半には、ジュゼッペ・ピトレがシチリアで、ヴィットリオ・インブリアーニがトスカーナで民衆のあいだで語り継がれる物語をそれぞれ収集・編纂した。

　イタリアにおける民話集編纂の試みは、地域ごとに大きく異なる方言の問題が立ちはだかり、長く地方別に行われてきた。しかしイタリア統一を経て、「イタリア」の民話集編纂が望まれるようになる。一九五〇年代初頭にこの一大事業に着手したのはエイナウディ社だった。民話を採集するだけでなく、方言から標準イタリア語への翻訳作業を通じ、物語に新たな息吹を吹き込む役は、作家イタロ・カルヴィーノ（1923-85）に託された。カルヴィーノは、二年かけてイタリア全土を巡り、お年寄りや農民、羊飼いの口から民話二百篇を丹念に採集。こうして、イタリアで初めての民話集『イタリア民話集』（一九五六）が誕生した。

　カルヴィーノは、「はるか昔に生まれ、ゆっくり反芻されながら民衆意識をいまに伝える」民話を「生についての解説」と述べた。そこには、良心に背くことなく、貧困をはじめとした日常の苦難を乗り越えるための知恵が詰まっている。

生を意味づけるための物語をもとめて

すでに述べたように、かつて神話や民話は共同体意識を育むことを主な機能のひとつとした。共同体の内部で知を伝達し、存在意義を教え、行動規範や判断基準を規定・共有するためにあった。ならば、従来の共同体の枠組みが解けつつあるいま、これら物語はどのような意味をもつのだろうか。

当然ながら、神話や民話をめぐる状況は一変した。現代は、神話や民話の表す世界観からますます遠ざかっている。実際に生きられた現実であるのか、たんなる想像の産物であるのか判然としないことから、とくに「神話」という言葉は「真実ではなく信用できないこと」「虚偽」の同義語ととらえられるまでになった。しかし他方で、世界各地の神話や民話は子どもたちに受け継ぐべき教育的な物語として熱心に求められる。古い起源を持つ物語群はいま両極端な状況に直面しているのだ。

哲学者のウンベルト・ガリンベルティ（1942-）は、現代社会において精神的な病を引き起こす原因のひとつとなっている思考パターンを「神話」と呼んだ。「わたしたちが練りあげる思考に対し、神話は、論理でなく、心理的に、すなわち魂に深く根ざすことによりわたしたちをとらえ、支配する」という。したがって「わたしたちの世界におけるあり方、つまり能動的に世界にかかわって生きる姿勢を回復するために、神話を再考する必要がある」と述べた。

わたしたちは誰なのか。どこから来て、どこへ行くのか——神話や民話が長い時を経てなお注目を浴び続けている事実は、かつてそれらが答えを示唆してくれていたこうした問いに、改めて向き合う必要があるということかもしれない。（石田聖子）

32

ユダヤ系であること――イタリアのなかの異人

イタリアのユダヤ系――その歴史

すでに紀元前の古代ローマの時代よりイタリア半島に流入していたユダヤ人であるが、宗教的寛容さに守られ、キリスト教公認と国教化が進んでも、旧教信者は尊重される場合があった。中世末期にも、認可を受け商業活動に勤しむ者、教皇庁で働く医師や翻訳家までもがおり、比較的自由を許された市民として暮らしていた。今日まで続く偏見と差別が始まるのは、十字軍の後、キリスト教化（改宗）の締めつけが強くなってからである。パオロ・ウッチェッロの連作で有名な「汚されたホスチアの奇跡」（一四六七―六八）は、一四世紀以降にイタリアに広まる、実際にパリで起こったとされる事件を描く。ホスチア（聖体）を盗んだユダヤ人質屋が、冒瀆の罪で死刑に処され、天使たちによって悪魔へと委ねられるまでが語られる、反ユダヤ主義を象徴するエピソードとしてよく知られた。

この連作プレデッラは、美術史家ロベルト・ロンギが若かりし頃（一九一四年の夏の初まり）行った講義『イタリア絵画史』で扱われている。いつもは徹底的に様式のみを吟味するロンギは、ウッチェッロ作に限って、自らの掟をやぶり絵画の主題について語ってしまう。もちろん「明快な遠近法」の例として挙げるのだが、作品が可視化している反ユダヤ主義がもたらしてきた確執について、第一次世界大戦がまさに勃発せんとする状況下では触れずにはいられず、きわめて確信犯的に例外

図１　河島英昭『イタリア・ユダヤ人の風景』

的言及を為したのだった。

現代における迫害

一九二九年、教皇ピウス一一世と首相ムッソリーニのあいだでラテラノ条約が交わされ、長年のヴァチカンとイタリア王国の対立（一八七〇年のローマ攻略以来）は解消、「世界最小の独立国家」ヴァチカン市国が誕生した。イタリア王国内におけるカトリックの国教扱いが実質的に始まり（たとえば宗教の時間が学校で義務化される）、教皇はムッソリーニを「神の遣い」と称賛した。こうして全体主義の後ろ盾となったヴァチカンは、ナチスとも深い関わり（一九三三年のライヒ政教条約）を持つようになり、ファシズム政権が一九三八年から一九三九年にかけて導入した「人種法」を教皇ピウス一二世は黙認した。ユダヤ人の公職からの追放、婚姻の制限（アーリア系との婚姻の禁止）などを定めた法律である。戦後、ファシズム政権に対して無力であった王家は追放され、ヴァチカンに対しても同種の批判の声が集まった。長年の戦争責任追究ののち、ようやく二〇〇〇年になって教皇ヨハネ・パウロ二世は、戦時中にユダヤ人救済を図らなかった過ちを認めた。

イタリアが一九四三年九月八日に連合国と休戦条約を結ぶと、ナチスドイツ軍が押し寄せ半島各地でユダヤ人弾圧が行われた。家を追われ、財産を失う者が続出した。逮捕ののち国内で殺された者、国外の強制収容所でガス室送りになる者も多くなり、戦争終結までの犠牲者の数は八五二九名は下らないという（現代ユダヤ資料センター調べ）。

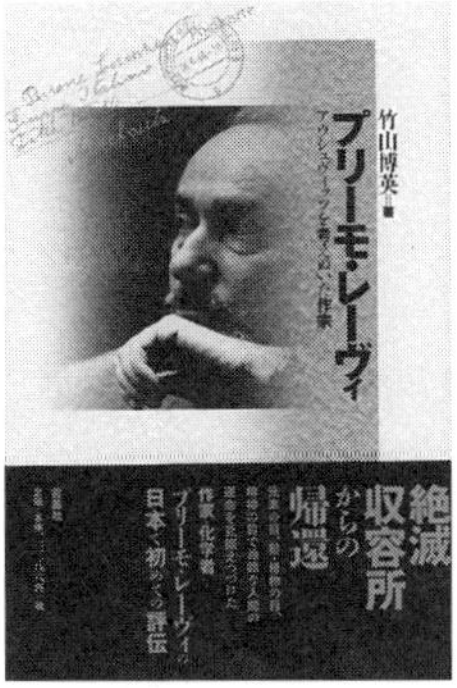

図2　竹山博英『プリーモ・レーヴィ』

プリモ・レーヴィ「これが人間か」

安らかに暮らすあなたたち，
暖かな自分の家で
夕に帰宅すれば
出来立ての食事と親しい顔に囲まれるあなたたち，
考えてみてほしい，これが人間かと。
泥にまみれて働き
休む間もなく
わずかなパンのために苦労し
ほんの一言で死が決まってしまうものが。
[…]

図３　映画『悲しみの青春』修復版 DVD

欧州各国でホロコーストを深く反省する日として、毎年一月二七日（ソ連軍によるアウシュヴィッツ収容所の解放が始まったのが一九四五年同日）を「記憶の日」と定めている。イタリアでは、人種法と、戦中のナチスによるユダヤ人迫害への加担といった「国の恥」について学ぶ日となっている。修学旅行として、チャーターした列車でイタリアの主要駅からアウシュヴィッツまで向かうケースもある。ユダヤ人の強制連行を追体験するためである。イタリアから遠い土地に行かなくても、国内においてもガス室を備えた収容所が唯一トリエステに存在していた（サン・サッバ精米所）のであり、戦後になって徐々に実態が明かされている。

人種法施行までに四万四〇〇〇人を数えたイタリアのユダヤ系は、World Jewish Population 2012によると、現在二万八二〇〇人、イタリアの人口の〇・〇五%を占めるにすぎないという（国別では一七番目に多い）。

ユダヤ系文学

イタリアの文化人にユダヤ系は多く、とくに戦後の文学界においては、それぞれ個性は強いものの、ひとつのカテゴリーを形成する。古くは、二〇世紀初めに、イタリア語による小説の可能性を示したイタロ・ズヴェーヴォ（本名エットレ・シュミッツ、代表作『ゼーノの意識』）がトリエステから登場した。戦後には、反ファシズムの容疑で流刑に遭った、トリノ出身の作家兼画家カルロ・レーヴィが自伝小説『キリストはエボリに止りぬ』（一九四五）にて知識人による南部の発見を描く（F・ロージが映画化、『エボリ』一九七九）。またアウシュヴィッツからの生還者プリモ・

図4　ヴィタ＝フィンツィ自伝『遠き日々』

「ニグロみたいなことをするな」とジュゼッペ・レーヴィ教授は，娘のナタリア・ギンズブルグが書いた有名な本の冒頭から叫ぶ。その本で，私にも覚えのあるトリノの地名，光景，街角，特徴に再会した。それに私が若かりし頃に親しんだ口調や言葉，表現もあった。
たとえば「ニグロ沙汰」だが，私の家族も用いた言葉で，まずい出来，だめな所業，間抜けな仕業をさした。フェッラーラの言い回し，もしくはフェッラーラのヘブライ語表現であろう。おそらくヴェネト地方からもたらされたものである。フランス語の「ついていないやつ」，愚図，間抜けなサラミ野郎といったところか。うちでは開口音のアクセントがついた「ネーロ」（黒んぼ）となった（レーヴィ教授はトリエステ出身だったから「ネグロ」と言っていたのだろう）。

（ヴィタ＝フィンツィ『遠き日々』7章）

レーヴィは、化学者兼作家として『これが人間か』（一九四七）により証言文学という新たなジャンルを切り拓いた。フェッラーラ育ちのジョルジョ・バッサーニがユダヤ問題と戦争を表現した青春小説『フィンツィ・コンティーニ家の庭』（一九六二）は、V・デ・シーカ監督の映画『悲しみの青春』（一九七〇）というメロドラマに昇華された。トリノ出身のナタリア・ギンズブルグは、ロシア文学者の夫が反体制派でありユダヤ人として第二次世界大戦中にナチの拷問により殺害されている。戦後に旺盛な文学活動を展開した彼女の代表作は、大戦間のトリノのユダヤ系や左派のインテリゲンチャのサークルを、ときにユーモアを交えて記録した『ある家族の会話』（一九六三）である。これは須賀敦子に訳されて、日本でも人気が高い。

　最後に紹介するのは、イタリアでもほとんど知られていない、一風変わったユダヤ系知識人パオロ・ヴィタ＝フィンツィである。一八九九年にトリノに生まれ、一九八六年の死まで、ほぼまるごと二〇世紀を生きている。大戦間に外交官となり、一九三八年のヒトラーのイタリア訪問時までは順調にキャリアを積む。ファシズム独裁体制がかためられつつあった一九二七年に、『偽書撰』（同時代作家の偽書という形をとる）を発表していたヴィタ＝フィンツィは、人種法によって外交官の職を追われてアルゼンチンに亡命を余儀なくされるも、現地ではボルヘスやビオイ＝カサーレス、カイヨワと交わり、批評誌『明日』を立ち上げ文筆活動を続ける。ものまねをこえた模倣＝創作により、没後U・エーコから「パロディの師」と讃えられた。

（土肥秀行）

33

秘密結社――見えないイタリア史の背骨

共通の秘密に基づく結社

あらゆる情報が飛び交い、世界のすみずみにまで光があたっているようにみえる昨今、「秘密結社」という言葉が古くさく、あるいはうさんくさく聞こえたとしても無理はない。しかし、光には影がつきものだ。実際に、現代人であれ、誰もが多少とも秘密を抱えて生きているのが現実ではないだろうか。さらには、グループで秘密を共有する楽しみを経験したことのある人も少なくないだろう。ならばむしろ、秘密をもつことと、共通の秘密をもとに団体を結成することは、どちらもごく健全な人間の本性に根差した行為にすら思えてくる。

秘密結社とは、存在、活動目的・内容、構成員に関する情報といった要素のいずれかすべてが公にされない、同一の趣旨に賛同するメンバーにより構成される団体を指す。趣旨は、宗教や政治上の主義から、犯罪に関するもの、はたまた職業や嗜好に関するものまでさまざまだ。とくに宗教や政治に関する結社の場合、その趣旨が同時期に支配的な体制や主義に背くことから密かに活動する必要に迫られるという事情がある。秘密結社ではまた、なんらかの情報を秘匿する目的から、加入にあたって密儀を設けているものや、独特の符丁を用いることが多い。そうした隠密性が、内部の絆を強める一方、外部にとっては神秘性を高める要因となっている。

秘密結社と呼びうる組織は、古来、人類の歩みに寄り添い、世界各地に存在してきた。イタリアの地に興った秘密結社には、後述する例のほか、シチリアの犯罪結社「コーザ・ノストラ（シチリア・マフィア）」、ミケランジェロの子孫とされる革命家フィリッポ・ブオナローティにより北イタリアで設立された「完全なる至高の親方」、伝説に包まれたパレルモの私設復讐組織「ベアーティ・パオリ」などがある。

図1　25歳頃のジュゼッペ・マッツィーニ

イタリア統一の推進力――「炭焼党」と「青年イタリア」

秘密結社がイタリアの歴史を大きく動かした例として、イタリア統一を果たしたリソルジメントが挙げられる。統一運動の推進力のひとつとなったのは「炭焼党」（イタリア語で「カルボネリーア」）と呼ばれる政治的秘密結社だった。一八〇六年以降に南イタリアで設立された炭焼党は、「自由」と「平等」を標榜し、外国の支配に反発する知識人、貴族・中産階級を中心に構成された。一風変わった党名は、炭焼人の互助組織に想を得たものだ。党内で用いられた符丁もまた炭焼業に由来し、集会所は「山小屋」と呼ばれ、炭は「苦労」のシンボルとされた。厳密な位階制に則り、厳しい掟を持つことで知られ、活動内容を外部に漏らした者は死刑に処されたという。秘匿性の高さから実態は謎に包まれているが、一八一四年頃には北イタリアにまで支持層を拡大。一八二〇年代には、ナポリやピエモンテなどで相次いで立憲革命を起こし、一時は専制政府を脅かすほどの力を持った。

やがて炭焼党への圧力が強まると、勢力は拡散。同党の限界を感知した党員ジュゼッペ・マッツィーニ（1805–72）は、一八三一年に新たな秘密結社「青年イタリア」（イタリア語で「ジョーヴィネ・イタリア」）を亡命先のマルセイユで設立した。

図２　マルセイユで握手を交わすマッツィーニとガリバルディ

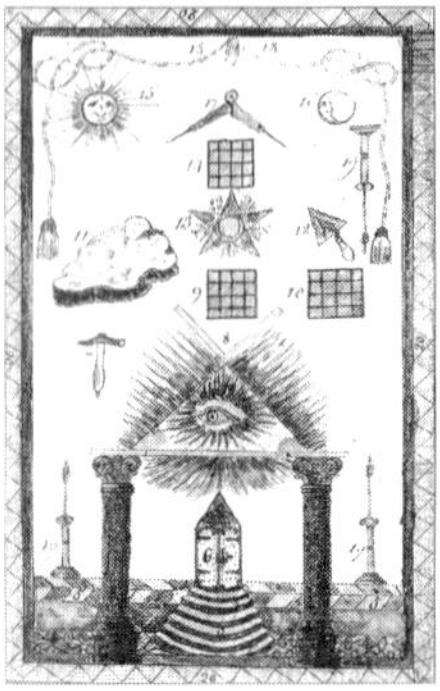

図３　フリーメイソンの符丁

「統一」「独立」「自由」「平等」「人道」を謳う同組織は、秘密主義・選民主義的であった炭焼党の反省を受け、より民主的な立場からイタリア統一を志すと、旧炭焼党員をはじめ、北部と中部イタリアの多くの若者の支持を得て勢力を拡大した。炭焼党では活動目的が位階の低い党員にすら知らされなかったのに対し、「青年イタリア」の思想は、「賢者の筆は強者の剣に匹敵する」と考えるマッツィーニ自身の出版活動を通じて広くイタリア半島に知れわたった。しかし構成員の偽名使用、裏切り行為に対しては死で報いるなど秘密結社特有の性格も備えていた。「意志をもつ者にはすべてが可能である」と意志の力を重視し、高邁な理想を掲げて出発した「青年イタリア」だったが、早くも一八三三年、ピエモンテで企てた蜂起が準備段階で頓挫、さらに翌年、後にイタリア統一の立役者となるジュゼッペ・ガリバルディ（1807–82）の指揮のもとのジェノヴァでの蜂起とサヴォイア侵攻計画がともに倒れると、急速に力を失った。

「炭焼党」と「青年イタリア」が一九世紀前半のイタリア半島で展開した革命運動がイタリア統一の直接の契機となることはなかった。しかし、統一の気運を高め、運動の土台を据えるのにこの二つの秘密結社の果たした貢献は重要である。

フリーメイソンと「Ｐ２」

リソルジメントにおける秘密結社の活動は史実として認められており、神秘性に乏しい。それに対し、比較的オープンなかたちで存在しながら、謎めいた存在として語られがちなのが友愛結社フリーメイソン（イタリア語で「マッソネリーア」）だ。

図４　ファシズム体制下で出版された反フリーメイソンの書

図５　Ｐ２を率いたリーチョ・ジェッリ

エルサレム神殿の建設者に由来するとも、中世の石工職人組合に発祥するとも言われるフリーメイソンは、世界各地で「人類の精神的・道徳的向上」に貢献するべく活動に従事する、総会員数が数百万にのぼる巨大な組織だ。しかしながら、固有の位階制や符丁を持つこと、入会に独特の条件が課され、内部での活動については秘匿されることなど、秘密結社と定義されるにふさわしい特性を持つ。

イタリアにおけるフリーメイソンの活動は一八世紀前半に開始、グランドロッジ（活動拠点）「イタリア大東社」は一八〇五年に設置され、翌年「イタリア・フリーメイソン憲章」が制定された。既出の秘密結社とともに統一運動を展開、統一政府を支え、ファシズム体制下では危険視され活動を禁じられるなど、イタリア現代史の各時期に存在感を示してきた。とくに注目を集めたのは、第二次世界大戦後の「プロパガンダ・ドゥーエ（通称「Ｐ２」）」と呼ばれる一派の活動だろう。政府の転覆を画策したとしてフリーメイソンから破門されたこのロッジは、その後も秘密裏に活動を継続。一九八一年にはイタリア政治経済界の有力者を筆頭に約一〇〇〇名もの名を連ねた構成員の名簿が発覚し、一大スキャンダルを引き起こした。

こうした不透明な側面がフリーメイソンの神秘化に一役買っているのは事実だろう。しかし現在、約二万人の会員を抱える「イタリア大東社」は公式ホームページを開設、ツイッターやフェイスブックで常時情報を発信するなど、新たな顔を見せ始めている。フリーメイソンの長い歴史上、革命的な試みだ。普遍的友愛と、従来とは異なる世界編成の実現を目指すフリーメイソンが、新たな時代にどう発展をとげるか、注目が集まっている。

（石田聖子）

34

特別自治州――少数が多様であるための特権と矛盾

図１　シチリア州に残るギリシア遺跡

特別自治州とは

イタリアの国境付近には、しばしば一般的なイタリア人とは言語や民族、歴史を異にする人々が住んでいる。このような地域は、その地理的、歴史的、文化的な特殊性のために特別自治州の指定を受け、立法などの点で通常の州よりも大きな権限を与えられている。イタリアには五つの特別州があるが、これらの州は異なる時期に別々の法律によって特別州と定められた。よって、指定された理由も、移譲された権限も州によって違う。以下に五つの特別自治州の特色を述べる。

シチリア州

さまざまな民族に支配されたシチリアには、複数の文化が多層的に積み重なって独自の文化が形成された。しかし、一三世紀からのスペイン支配で疲弊し、さらに一九世紀の産業化に乗り遅れた結果、シチリアはイタリアのなかでもっとも貧しい地域となった。第二次世界大戦中から、状況を打開するために行政制度を刷新しなければならないという考え方が広がり、一部の人々はシチリアの独立を求めたが、イタリア国家の枠組みのなかでの自治を求める声が優勢となった。その後、イタリア共和国が発足する以前の一九四六年五月にシチリア州憲法が制定された。

このような経緯から、シチリア州には他の特別州よりもさらに大きな権限が与え

図2　民族衣装を着たサルデーニャ州の人々

図3　ボルツァーノ県の標識は独伊二カ国語表示

られ、文化財保護、農業、漁業、観光などの分野において、国から完全に独立した意思決定が行われている。また、シチリア州で徴収される国税はすべてシチリア州に配分されるうえに、他州からの税収の一部もシチリア州に補填される。

サルデーニャ州

エメラルド色の美しい海で有名なサルデーニャ島だが、内陸山間部には自然のなかで伝統的な牧羊を生業に生きる人々が住む。ここはその地理的、文化的特殊性から特別自治州の指定を受けている。近年は観光業が躍進しているが、羊乳から得られるチーズに代表される酪農業や、ワインやオリーブなどを生産する農業も歴史的に重要な地位を占める。島ではイタリア語と共にサルデーニャ語が広く使用されている。この言語はイタリア語の方言ではなくロマンス諸語のひとつと考えられ、イタリア政府はこれを少数言語に指定している。

トレンティーノ＝アルト・アディジェ州

オーストリア、スイスと国境を接するこの自治州は、トレンティーノ自治県とボルツァーノ自治県の連合体である。南部のトレンティーノ自治県は、ロマンス語のひとつラディン語が主に使用される一部地域を除くと、イタリア語話者が多数を占める。一方、北部のボルツァーノ自治県にはドイツ語話者が圧倒的に多い。二〇一一年の国勢調査では、ボルツァーノ県の回答者の約七〇％がドイツ語話者と答えているが、地域によっては住民ほぼ全員がドイツ語話者という自治体もある。

図４　トリエステにあるハプスブルク家の城

図５　トリエステのスロヴェニア系銀行の告知。上がスロヴェニア語で下がイタリア語

このように使用言語を異にする両自治県は、それぞれが特別自治州と同じ権限を委譲されており、互いに独立して自治を行っている。一方、州の機能は両自治県間の調整、あるいは国家との調整に限定されている。

この地域は広義に「チロル地方」と呼ばれ、オーストリアに帰属していた時期が長い。第二次世界大戦後、ボルツァーノ県のオーストリアへの復帰を求める声が高まったが、一九四六年パリ講和会議のさいに同県のイタリア国内残留と自治権の付与が決定された。だがドイツ語を話す住民の不満は収まらず、六〇年代にはテロが頻発、国際的にも問題となった。一九六九年、さらなる自治権の拡大とドイツ語の地位向上をイタリア政府が約束し、その後、問題は収束へ向かった。一九九六年以降、オーストリアのチロル州とユーロ・リージョンを形成し、国境を越えた交流が活発になっている。

フリウリ＝ヴェネツィア・ジューリア州

イタリア東北部、オーストリアやスロヴェニアと国境を接するこの州は、もっとも新しい特別自治州として一九六三年に誕生した。州は、異なった歴史と文化を持つ東のフリウリ地方と西のヴェネツィア・ジューリア地方からなる。

二つの地方では、まず使われる言語が違い、フリウリではロマンス語のひとつのフリウリ語が主に使用され、ヴェネツィア・ジューリアではヴェネツィア方言に近い言葉が話されている。

また、フリウリ地方は一八六六年にはイタリア領となったのに対し、元々オース

図６　アルプス山脈の麓にあるヴァッレ・ダオスタ州

図７　ヴァッレ・ダオスタ州のフランス語標識

トリア領であったヴェネツィア・ジューリア地方のイタリア編入は第一次世界大戦後である。さらに、第二次世界大戦後、ヴェネツィア・ジューリア地方は連合国軍の統治下に置かれ、トリエステがイタリアに復帰したのは一九五四年であった。

ヴェネツィア・ジューリア地方には伝統的にスロヴェニア系住民も多く住み、とくにトリエステでは人口の少なくとも一〇％を占めているとみられる。スロヴェニア語は少数言語として保護され、トリエステ県ではスロヴェニア語で学校教育が受けられるほか、スロヴェニア系住民のための銀行や文化施設が存在する。

この地域は冷戦終結以降、中欧・東欧への玄関口としての重要性を増しており、同州も隣接するオーストリアのケルンテン州とともに、ヴェネト州からスロヴェニアにまたがるヨーロッパ・リージョンの形成を目指している。

ヴァッレ・ダオスタ州

アルプス山脈の南にあり、フランスやスイスと国境を接するヴァッレ・ダオスタは、古くから交通の要所として栄え、現在もイタリアでもっとも裕福な州である。公的言語として長く使用されてきたフランス語はイタリア語と並んで公用語に指定され、バイリンガル政策が採られている。フランス語を理解する人の割合は七五％と非常に高い。話し言葉としては、伝統的にロマンス語の一種のフランコ・プロヴァンサル語を使用する人が多かったが、最近はイタリア語に押されて話者が減少する傾向にある。

（山﨑　彩）

35 ジェンダーと社会運動――フェミニズムの軌跡

図１　エットレ・スコラ（1931-）監督の映画『特別な一日』（1977年製作）。ヒトラーがローマを訪れた日に一人の主婦が体験する出来事が描かれている。ファシズム政権下で女性やゲイが置かれた状況を見ることができる

フェミニズム運動の始まり

ヨーロッパ諸国のなかでも、カトリック教会の方針や家父長的制度の影響をとくに強く受けてきたイタリア社会では、女性への差別や抑圧が根強く残ってきたといえる。一九世紀から二〇世紀にかけて展開したフェミニズム運動によって、女性の地位は大きく向上し、法的には男女の平等が保証されるようにはなったが、現代でも女性に対する差別や抑圧は完全にはなくなっていない。

イタリアにおいてフェミニズム運動が始まったのは、フランスやイギリスより遅く、一九世紀後半になってからである。フェミニズム運動には初期の段階から複数の流れがあり、一枚岩ではなかったが、女性の教育や参政権獲得を目指すことについては一致していた。一九世紀末から二〇世紀初めにかけては、左派運動の興隆と連動する形で、フェミニズム運動も大きく前進した。しかし一九二〇年代になると、ファシズム政権の独裁により、こうした思想や運動は抑圧され、男性優位主義や性別役割分担がファシズムイデオロギーと組み合わさった形で国民に押し付けられていった。

第二次世界大戦後のフェミニズム

第二次世界大戦後の一九四六年、イタリアではついに女性の参政権が認められた。

図2　パルチザンとしてレジスタンスに参加した女性たち

戦後のイタリアで女性の政治参加が進んだ背景には、ナチス占領下でのレジスタンスの経験もあったと言われる。一九四三年から一九四五年までのあいだ、男性のみならず、数多くの女性がさまざまな形でレジスタンス活動にかかわり、重要な役割を果たした。また、戦時中、多くの女性が外で働き一家を支えたということも、人々の意識を変えたもうひとつの要因として挙げられる。

戦後のフェミニズム運動によって、労働条件などにかかわる法的不平等の是正や女性の教育は進んだが、社会に根づいた男性優位主義的意識や保守的な女性観を変えるのは容易ではなく、日常生活における差別や抑圧はさまざまな形で残っていた。六〇年代には経済成長や外国文化の影響で、人々の価値観や生活様式は大きく変化したが、こうした変化の度合いには地域差があり、保守的な価値観が根強く残る地域では、女性への抑圧もより顕著であった。また、女性が外で働いていても、家事や育児は女性の仕事とみなされたため、多くの女性が家と外での二重労働を担った。イタリアの政治の世界は、女性が参入したとはいえ圧倒的に男性中心であり、女性差別にかかわる問題は後回しにされる傾向にあった。

一九六八年以降のフェミニズム

一九六八年に世界的に広がった学生運動は、イタリアのフェミニズムの歴史にとっても重要な意味をもつ。学生運動を中心に若者が既存の制度や価値観に異議を唱えるようになるとともに、イタリアでも新たなタイプのフェミニズム運動が広がった。この時代の新たなフェミニズム運動は、左派の政党をも含む既存の体制そのも

図3　ピエトロ・ジェルミ（1914–74）監督の映画『イタリア式離婚狂想曲』（1961年製作）。「名誉の殺人」などの風習が風刺されている

のに批判的まなざしを向け、法的な不平等だけではなく、日常生活にさまざまな形で残る女性への差別や抑圧、男性優位主義を問題にした。また、これまで日常生活の些細なこととして軽視されてきた「私的」な領域における男女の権力関係や心理的抑圧の問題についても踏み込んで議論した。

こうした意味で一九六八年以降のフェミニズムはより哲学的・理論的な側面をもつが、同時にそれは日常生活の切実な問題に向き合い続けた運動であり、さまざまな法改正によって政治面でも大きな成果を上げた。なかでもとくに大きな社会運動になったのは、一九七〇年代の離婚と中絶に関する法改正運動である。さまざまなフェミニズムの組織が連帯し、組織に属さない多くの女性をも取り込むかたちで、離婚や中絶の権利を求める運動は大きく広がった。一九七〇年に離婚を認める法律が成立し、一九七四年にはその廃止を求める国民投票が行われたが、約六割の票で存続が決定された。一九七八年には中絶を認める法律が成立し、一九八一年にはその廃止を求める国民投票が行われたが、約七割の票によって存続が決定された。また六〇年代から七〇年代にかけては性暴力に関する法改正を求める運動も盛んに行われた。当時のイタリアの法律には強姦を行ってもその後に被害者と結婚すれば処罰されずに済むという条項があったが一九八一年にこうした条項は廃止された。また、イタリアでは不貞を働いた配偶者を衝動的に殺しても重い処罰は受けずに済んでいたが、こうしたいわゆる「名誉の殺人」の条項も同年に廃止された。

こうしたフェミニズム運動の成果により、女性をめぐる状況は大きく改善したが、取り組むべき課題は今でも多く残っている。女性の社会進出が大幅に進んだとはい

図4　フェルザン・オズペテク（1959-）監督の映画『あしたのパスタはアルデンテ』（2010年製作）。原題は『Mine vaganti（浮遊機雷）』。ゲイの青年の心の葛藤や家族との関係が描かれている。トルコ出身・イタリア在住のオズペテク監督は自身もゲイであることを公表しており，2001年の作品『Le fate ignoranti（無邪気な妖精たち）』ではゲイのコミュニティを描いている

え、職場での差別や不平等が完全になくなったとは言えない。若い世代は大きく変わりつつあるものの、家事・育児・介護への男性の参加もまだ十分には進んでいない。また、テレビ番組や広告は、画一的な女性像で溢れており、女性の身体が性的対象物として扱われる傾向も強い。もちろんイタリアだけに限ったことではないが、女性を男性の「所有物」とみなす意識は現在もなくなっておらず、そうした意識に基づく性暴力やドメスティック・バイオレンスの事件も多発している。また、近年は、家事労働や介護労働の大部分が移民女性によって担われているが、劣悪な労働条件・生活環境で働くことを余儀なくされている女性も少なくない。また移民女性をめぐる人身売買や性的搾取の問題も深刻である。

ジェンダーをめぐるさまざまな問題

当然のことながら、ジェンダーの問題は女性だけにかかわるものではない。男性もやはり家父長的文化のなかで「男性らしさ」を押し付けられてきたといえる。また、男性か女性かにかかわらず、ＬＧＢＴ（レズビアン・ゲイ・バイセクシャル・トランスジェンダー）への差別問題も根深い。昔に比べれば人々の意識は変わってきたものの、差別や抑圧は今も続いており、同性愛者嫌悪による暴力事件も起こっている。近年はイタリアでもＬＧＢＴの運動が広まっているが、まだ十分な社会的理解が得られているとは言えない状況である。今後は、「女性」の問題だけではなく、こうした「ジェンダー」をめぐるさまざまな問題にもさらに取り組んでいくことが必要とされている。

（小久保真理江）

36

「南」の発見――ゲーテの見たイタリア

図1　ゲーテ「アディジェ川沿いの町，ロヴェレート」

ゲーテのイタリア滞在

一七八六年九月三日午前三時、ワイマール公国最高顧問官であったゲーテは、ボヘミアの保養地カールスバートを従者一人と共にこっそりと抜け出し、誰にも行き先を告げぬままイタリアへ向けて出立した。彼はブレンナー峠を越えてヴェローナ経由でヴェネツィアへ向かい、その後イタリア半島を南下してローマ、ナポリ、シチリアにまで足を延ばした。ミラノを経由してワイマールに戻るのは二年後、一七八八年六月である。約二年にわたるこの滞在は、ゲーテにとって知識人、芸術家としての人生の転機となるものであった。『イタリア紀行』は、イタリア滞在から約三〇年後、当時書かれた手紙や日記をゲーテ自身が編集し、まとめたものである。

旅人ゲーテ

イタリアでのゲーテは、いたるところを好奇心旺盛に歩き回り、眼でとらえられるあらゆるものに興味を持ち、それを記録した。彼は建築、彫刻、絵画、演劇など芸術にももちろん関心を示したが、同様の情熱をもって鉱物、植物、気象といった自然現象や、あるいはイタリアの人々の観察を行っている。

たとえば、最初に訪れた東北地方においては、人々の「褐色がかった蒼白い顔色」に気づき、その原因がトウモロコシや蕎麦ばかりを食べることによる栄養不足

図2　ゲーテ「ポポロ門のあるローマの眺め」

にあると推測する。ゲーテは知っていたのだろうか。当時、北イタリアではトウモロコシのみを常食することによる地方病ペラグラ病が猛威をふるっていたことを。

また、ヴェネツィアでは非常な不潔さが眼についた。ゲーテに「お役人」気分が戻ってくる。「私は散歩しながら、ただちに一つの取締法案を起草し、まじめに配慮しているはずの警視総監に示してみようと考えることを禁じ得なかった」（一七八六年一〇月一日）。

鉱物研究のための石の蒐集も各地で熱心に行った。ボローニャへ着くと、暗闇で光を放つ「ボローニャ重晶石」を採取しにパデルノ山まで行き、大喜びで六キロほどの石を荷造りさせる。『イタリア紀行』には、「私はまたもや石を背負い込むことになってしまった」（一七八六年一〇月二〇日、傍点引用者）と書かれている。

ローマからナポリへ

ゲーテの当初の大きな目的地はローマであった。気が急いてならないゲーテは、フィレンツェも駆け足で通り過ぎる。だが、ローマではその偉大さに圧倒されながらも、「すべては私がかねて想像したとおり」とも、「この地に来て別にまったく新しい考えなども抱かず、格別変わったものを見出したとも思われなかった」とも書いている（一七八六年一一月一日）。

ところが、さらに南下してナポリに到着したとき、その美しさに打たれたゲーテは一種の興奮状態に陥ってしまう。「人々がなんと言おうが、語ろうが、また絵に描こうが、この景観の美はすべてに立ち超えている」「ナポリにくると、みんな気

図３　ティッシュバイン「窓辺のゲーテ」（1786／87）

がふれると言うのも、無理からぬ話である」（一七八八年二月二七日）と絶賛し、さらには、「ここにいると、ローマのことなどまったく思いかえして見る気にもなれぬ」（同三月三日）と断言するに至る。ゲーテは言う。「ナポリは楽園だ。人は皆、われを忘れた一種の陶酔状態で暮らしている。私もやはり同様で、ほとんど自分というものが解らない。全く違った人間になったような気がする」（同三月一六日）。『イタリア紀行』の内容も、これまでのような、芸術や自然、人間生活の客観的な観察に加えて、イギリス公使ハミルトン邸で見た美しいエンマ・ハートや、フィランジェーリ家の人々など、個性的な人物との邂逅のエピソードがゲーテの主観を交えながら書かれるようになる。この傾向は、シチリアでさらに顕著となる。

図４　ゲーテ「ローマ――ポンテ・ロットとティベリーナ島」

シチリアへ

その後、長い逡巡の後で赴いたシチリアでは、パレルモ、セジェスタ、カステル・ヴェトラーノ、シャッカ、アグリジェントを巡り、「穀物のたくさん実っている地方」を見たいがためにシラクーサをあきらめて内陸のエンナへ向かい、その後、カターニア、タオルミーナ、メッシーナまで足を延ばす。

シチリアでもゲーテは観察眼を失わない。セジェスタでは神殿が未完のままであったことを示す柱石に残された枘《ほぞ》を観察し、メッシーナでは一七八三年の地震の被害の様子を記した。一方で、出会いのエピソードにもこと欠かない。パレルモでは身分を偽って詐欺師カリオストロの家族を訪問して歓待されたり、メッシーナでは気難しい総督に招待されてびくびくしながら食事会に参加したりしている。

図５　ゲーテ「月夜のイタリア海岸の風景」

図６　ゲーテ「シチリアの風景」

新たな文学創作へ

加えて、シチリアは、ゲーテに重要な贈り物をすることになった。それは文学的なインスピレーションである。パレルモ到着直後、靄に包まれた「不思議な公園」で「幸福なファイアケスの島」を呼び起こしたゲーテは、早速ホメロスを買いに出かける（一七八七年四月七日）。ゲーテのなかで、シチリアはギリシアと、具体的には『オディッセウス』と融合する。以降、ゲーテはこの公園で『オディッセウス』を読み、かつまた「ナウシカア」を題材にした戯曲の構想を練ることになる。そして後で以下のように回想する。「私はこの過度に古典的な土地で、詩的な気分に囚われていたので、自分が経験したり、見たり、気づいたり、出くわしたりしたものを、すべてその気分に浸りながら捉えて、これを楽しい容器の中に蓄えておくことができた」（同五月八日）。ゲーテは「シチリアなしのイタリアというものは、我々の心中に何らの表象をも作らない。シチリアにこそすべてに対する鍵があるのだ」（同四月一三日）と述べるが、それは、シチリアの自然や風物がゲーテに新たな創作への手がかりを与えてくれたからと考えられる。

『イタリア紀行』を読めば、イタリアの地で次第に心の翼を広げてゆくゲーテの姿が生き生きと伝わってくる。またそこからは、精神を開放し、想像力を吹き込み、芸術を育む力を持った土地としての「南」の姿が立ち現れてくるのである。

（山﨑　彩）

37 イタリアらしさ――「おしゃれで陽気」は神話なのか

数々のステレオタイプ

イタリアと聞いて、外国人がすぐさま連想するのは何であろうか。洗練されたファッション、陽気な国民性、美しい街並、優れた芸術作品、イタリア・オペラ、サッカー、フェッラーリ、ピッツァ、マフィア、口説き上手なイタリア男性、いくつになっても母親離れできない「マンモーネ」――イタリアに関するイメージやステレオタイプは数えきれないほどだ。これらのステレオタイプには、イタリアの地を踏んだ外国人旅行者の実体験に依るものもあれば、ゲーテの『イタリア紀行』のような紀行文を基にしたものもあろうし、また、イタリア文学にイタリア映画、およびイタリアを舞台にした外国映画なども影響しているかもしれない。こうしたステレオタイプが何の根拠ももたないというわけではないが、それらがときに矛盾や誇張をはらむものであることもまた事実である。はたしてイタリア人は、実際におしゃれで、陽気で、浮気な国民なのだろうか。

まず注意しなければならないのは、サルデーニャ王国の多くの地域併合によって統一がなされた一八六一年まで、現在のイタリアの国土には、多数の独立する都市国家が分立していたという点である。サルデーニャ王国の宰相を務めたマッシモ・ダゼリオ（1798-1866）の統一当時の有名なモットー、「これでイタリアが創られた。今度はイタリア人を創る番だ」は、イタリアが多くの異なる地域を継ぎ合わせてつ

図1　マッシモ・ダゼリオ

くられた近代国家であり、当初、国民が均質的なアイデンティティをもたなかったことを的確に言い当てている。『統一イタリアの言語史』（一九六三）の著者、トゥッリオ・デ・マウロ（1932-）によれば、一八六〇年当時のイタリア語話者は六〇万人ほどで、この数はイタリア人口全体の二・五％にすぎないという。テレビやラジオの普及によって、今では全国に「標準イタリア語」が浸透したとはいえ、戦前、イタリア人はそれぞれの地域の方言を話しており、遠く離れた二つの地域では、まったく異なる言葉が話されていた。国家が統一されて一五〇年以上が経過した現在でも、その内部では各々の地域色が非常に強く、生活習慣も、食生活も、文化も多様である。そのためか、イタリア人は、イタリア国民である以前に、「ローマの出身」であるとか、「シチリア生まれ」であるとかいうように、特定の町や、地域に根差したアイデンティティを強くもっている場合が多い。したがって、「イタリア」という国のもとに一国の国民性をひとまとめにして、均質的なものと考えることは、およそ不可能なのである。

不統一のイタリア

『イタリア的考え方――日本人のためのイタリア入門』（一九九七）において、著者のランベッリは、よく問題にされるイタリア国内の南北差について触れ、南北の対立はイタリア統一当初から存在したのではなく、当時のイタリアの著しい地域差や階級差をできるだけ隠すために、政略的に取り入れられたものだとしている。こうして、国のなかに「内なる他者」がつくり出され、北部の人は南部人が自分たち

図2　アコーディオンに合わせて陽気に歌う若者

図3　トラットリアでの何気ない食事風景

の足を引っ張る怠け者だと非難し、南部では反対に、北部人を冷徹で、働きすぎのつまらない人間と侮辱するという対立関係が出来上がる。九〇年代には、ポー川を中心とした地域の独立を叫ぶ「北部同盟《レーガ・ノルド》」という政党が躍進し、南北の対立はますます深刻化したように思われた。こうした対立構造は、北部内と南部内での地域ごとの結束を高める作用はあったかもしれないが、同時に、イタリアという「国」としての統一感を損ねるものであった。統一性のないイタリアのような国について、「イタリアらしさ」とは何か、明確に定義するのは困難である。強いて言えば、国民の「均質性」が特徴といわれる日本に対し、イタリアの特徴は「多様性」ということになるだろうか。

おそらく、イタリア人にとって「イタリアらしさ」が意識されるのは、外国という「他者」を念頭に置いたときであろう。とくに、彼らがイタリア料理や、「メイド・イン・イタリー」の服飾雑貨や、自国の産業技術に関して示す自信とプライドには揺るぎないものがある。「イタリア料理は世界一」と言って憚らない人も多いし、「〇〇人は服の着方を知らない」などという台詞がすぐにイタリア人の口をついて出るのも、自国が世界のファッションをリードしていることを自負しているためなのであろう。

イタリア人の陽気さ

「イタリアにイタリア人は存在しない」とするランベッリのような考え方もあれば、歴史家ルッジェーロ・ロマーノ（1923-2002）のように、たとえ国内に地域差が

図４　リミニで海水浴を楽しむ人々

図５　クリスマスには家族で賑やかに食卓を囲む

あろうとも、イタリアという「くに」（「国家《ネーション》」ではなく、文化的に括られた領域としての「国《パエーゼ》」）を特徴づける共通の要素――たとえば宗教的・呪術的信仰、言葉や方言、風習や遊び――は存在するのであって、イタリア人はそのなかに自己を見出すべきだと主張する者もいる。イタリア人に共通の生活習慣や食生活が彼らのアイデンティティや国民性を形成しているのだとすれば、一般にいわれる彼らの「陽気さ」は、何に根差しているのだろうか。もちろん、理由は単一的なものではありえないが、たとえばそれは、イタリア人の生活環境に根づいた、地域や家族間の人間関係の強固さとでも呼ぶべきもののなかに見出せるのではないか。イタリアにおいても少子化、核家族化が進んでいるとはいえ、いまだ「母親《マンマ》」を精神的な支柱とした家族間の絆は強い。夏期長期休暇には家族揃って海や山へバカンスに出かけ、クリスマスや復活祭《イースター》には、普段遠くに暮らす家族や親戚が一堂に集うという伝統的慣習が、国の各地で見られる。そのうえ、経済的な理由もあって、成人後も実家に残る若者や、年老いた父母を自宅で介護する人も多く、一生のうち家族と共に過ごす時間が比較的長くなる傾向にある。他方、遠方の大学に通う学生は、一人暮らしをするのではなく、いわゆるシェアハウスに住み、複数の住人が台所や風呂などを共同で使用するというシステムがごく一般的である。こうした生活体系は、経済的な理由による場合が主で、個人の自由な選択の結果ではないかもしれないが、それでもやはり、家族の構成員のみならず、他人と同じ空間を共有することを厭わないという性質は、ある意味で非常に「イタリア的」であるといえるのではないだろうか。

（柴田瑞枝）

38 スローフード——環境と食のあり方の革新へ

図1　協会創設者カルロ・ペトリーニ

スローフード運動の発足

スローフード運動は、日々、人々の生活のスピードが加速し、効率ばかりが重視されがちな現代において、ますます拡散する「ファストフード」やそれらに代表される「ファストライフ」に対するアンチテーゼとして、一九八〇年代後半に生まれた。提唱者は、イタリア・ピエモンテ州ブラ市生まれの、カルロ・ペトリーニ（1949-）である。一九八六年、ローマのもっとも有名で歴史ある観光地のひとつ、スペイン広場に、イタリアにおけるマクドナルド第一号店が開業することになった。これに危機感を覚えたというペトリーニは、三年後の一九八九年には、パリにおいて「スローフード宣言」を謳い上げ、非営利団体、スローフード国際協会を設立した。協会は、経済至上主義的なグローバリゼーションによって食の標準化・均一化が進み、伝統的な食に関する知識や、環境に適応した昔ながらの農法が失われることを懸念し、「おいしい、きれい《クリーン》、正しい（Buono, Pulito e Giusto）」をモットーに活動を開始した。彼らの掲げる目標は、何より食を楽しむこと、地域の伝統的な食文化を保護・推進すること、消費者が生産者の立場に立って自らも「共生産者」となるよう促すこと、生産者に尊厳ある労働環境を保証することなどである。協会発足当初より、国際規模のシンポジウム、生産者会議「Terra Madre《テッラ・マードレ》」の開催や、絶滅危機にある食品保護（「味の箱船」プロジェクト）に尽力するなど、今日までさまざま

図２　スローフードのシンボル蝸牛

図３　大量のバジルが売られるイタリアの市場

な活動を継続して行っており、こうした運動に賛同する人々は年々増加し、今や日本を含め、世界中に一三〇〇以上もの支部を持つまでとなった。

おいしい、きれい、正しい

スローフードの見地からみた、おいしく、きれいで、正しい食べ物とは何か。まず興味深いのは、スローフードが、もとはイタリアを発祥とした運動でありながら、決してイタリア料理だけを特別視し、推奨するものではないということである。人間が感じる「おいしさ」の指標は主観的なものであり、個人的、文化的、歴史的要素などに多分に左右される。昆虫が最高の珍味とされる文化もあれば、日本のように生魚を食べる文化もあるし、宗教的な理由で特定の動物を食べない文化もある。こうした多様性を知り、現実の複雑さや「おいしさ」を定義する困難を認めたうえで、おいしいものを食す幸福を求める権利は誰にも認められるべきだというのが、協会創設者ペトリーニの考え方である。そして、「おいしさ」を判断するさい、それが人工的なものをなるべく排除した、自然な食品であるかどうかということが、スローフードの観点からすると、ひとつの重要な指標となる。

「きれい」な食べ物とは、スローフードがよく使用する「持続可能性」という言葉と深くかかわっている。生産方法や流通の方法は、環境にやさしいものでなくてはならず、持続可能でなくてはならない。戦後より、世界の各地では、生産量を増加させるために遺伝子組み換えなどが行われ、「強い種」の栽培が繰り返された結果、土地が荒廃し、もともと多様だった生産物の種が大幅に減少してしまったとい

図4　シチリアの菓子“カンノーリ”

図5　スローフードの見本市（2012, ドイツ）

う。環境の未来を無視した、持続可能ではない農法は「きれい」ではない。また、大量の排気ガスを排出しながら、何十時間もかけてある地点から他の地点へ運ばれる食品も、新鮮さを失うだけではなく、環境に負荷をかけるという点で、「きれい」ではない。だからこそスローフードは、地産地消を推奨するのである。

では、「正しい」食品とは何であろうか。それは、「社会的な公正、労働者とそのノウハウ、地方の習慣、生活を尊重することであり、良い食品をつくるための喜びを守り、ないがしろにされてきた生産者のイメージを改善」することを実践してつくられた食べ物である。ここでも、経済的な「持続可能性」が鍵となる。生産者が尊厳をもちながら働け、労働に見合った報酬を得られる持続可能な労働環境が求められるのであり、消費者（スローフードの立場からは「共生産者」と呼ばれる）は何を食するか、どんな食品を購入するかという選択をするさい、こうしたことを念頭に置くべきだということになるだろう。

スローフードと「イータリー」

ガストロノミー（美食学）についての知識を専門的に勉強する場として、スローフードは二〇〇四年、ピエモンテ州とエミリア・ロマーニャ州の協力を得て、ポッレンツォに世界初の食科学大学（Università degli Studi di Scienze Gastronomiche）を開設し、また、小学校などで菜園づくりを奨励するなど、食の教育にも力を入れている。こうしたスローフードの試みに、イタリアの食料品市場も強い関心を寄せている。

近年、イタリアをはじめ世界各地で勢力を伸ばしている食料品チェーン店、イー

図６　イータリーのエントランス

図７　モンテプルチャーノのワイン製造者

タリー（Eataly：Eat ＋ Italy からなる造語）もそのひとつである。そのコンセプトは、生産者・消費者間の余分な仲介をできるだけ排除し、品質の良い食品を、誰にでも買える値段で提供するというもので、スローフード協会がそのコンサルタントを務めている。店舗には、食について学べるエデュケーショナル・コーナーやイートイン・コーナーが用意されていることが多く、昨今、イタリアの街では、夕方の比較的早い時間から「イータリー」で食前酒《アペリティーヴォ》を楽しむ人々の姿が見られる。

日本、ニューヨーク、イスタンブールなど、世界各地での事業の拡大に伴い、イタリアの食品を世界中に輸出する「イータリー」のやり方と、スローフードが推奨する「地産地消」の概念とのあいだの矛盾は、今後次第に大きくなっていくものと考えられる。さらに、「イータリー」への大手食品会社の参入が俎上に上っており、もしそれが現実化すれば、増幅されることになりかねない採算主義重視の傾向と、小規模農業・食品加工業者を支持するスローフードの目指すところとのあいだに、完全には相容れない部分が出てくるのは必至である。しかし、高品質食品の提供、消費者に対する味覚の教育、生産者の尊重などの大筋のコンセプトをスローフードと共有し、それを多くの消費者層に提示して成功を収めたという点では、「イータリー」の功績もそれなりに評価できるであろう。なお、「イータリー」は二〇一四年現在、ボローニャに「フィーコ・イータリー・ワールド」という、敷地面積八万平方メートルの巨大な食のテーマパークを建設中だ。施設にはレストランの他、食料品店や食物研究所が収容されることになっており、地元産業の活性化が期待されている。

（柴田瑞枝）

Column 5

「アルバレシュ」という内なる他者

カラブリア州やバジリカータ州、そしてシチリア島をはじめとする南イタリアの各地には「アルバレシュ（arbëreshe）」と呼ばれるアルバニア系のコミュニティが点在している。アルバレシュの歴史は古く、その起源について語るためには、じつに五百年以上もの歳月を遡らなければならない。

一四世紀から一五世紀のなかばにかけて、アルバニアはバルカン半島の要衝地として、ヴェネツィア共和国とオスマン帝国の抗争の的になった。アルバニアの民族的英雄スカンデルベグ（1405-68）はキリスト教勢力を味方につけ、祖国アルバニアを守るために獅子奮迅の活躍を見せる。ところが、この英雄が病に倒れるなりアルバニアの諸侯は劣勢に立たされ、世紀の変わり目を迎えぬうちに、アルバニアはオスマン帝国の版図に組み入れられた。この時期にアドリア海を渡りアルバニアからイタリアへと逃れてきた人々が、アルバレシュという共同体を興した祖先である。

イタリア半島に根を張ってからすでに数世紀が経過しているにもかかわらず、アルバレシュは今日においてもなお、独自の文化と言語を保持しつづけている。共同体と同様にアルバレシュと呼ばれるその言語は、言語学的にはアルバニア語の一方言とみなすことができる。家庭ではアルバレシュで会話し、学校ではイタリア語で授業を受けるため、アルバレシュの家庭に生まれ育った人物はほぼ例外なくバイリンガルになる。

そんなアルバレシュの文化に触れるための絶好の「参考書」を提供してくれているのが、現代イタリアの作家カルミネ・アバーテ（1954-）である。カラブリア州のアルバレシュのひとつカルフィッツィに生を受けたアバーテは、自身の故郷をモデルにしたと思しき「ホラ」という小村を舞台にして、これまでに複数の小説を手がけている。イタリア語、アルバレシュ、それにカラブリア方言がモザイクのように組み合わされたその作品は、色彩や芳香を放つかのごとき詩的な文章によって、祭礼や食文化、さらには口承文学といった多様な側面から、アルバレシュというユニークな共同体の伝統について雄弁に伝えている。アバーテは、郷里からほど近いバーリの大学を卒業したあとドイツに移住し、現在は北イタリアのトレンティーノに暮らしている。「外からのまなざし」をとおして故郷を描き、イタリアの読者に向けて「内なる他者」の魅力を伝えることに成功した、稀有な作家の一人といえるだろう。

（栗原俊秀）

第6章

異端という天才

フィレンツェの大聖堂のためにブルネッレスキが設計した，石積みでは世界最大級のクーポラを下から臨む

天才たちの饗宴

一七カ国からなる、域内の経済不振からしばらくは増えそうもないユーロ圏では、三億人を超える人々が同じ通貨を使って暮らしている。その八種類もあるコインの裏の意匠はというと、国の数だけ異なる。その国らしいデザインが心掛けられるが、なかでもイタリア発行分はバラエティに富んでいて、思わず全種類揃えたくなる。それもそのはず、額面の大きい順にみていくと、ラファエロが描いた詩人ダンテのプロフィール（二ユーロ硬貨）、レオナルド・ダ・ヴィンチ「ウィトルウィウス的人体図」（一ユーロ）、ミケランジェロの計画によるローマのカンピドリオ広場の中心に鎮座する「マルクス・アウレリウス皇帝騎馬像」（五〇セント）、二〇世紀初頭の未来派を代表するボッチョーニの彫刻「空間における連続性の単一形態」（二〇セント）、ボッティチェッリ「ヴィーナスの誕生」の女神頭部（一〇セント）と、主要硬貨すべてに古今の芸術作品が用いられている。古代ローマからルネサンスを通って前衛芸術にいたる大まかな流れがみてとれるが、こうした天才たちの歴史がそのままイタリアの歴史とされているのである。

天才はつくられる

しかしカノンはなにもはじめからそう決められていたわけではない。例外として、存命中からすでに伝説と化し、その後も名声が保たれたミケランジェロが挙げられるのみである。後はほとんど多かれ少なかれ浮沈を経験している。ダンテとレオナルドは、死後数世紀を経て、天才（ゲニウス）概念が成熟をみた一九世紀になってはじめて神格化された。イタリアに限れば、彼らはロマン派の熱狂のなかで民族アイデンティティの根幹を為すものとして必要とされたのである。それまではメインストリームに属さない例外的かつ孤高の存在とみなされていた。真似不可能で追随者を生みにくい才能であった弊害かもしれない。ただそうした「異端」が、ある日突然、評判が反転して、正史となる可能性が広く受容されているのがイタリアだ。カラヴァッジョは、いかに悪童（実際に人殺し）であろうとも、その才さえはっきりすれば、現代では天才とみなされる。数々のスキャンダラスなエピソードが、逆にアウラを与えさえもする。先の硬貨の話につなげれば、カラヴァッジョは旧一〇万リラ紙幣に肖像が用いられていた。

本来「異端」とは、ガリレオやブルーノのようなカトリック教会の教義に沿わない考えの持ち主を指す。しかし教会への対抗心のあるなしにかかわらず、前者は近代科学という新たな普遍へ、後者は無限という新たな超越を志向したのだから、発想においては教会と同じであった。まさにここに、「異端」であっても、「天才」という、憧憬と忌避の対象となる括りに回収された要因がある。

ではこうした個別の才能をまとめうる系譜があるだろうか。天才（異端）を突然変異としてとらえてしまいがちなので、つながりは薄いように思われる。しかし天才と呼ばれるものの起源にゲニウスがあるのなら、ゲニウス・ロキを連想するのはたやすい。「地霊」、すなわち土地がもつ力をさすラテン語であるが、本章では、つい最近まで詩人を生み出し続けてきたフィレンツェを、「地霊」が認められるケースとして挙げている。それはもちろんローマであっても、ナポリであっても、ヴェネツィアであっても同様であろう。天才は土地によってつくられる。

実際は個よりも集団

現代において天才は、いわゆる芸術に携わるのではなく、建築やデザイン、ファッションの世界にいる（戦後は映画界にもいた）。これは洋の東西を問わない傾向である。インダストリアル・デザイナーとしてのキャリアをアメリカとイタリアで築いてきた奥山清行（通称ケン奥山）は、現在故郷の山形に事務所を構え、活動し続けている。フェラーリ・エンツォやマセラティ・クアトロポルテ、秋田新幹線E6系などが彼の作品として有名だ。奥山が生み出すものと同等の深みと洗練があるのが彼の分析的思考である。ゆえに単なる「技術者」でなく「天才」となる（哲学をもたない技術者などいるわけもないが）。

現在のイタリアのクリエイティヴィティは、なおも個人の天才的な才能に負うのではないかという一般通念に対して、逆に奥山は「個人力の日本、団体力のイタリア」だという（CEDEC 2011での講演より）。イタリアは、じつは組織力が持ち味であり、その文化はローマ時代の共和政にさかのぼれる一方、日本は教育レベルなど個人の能力は非常に高いものの、集団でのまとまりに欠け、重要事項が根回しで決まるなど、個が集まったうえでの仕事が不得手であるという。さらには、日本語の上下関係を重視する言語特性が邪魔してディベートができない、というのが奥山の分析である。よくイタリアは「一％の天才と九九％の凡人」からなるなどといわれるが（イタリアについてはなんとエスニックジョークが多いことか）、その「凡人」が集まって新たなものを生み出しているのなら、むしろ個の限界（天才ではないこと）をわきまえる誠実さと賢さを、イタリアの新たな徳として認めてもよいだろう。

（土肥秀行）

39

ダンテ――『神曲』の世界

『神曲』

『神曲』は、一四世紀にトスカーナの話し言葉で書かれた長編詩で、現在でも世界で読み継がれる古典である。公文書や文学性の高い文章ではラテン語が用いられた時代に書かれたこの作品は、口語による文学作品の最初にしておそらく最高の傑作となり、そのなかで用いられた言葉は、後にできる「イタリア語」の規範となった。

物語は一人称で語るダンテの「あの世」旅行記という体裁を取り、登場人物ダンテが古代ローマの大詩人ウェルギリウス、永遠の恋人ベアトリーチェに導かれて地獄から煉獄を経て、天国までを旅し、遂には神を見る栄誉に浴するまでを描く。

図1　ダンテの肖像とフィレンツェの町

ダンテ・アリギエーリ

作者のダンテ・アリギエーリ（1265–1321）はフィレンツェの小貴族の出身で、政治にも携わった。だが、政争に巻き込まれ、一三〇二年、故郷から永久追放の宣告を受ける。流浪の身となったダンテはイタリア各地の宮廷で領主たちの庇護を受けながら生活した。このような状況のなかで多くの文学作品が書かれたが、『神曲』もそのひとつである。「地獄篇」は一三〇九年頃には完成し、「煉獄篇」が仕上げられたのは、彼がヴェローナにいた一三一一三年頃と考えられる。「天国篇」はその後

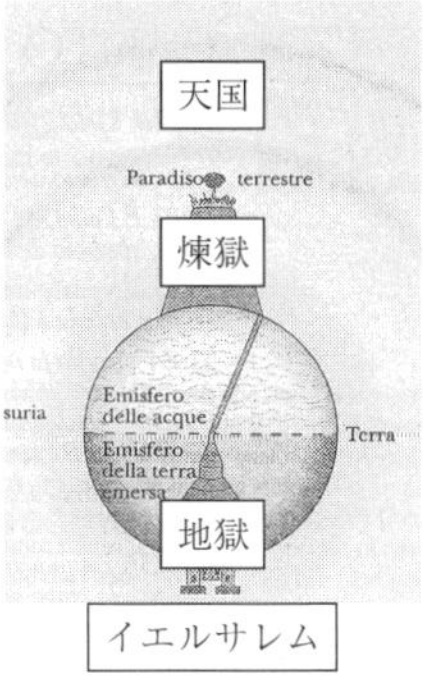

図２　『神曲』の地理的な構造

図３　地獄の門へ向かうダンテとウェルギリウス

に着手された。ダンテはフィレンツェ帰国の願いがかなわぬまま、一三二一年にラヴェンナで没している。

「あの世」という舞台装置

『神曲』の舞台は現実には存在しない「あの世」であるが、ダンテは同時代の地理学、天文学、神学の知識を総動員してそのイメージを創り出している。

不動の天体である地球において、人間が住めるのは北半球の陸地のみとされ、その中央にはエルサレムがある。その下には巨大な円錐状の「地獄」が口を開けている。地獄は九層からなる。地獄の底、円錐のとがった先には大魔王ルチフェロが氷漬けになっている。ルチフェロの体の中心が地球の重力の中心とされる。この中心から忘却《レテ》の河が穿《うが》つ小道が、地獄の底と南半球にある煉獄山のふもとをつないでいる。煉獄山はエルサレムのちょうど対蹠《たいせき》地に聳《そび》え、水に満たされた南半球の唯一の陸地である。ここでは罪人たちが浄罪を行っている。山は七つの台地に分かれ、ふもとほど傾斜が厳しく、頂上に近づくにしたがって緩やかになる。頂上には地上楽園があって、浄罪を終えた霊はここから天国へと飛翔する。天国は、地球の周りに同心円をなして回る九つの天（七つの惑星天、恒星天、水晶天）と、さらに神の聖座である至高天からなる。

ボルヘスが『神曲』を「ひとつの小宇宙でもあるような版画」であると述べているように、プトレマイオスの天文学とキリスト教神学にもとづいて形づくられたこの「小宇宙」は揺るぎない構造を持ち、視覚的に再現可能である。「地獄」「煉獄」

図4　煉獄へ着いたダンテに魂を乗せた船が近づく

「天国」という概念は『神曲』以前のキリスト教においてすでに存在していたが、「あの世」をこのように地理的にはっきりと位置づけ、またその内部を詳細に区分して描き出したのは、ダンテが初めてであった。とくに、一三世紀になって承認された「煉獄」の具体的なイメージを創出したのはダンテの功績であるとされる。

登場人物

しかし、ダンテが意図したのはあの世の写し絵をつくることではなかった。むしろ、自らの自由意志によって永遠の報奨か罰かを手に入れた人間について描くこと、すなわち、人間のさまざまな行為を「地獄」「煉獄」「天国」に振り分けて描くことにあった。

ダンテは案内者と共にあの世を旅し、そこで、かつての知り合いや縁者、あるいは歴史上の人物や神話の英雄の霊魂と出会う。霊魂たちは、生者ダンテがあの世にいることに驚き、自らの受けている罰、あるいは贖罪を引き起こした生前の出来事について証言する。理性を抑えられなかった罰として恋人と共に風に吹き飛ばされているフランチェスカ・ダ・リミニは、夫の弟パオロとの悲恋を物語り（「地獄篇」第五歌）、炎に包まれて現れるオディッセウスは分をわきまえない知識欲によって大海へ漕ぎだし身を破滅させたことを（「地獄篇」第二六歌）、自分を裏切ったルジエーリ大司教の頭部に嚙みついているウゴリーノ伯は、塔に幽閉されて一族もろとも餓死した酷い運命を語る（「地獄篇」第三三歌）。ダンテは登場人物たちの物語にショックを受け、ときに失神してしまう。

図5　ベアトリーチェと共に天国へ上昇するダンテ

『神曲』に描かれる登場人物には実在した人物も少なくない。しかし、彼らのほとんどが今では無名の存在で、歴史上の人物というよりは『神曲』の登場人物として記憶される。『神曲』で描かれる人間像の多くもまた、作者ダンテのペンが生み出した詩的創造物なのである。

後世への影響

独創的なイメージと精確な直喩によって描かれた『神曲』は、後世の芸術家たちの想像力を大いに刺激することになった。数多くの画家たちが挿絵を描き、ボッティチェッリ、ドレ、ダリ、ブレイクなど、例を挙げれば枚挙に遑《いとま》がないほどである。ミケランジェロの「最後の審判」は、「地獄篇」に想を得たとされる。一九世紀にはヨーロッパでダンテのリバイバルが起きた。バルザックの「人間喜劇」は『神曲』に触発されて考案されたタイトルである。彼はまた、ダンテが主人公の小説も書いている。ロダンは大作「地獄の門」を制作した。チャイコフスキーは幻想曲『フランチェスカ・ダ・リミニ』を作曲し、プッチーニは「地獄篇」第三〇歌を基に喜劇オペラ『ジャンニ・スキッキ』をつくった。第二次世界大戦後に書かれたプリモ・レーヴィの小説『アウシュヴィッツは終わらない』には「地獄篇」第二六歌についての胸を打つ挿話がある。最近では、『神曲』を下敷きにして書かれたマシュー・パール『ダンテ・クラブ』や、ダン・ブラウン『インフェルノ』といった娯楽小説がベストセラーとなったことも記憶に新しい。

（山﨑　彩）

40

レオナルド——天才伝説はつくられたのか

図1　イタリアでは「ラ・ジョコンダ」と呼ばれる

いまなおつづくレオナルド人気

レオナルド・ダ・ヴィンチ（1452-1519）。「モナ・リザ」（一五〇二頃）や「最後の晩餐」（一四九五―九八）といった傑作を遺したこのルネサンスの「天才（genio）」のために、いったいどれだけのインクが流されてきただろう――また、のちに発見された膨大な量の手稿は、五百年の時を超え、いまでもなお、人文諸学はもちろん、工学、数学、脳科学、精神分析学など、さまざまな学問領域で活発に議論されつづけている。もちろん専門的研究ばかりではない。ダン・ブラウンの推理小説『ダ・ヴィンチ・コード』（二〇〇三）が世界的ベストセラーになったこともあって、レオナルドへの関心はいっそう一般的なものとなり、解説書をはじめとする関連書籍は毎年のように増えつづけている。

とはいえ、「ダ・ヴィンチ・ブーム」とでも呼ぶべきこの現象は、かなり前から先取りされていたとも考えられる。美術史学という学問領域を超え、ゲーテやスタンダールのほか、ヴィクトリア朝きっての文人、ウォルター・ペイター（1839-94）、文芸批評家ポール・ヴァレリー（1871-1945）、そして精神分析学の祖、ジグムント・フロイト（1856-1939）など、各分野のビッグ・ネームがレオナルドの虜となった。一九世紀は、長らく散逸していた鏡文字による彼の手稿（ノート）が発見・解読され、順次刊行された時代である。こうしてレオナルドは新たな関心を呼び起こ

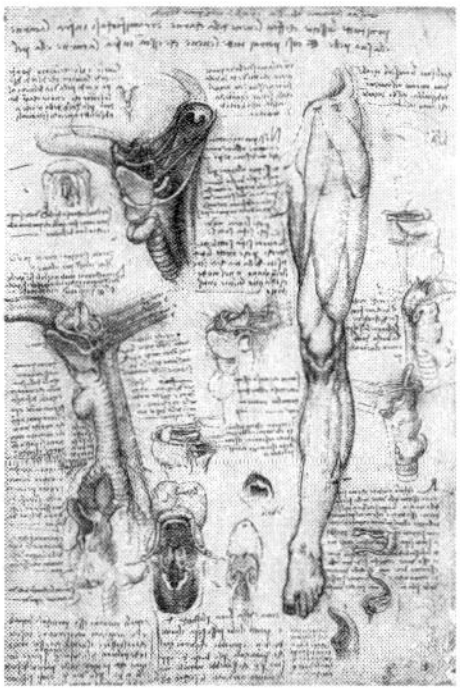

図2　手稿「解剖学の研究」(1510)

し、無数の逸話や憶測が積み重なっていくことになった。こうした連鎖が、虚実の入り乱れたレオナルド伝説を形成してきたのである。それがたとえば『ダ・ヴィンチ・コード』で描かれる幾多の「謎」――とりわけレオナルドと秘密結社との結びつき――の素地にもなっているのである。

「伝説」とどう向き合うか

では、複雑に絡みあう幾多の伝説をすべて遮断すれば、歪みのない真正なるレオナルド像に近づけるのかというと、それはほとんど不可能だと思われる。「レオナルドについての膨大な語りでは、わずか一〇点あまりの絵画作品が繰り返し言及されてきたので、現代の普通の鑑賞者が、新鮮さをもってレオナルドの画と向き合うチャンスはほとんどない」からである（竹下節子『レオナルド・ダ・ヴィンチ――伝説の虚実』〈二〇〇六〉）。

一方、これとは逆の意見もまた説得力がある。美術史家エルンスト・ゴンブリッチ（1909-2001）が指摘するように、絵画（イメージ）にまつわるエピソード（テクスト）は、作品を鑑賞者の脳裏に繋ぎとめておくのに欠かせない（『規範と形式』〈一九七八〉）。レオナルドの作品たちは、そうしたエピソードにこと欠かないからこそ、人々の記憶のなかで生きつづけているとも考えることもできるのだ。

また、優れた芸術作品を前にするとき、鑑賞者の想像力は、否応なく掻き立てられてしまうものだろう。事実、レオナルドの描く女性像を観ていると、「まるで生きているかのように」感じられるではないか。若きヴァレリーが述べたように、

図3　レオナルド晩年の自画像（1515）

「作品は鑑賞者に強い印象を与え、感動を生じさせ、その作品のイメージをみずからに呼び起こさせる装置」として機能している（『レオナルド・ダ・ヴィンチの方法への序説』（一八九五））。「伝説」とは、人々が言い立ててきたことのたんなる集積ではなく、作品それ自体からじかに引き出されてきたものでもあるのだ。

だからこそ、わたしたちは「レオナルド伝説」を、でっちあげや嘘のたぐいとして排除するより、ルネサンスの天才に投影された想像力の総体として理解しておくべきだろう。言い換えるなら、その伝説に映し出されるのは、レオナルドが誘発しつづけてきたわたしたち自身の「セルフ・イメージ（自己像）」である。

自分自身を描く画家

実はこの現象に誰よりも強い関心を抱いていたのが、レオナルドその人であったといえる。モデルを描いていながら、そこにいつのまにかそれを描く画家本人の姿が刻みこまれてしまう――この逆説については、次のような断章が遺っている。

自分の描く人物像のなかに、自分自身のうちに見いだされるのと同じ欠点をもちこまないように、全力をあげて努めなければならない。……というのは、この欠点は、判断力が生まれる時に一緒に生まれてくるからだ。なぜなら、君自身の判断力を作ったのは、君の体を作った霊魂であり、霊魂は自分の作りあげた体と類似した作品を見て、おのずと心楽しむからである。……それゆえ、君自身の体の欠点を知り、君の描く人物像にその欠点が紛れ込まないように気をつけることを忘れるな。（レオナルド・ダ・ヴィンチ『絵画の書』）

他者像を自分に似せて描いてしまうという「癖」を、レオナルドは「画家たちの最大の欠点」として戒めようとした。逆に言えば、作品とその前に立つ者（画家と鑑賞者）のあいだには、「見る／見られる」という主客関係では割り切れない、心（霊魂）の相互干渉が成立していることを、レオナルドははっきりと見抜いていたのである。

さらに、「画家たちの最大の欠点」を克服するために、「おのれをよく知る」ことの重要さを、『絵画の書』は繰り返し説いている。自分自身の体を測定し、普段の身のこなしを理解し、（腱や筋肉の動きにさえいたる）身体の各部位をしっかり観察する。それによって、作品の対象と自己との違いをはっきりと自覚することが求められているのである。

この戒めは、当時の画家のみならず、わたしたちにもあてはまっているのではないだろうか。「モナ・リザ」のミステリアスな微笑みに、ありもしない「暗号」を探し出そうとする「想像力の癖」はどこから生じているのか。わたしたちは、この傑作を、それが生み出された時代環境を一顧だにせず、いつの間にか自分たちの常識や固定観念に沿って眺めようとしてはいないだろうか。写真やパロディ作品など、複製されたイメージによって、レオナルドの「名作」が通俗化してしまった今だからこそ、「伝説」を鵜呑みにせず、作品とわたしたちとのあいだにあるべき「距離」を確保し直すことが不可欠なのかもしれない。

（鯖江秀樹）

図4　デュシャンによるヒゲのある「モナ・リザ」

41

ガリレオ――動詞としての科学

ガリレオと「科学」の語源

毎年一〇月になると、ノーベル賞各賞が発表される。受賞者が日本の研究者となれば、ニュースで大きく報じられ、その成果に称賛の声が上がる。このときばかりは、「科学」とは縁のない人々にも、「ニュートリノ」や「iPS細胞」といった専門的な用語を耳にすることになる。ただし、報道では、結果ばかりが強調されるため、どのようにしてその成果に達したかを理解するのはむずかしい。

このことは、一七世紀の科学革命の立役者、ガリレオ・ガリレイ（1564-1642）にもあてはまるのではないか。ガリレオは、ピサの斜塔での落体実験や太陽中心説をめぐる宗教裁判でよく知られている。有罪判決を受けたさい、「それでも地球は回っている」とつぶやいたという「伝説」を思い出す人も多いはずだ。だがそれは、彼の研究人生のほんの一幕にすぎない。膨大な数の研究ノートを遺したガリレオは果たして何をしようとしていたのか。やや奇妙な言い回しになるが、「科学する」ことにすべてを捧げたといえるだろう。イタリア語で科学（サイエンス）は「シエンツァ（scienza）」で、自然科学という特定の学科ではなく学問全般を指す言葉である。その語源は、「知る」を意味するラテン語の動詞「スキオー（scio）」にあり、さらにそこから、「分割する」という意味するイタリア語の動詞「シンデレ（scindere）」が派生した。つまり、「科学」には、「知る」と「分割する」という動詞が

図１　ガリレオ晩年の肖像画

図2　19世紀の画家フルーリが描くガリレオ裁判

潜んでいることになる。実のところ、一七世紀において、ガリレオほど「知る」と「分割する」ことに忠実な学者は存在しなかったと考えられるのだ。

「知る」ことのむずかしさ

ガリレオは出身地のピサ大学で数学を学んだ（一五八一―八五）後、パドヴァ大学で、天文学、幾何学、数学を教えた（一五九二―一六一〇）。それ以降も、「トスカーナ大公付主席数学者兼哲学者」として研究に専念した。ガリレオの父、音楽家のヴィンチェンツォ・ガリレイ（1520-91）は、厳密な数比計算による音響研究で知られる。自然現象を数に基づいて把握するというガリレオの方法には、父の影響があったとも言われている。

一六〇九年、ガリレオは自作の望遠鏡を夜空に向け、肉眼では見えなかった天体の観測に乗り出す。その成果である『星界の報告』（一六一〇）や『太陽黒点とその属性に関する記述と証明』（一六一三）は何よりもまず、特殊な器具を用いた天体運動の観測、そして文字とデッサンによる観察記録の賜物である。大きな功績を残した物理学（落体運動の研究）でも、運動現象のなかにある数学的法則が、実験によって徹底的に検証された。そんなことは科学者にとって当然の作業ではないか――わたしたちはそう考えるかもしれないが、この方法こそがガリレオを「科学者の父」と称する根拠となっている。

当時、学問の階層構造が厳密化されていた。数学や天文学は、哲学の学説に従わねばならず、その哲学もまたキリスト教神学の教義との整合性が求められていた。

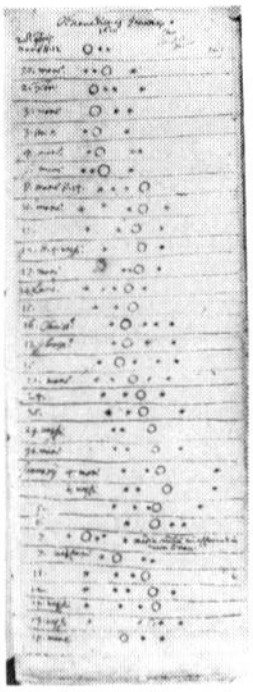

図3　木星の衛星を観測した記録ノート

しかもガリレオが生きたのは、ルネサンスもすでに終焉を迎え（ガリレオの生年は、ミケランジェロの没年にあたる）、対抗宗教改革の時代であった。教皇庁は思想の検閲に敏感で、その象徴ともいえるのがブルーノの火刑（一六〇〇）である。

「科学する＝知る」とは事実上、権威ある知恵に頼って、自然を把握することにほかならなかった。たとえば、ルネサンスの時代に再発見されたアリストテレスやプトレマイオスの学説に従えば、宇宙は地球を中心とした階層的構造を持ち、天上界と地上界はきっぱりと二分化され、月は完全な円であるとされた。それに対してガリレオは、太陽中心説を唱え、地球も他の惑星と同じく太陽の周りを動き、月の表面にも山や谷があることを明らかにしたのである。異端の嫌疑をかけられる直接の引き金となった『天文対話』（一六三二）で述べられるように、哲学者が「普遍的な事柄に専念」し、その「定義と一般的な性質」を見出すのに対して、数学者は、「むしろ好奇心の対象となるようなある種の微妙なことや些細なこと」を任される。無論ガリレオは数学者の側に立って、哲学上の原理から現象を演繹的に説明するのではなく、「些細なこと」の観測によって宇宙の可変性を導き出した。彼にとって、伝統的に信じられてきた原理は絶対に正しいものではなかったのだ。

「分割する」と見えるもの

あまり目立たないが、ガリレオは「天の川は無数の恒星から成り立っている」ことも発見している（『星界の報告』）。望遠鏡という器具は、肉眼ではとらえきれない微細な要素からなる空の世界を明らかにした。宇宙はごく小さな要素や記号の集合

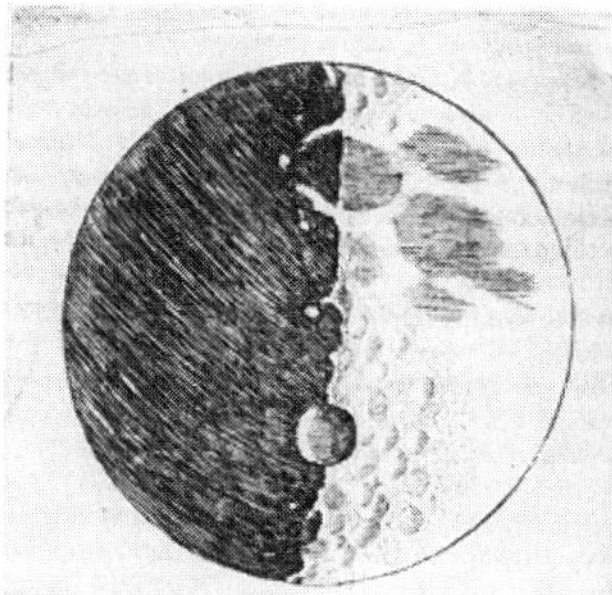

図4　ガリレオによる月のスケッチ

ではないか。ガリレオはこうも述べている。

哲学は、われわれの目のまえに開かれたこの巨大な（私が宇宙と呼ぶ）書物に記されているのだが、まずそれを書いた言語をおぼえ、その文字を学習しないことには、その本を理解することはできない。この書物は数学の言語で書かれていて、ここで文字というのは、たとえば三角形であり、円であり、またその他の幾何学的図形であるのだが、これらの手段を用いなければ、人間は自然の言語を理解することができない。これらがないと、暗い迷路をむなしくあるきまわるに等しい。

（『偽金鑑識官』一六二三）

自然とはすなわち数学の言語で書かれた書物である――この有名な比喩に沿うなら、「科学する」とは、最小単位に分割された要素、保守的な哲学者なら些細なこととみなす微細な粒子こそが、宇宙全体を構成していると認めることである。彼は、摩擦や抵抗を排した実験空間で証明された法則は、必ずしも現実世界の現象を説明できないとする反論を、独特の原子論によって乗り越えようとしていた。万物をいったん最小単位＝原子に分割して、それをつぶさに――ただし、みずから制作した器具を介して――観察したのである。月の表面にも、山や谷と呼びうる地球と同じような凹凸があり、その地球もまた、他の惑星と同じく太陽を中心に運動する。そうしたアナロジー（類比関係）は、純粋な観察によるのではなく、宇宙が共通して原子から構成されるという認識を根拠として発見されたといえるだろう。（鯖江秀樹）

42

ブルーノ――異端による多中心性の哲学

異端者の逃避行

「カンポ・デ・フィオーリ」という小さな広場がローマにある。果物市やカフェ、ジェラート屋が立ち並び、昼夜を問わず地元民や観光客で賑わうその光景は、約四百年前、同じ広場でジョルダーノ・ブルーノ（1548-1600）が異端の罪により焚刑に処されたという凄惨な出来事とおよそ重なり合うことがない。ブルーノはなぜこの地で灰と化したのか。

若きブルーノは、ナポリでドミニコ会の修道士になったものの、三位一体の教義に疑念を表明し、異端視されたのをきっかけに、同地から逃亡した。これが長きにわたる流浪の始まりである。ジュネーヴ、トゥールーズ、パリ、ロンドン、ドイツの諸都市を渡り歩いた。記憶術の教師として厚遇される一方で、神学や哲学の理解をめぐって各地でことごとく対立し、逃げるようにイタリアに舞い戻ってきたものの、ついにはヴェネツィアで異端者と告発され、移管先のローマで極刑を受けることとなった。この異端者の著作はすべて禁書目録に加えられ、以後二百年にわたって、歴史の表舞台から姿を消すことになる。

人類起源の複数性

ブルーノを流浪の日々に追いやったのは、彼自身の思想と時代との軋轢である。

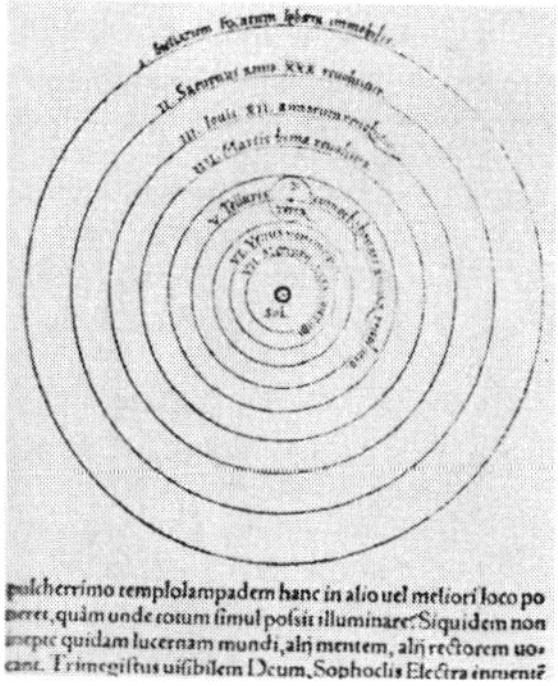

図1　コペルニクスが唱えた太陽中心説

彼が生きたのは、カトリックとプロテスタントとの対立が深まるとともに、新大陸の発見により、イエズス会が世界布教に乗り出した時期にあたる。こうした激動の時代にあって、彼が唱えた思想はかつてないほど根本的かつ徹底的であったがゆえに、修道士やスコラ学者を敵に回すことになった。

　ブルーノ哲学の特質は、「無限」や「汎神論」という言葉で表現されてきたが、その核心は、貫徹した「多中心性」の主張にこそあると考えたほうが理解しやすいかもしれない。一例として、人類の起源という問題を挙げてみよう。ユダヤ＝キリスト教の伝統は、その単一性を強調してきた。禁断の実を食べたことで楽園を追われたアダムとイヴ――『創世記』に記された「原罪」を、人類はあまねく共有している。キリストの受肉と死は、この罪からの救済を約束するものである。その救済の環は全世界に広げられねばならない。新大陸に対する熱心な（あるいは暴力的な）布教活動の背後には、人類はみな、その起源を一にする兄弟であるという神学的な理解がある。それはひとつの神を崇める隣人愛の宗教にとって、けっして疑われてはならない、疑うことを許されない教義であった。

　この教義に反することは、キリスト教の存在意義を根幹から揺るがしかねないが、ブルーノの思想はまさしくそうした性質を持つものであった。事実、彼は人類起源の複数性を支持して、人はそれぞれに固有の土地から生まれ、各地に独自の宗教や文化を形成すると説いたのである。人類はアダム＝イヴというたったひとつの中心ではなく、複数の中心からそれぞれ別個に生じてくる。民族多様性が尊重される現代では、この主張に目新しさを感じないかもしれないが、当時はまさに瀆神的な響

図2 『学者たちへの論駁』（1588）の幾何学図

きをもっていたのである。

中心のない宇宙論

この多中心性は、他の問題に関しても貫徹されている。それがよくわかるのは、ブルーノの宇宙論である。ここでいう「宇宙論」とは、「天文学」に限らず、あらゆる存在物が住まう空間や時間の広がりにまつわる議論のことで、端的に言えば、「世界をどうとらえるか」が問題となる。多中心性の哲学は、ここでこそ本領を発揮していると言っても過言ではない。理解の鍵となるのは、『傲れる野獣の追放』（一五八四）に記された有名な言葉――「自然は諸事物のなかにおける神である」――である。それが意味するのは、あらゆる事物のなかに神は自然のごとく遍在し、動物にも植物にも無機物にも、もっと言えば宇宙それ自体にも「神的なもの」が刻印されているということだ。この理念がなぜ「危険」なのか。

中世の伝統的な自然観は、厳密な階層秩序を基礎に置いている。神を頂点として、仲介役の天使、人間、自然の事物たち、それを形成する素材（哲学用語でいう「質料」）へといたる序列が現実世界に存在すると考えられていたのである。前項で触れたアリストテレスとプトレマイオスの天体論もまた、この階層秩序に従っている。言うまでもなく、その中心で神は「不動の動者」として君臨している。

この自然観に照らして、ブルーノの宇宙論は伝統に対する挑発だと解されてしまった。神は、階層秩序の頂点ではなく、万物の起源としていたるところに存在する。特権的な中心がないのなら、あらゆる存在が中心になる可能性が残されているはず

図3 「知」を表象する幾何学図

図4 ルネサンスの自然哲学を映し出す「曼荼羅」

だ。ブルーノにあっては、「人間であろうと、動物であろうと、あるいは植物であろうと、唯一にして無限なる自然の一様態であり、この神のごとき自然のまえでは等しいものなのである」（岡本源太『ジョルダーノ・ブルーノの哲学』）。

ブルーノ哲学の多面性

このように多中心性の哲学は、まぎれもなく信仰と社会制度の中心である教皇庁にとって容認しがたい主張を含んでいた。時代の主潮に反する学説を唱えたという点では、同時代を生きたガリレオとも共通するのだが、注意すべきは、ブルーノが、観測や測定といった科学的な手法ではなく、ルネサンスの知的遺産を拠り所にしていたことである。ガリレオに先駆けて太陽中心説を唱えたニコラウス・コペルニクス（1473–1543）、「反対物の一致」に神の本質を見出すニコラウス・クザーヌス（1401–64）、プラトン・アカデミーを主宰した人文主義者マルシリオ・フィチーノ（1433–99）。その意味でブルーノの哲学は、独創的であるというより、ヘルメス主義や記憶術、ルネサンスにおいて「魔術」と称された自然学・人間学からなる合金（アマルガム）でもあったのだ。

ふたたび「カンポ・デ・フィオーリ」に目を転じると、その中央には一八八九年につくられたブルーノの彫像が屹立している。強靱な意志を宿し、相手を睨みつけるような鋭い眼差しは、宗教的検閲と近代の理性の双方が周縁に追いやった彼の哲学がどのように受け継がれているのかを、見逃すまいとしているかのようだ。

（鯖江秀樹）

43

フェルミとマヨラナ――原子物理学をめぐる可能性と謎

天才物理学者エンリーコ・フェルミ

一九〇一年にローマで生まれたフェルミ（-54）は、天賦の才を発揮してわずか二一歳にしてピサ高等師範学校で物理学の学位を取得する。二六年には後にフェルミオンと呼ばれることになる量子力学的粒子の集団を扱うフェルミ＝ディラック統計という理論を発表し、世界中の注目を集める。同年ローマ大学の教授に就任。ニュートリノの存在を導入したベータ崩壊の理論の完成、四〇種類以上の人工放射性同位元素の生成や熱中性子の発見といった偉大な研究成果を次々とあげ、三八年に中性子衝撃による新放射性元素の発見と熱中性子による原子核反応の発見を称えられ、ノーベル物理学賞を授与された。

図１　教壇に立つフェルミ

エットレ・マヨラナ――フェルミとともに

フェルミに少し遅れること一九〇六年シチリアのカターニアに生まれたエットレ・マヨラナ（-1938）もまた早熟にして数学的な才能に長けた物理学者で、ローマ大学のフェルミのチームで活躍した。粒子と反粒子が同一の中性粒子は、彼がその存在を予想し理論をつくったところからマヨラナ粒子と呼ばれることになった。近年その粒子に似た準粒子の存在を証明する有力な証拠が示され、そこからマヨラナ粒子を利用した安定性のある量子コンピューターの開発が進められてきた。

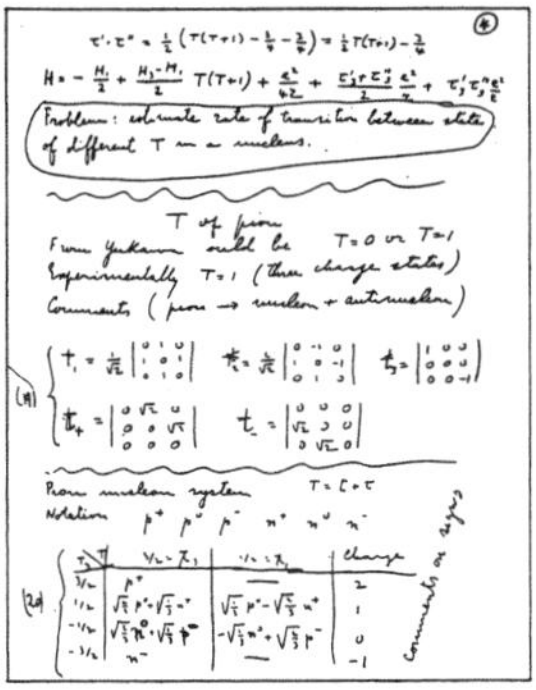

図2　フェルミのノート

時を遡ること一九二二年にムッソリーニ（1883-1945）が政権の座について以来、ファシズムが力を増大し続けていたことを考えれば、きな臭い状況下においてフェルミやマヨラナといった優れた学者たちが世界から高い評価を得る研究成果を次々あげていたことは注目に値する。

戦争がもたらした皮肉な結果？

フェルミはローマ大学の教え子ラウラ・カポン（1907-77）と結婚した。物理学を介してフェルミが出会った妻はユダヤ人であった。一九三一年に大学教授のファシズムへの忠誠宣誓の法律がつくられた結果、学問の自由は大幅に奪われ、三八年七月、ついに反ユダヤ主義キャンペーンが始まり、恐ろしい結末へと坂を転がるように進んだイタリアで、フェルミ夫妻が何を思い暮らしていたかは想像に難くない。したがって三八年に受賞したノーベル物理学賞の授賞式に出席したフェルミが、ストックホルムで賞を受け取った後、ラウラを伴ってアメリカへ亡命したことは当然といえよう。ヨーロッパのユダヤ人とその家族の多くがナチズムやファシズムの脅威を逃れてアメリカに渡ったが、そのなかにはフェルミ夫妻のように世界的な名声を誇る学者も含まれていた。

渡米後フェルミはコロンビア大学の教授を経て、四四年シカゴ大学に移り、世界初の原子炉シカゴ・パイル一号を完成させた。これは原子爆弾の材料となるプルトニウムを生産するために用いられた。この間、真珠湾攻撃とヒトラーのアメリカへの宣戦布告を受けて第二次世界大戦はヨーロッパや北アフリカのみならず、アジア

図3　シャーシャ『マヨラナの失踪』イタリア語版

や太平洋を含む規模の戦争へと拡大していた。やがてアメリカは原子爆弾開発プロジェクトであるマンハッタン計画を推し進めることになり、フェルミもその科学者のリーダーであるロバート・オッペンハイマーのもとで開発の研究を任された。その後彼は、水素爆弾の開発については倫理的な観点から参加に反対をしたものの、フェルミらが開発した新しい理論は、皮肉なことにそう遠くない将来おぞましい使われ方に結びつく運命にあったのだった。研究者が行う研究や開発の倫理の問題は、今日なお繰り返し立ち返って熟慮を重ねるべき重い課題であるが、五四年にフェルミが病死したのちも、妻ラウラはその問題をずっと問い続けたという。

戦後の四六年、フェルミはシカゴの原子物理学研究所（のちに彼の名を冠した研究所となる）でさらなる研究を再開し、五四年に病死するまで情熱を注いだ。

フェルミのパラドックス

地球に似た惑星が恒星系のなかにあるということは、宇宙人は存在して地球にも到達しているはずだとフェルミは考えた。ならば、宇宙人はどこにいるのか。これがフェルミのパラドックスと呼ばれる問題提議だ。この問いに対しては、宇宙には地球の他に生命体は存在しない、宇宙人は存在するがなんらかの制限や意図のために、あるいは到達するための技術的な問題を解決できていないため地球に到達していない、宇宙人は存在し過去に地球に到達しているが最近は到達していない、あるいは、到達していても宇宙人は地球人と相互認識する術を有していない、といった意見が交わされてきた。このパラドックスは天文学や生物学のみならず、哲学や経

図4　シャーシャ『マヨラナの失踪』日本語版

図5　『マヨラナの失踪』の著者レオナルド・シャーシャ

済学といった幅広い分野を包括するユニークな問題提議であり、フェルミの広範な学問的興味の一端をうかがわせる逸話である。

マヨラナ――謎の失踪

フェルミとともに目覚ましい研究結果をあげたマヨラナは、内向的で孤独な性格であり、自身の仕事の価値につねに疑問を抱いていたと言われている。フェルミたちが人種法のために公職を追われた三八年、ナポリ大学の教職の座を任されたマヨラナは、折しも研究をやめようとしていた。その数カ月後、パレルモに友人を訪ねた彼は、友人が留守のためナポリに帰る船上で突如姿を消す。消息を絶った後、マヨラナがナポリ大学の同僚に自殺するという内容と、パレルモ行きをやめて帰ることにしたという内容の手紙を残していたことも明らかになっている。彼の失踪については、自殺か、原子を用いた武器製造に参加させないよう何者かが彼を誘拐し殺害したのか、あるいは、アルゼンチンに亡命したのか、修道院に隠遁したのかなどさまざまな憶測がなされた。マヨラナと同じくシチリア出身の作家レオナルド・シャーシャ（1921-89）もこの謎の事件に想を得て『マヨラナの失踪』（一九七五）を著したが、二〇一一年にアルゼンチン亡命の証となる写真がメディアによって発表されイタリア中で話題になった。いったいマヨラナに何が起こったのか。フェルミのマンハッタン計画への参加といい、マヨラナの失踪といい、もし戦争が起こらなかったなら彼らの人生は変わっていただろうか。逆に、これら二人の優れた学者が存在しなければ、歴史は変わっていただろうか。今も問いは尽きない。（越前貴美子）

44

カルヴィーノ――あたらしい小説と戦後

図1 『カルヴィーノ全著作集』（モンダドーリ社，メリディアーニ叢書）

世界はカルヴィーノをどう読むか

大変失礼な仮定だが、かりに先達であるパヴェーゼ（1908-50）と同じ年齢（四一歳）で亡くなっていたなら、イタロ・カルヴィーノ（1923-85）は、寓話性に彩られた風変わりな小説の書き手として、いまもイタリア国内で一部の読者にのみひっそり愛されていたにちがいない。

現実には、このキューバ生まれのリグーリア人作家は、もっぱら後半生の並びない、文句のつけられない活躍によって、イタリアのみならず現代世界の文学シーンを静かに変えてしまうような存在となった。その全作品をたどれば戦後イタリア文学の流れがあらまし描けるような作家といえば、モラヴィア（1907-90）でもパゾリーニ（1922-75）でもなく、カルヴィーノの名を持ち出すしかないし、海外、とくにアメリカでは、ガルシア＝マルケスとならぶ、ポストモダン文学の二大巨頭の一角と認められて久しい。

文学に対するその意表をつくような――しかし、じつはきわめて正当的な――考え、価値観が広く知られるようになったのは、主に七〇年代以降に発表された「小説《フィクション》」や「批評《エッセイ》」を通してである。最高傑作と自負する『見えない都市』（一九七二）にはじまり、『宿命の交わる城』（一九七三）、『冬の夜ひとりの旅人が』（一九七九）を経て、『パロマー』（一九八三）にいたる後期の代表作からは、「小説」とい

図２　『カルヴィーノ全著作集』（モンダドーリ社，メリディアーニ叢書）

図３　『見えない都市』

うジャンルを根っこから刷新しようという気概のごときものが感じとれる。その発想も形式もひたすらに軽やかで、なおかつ、ただもう、桁外れにあたらしい。遺著となった『アメリカ講義』（一九八八）では、みずからの文学世界のすべてを凝縮、平明に説き明かし、袋小路におちいった現代文学を甦らせる処方箋をあざやかに示してみせた。

　こんな小説が書けたのか、文学にはまだこんな可能性があるのか――。「小説の危機」の時代、リアルタイムでカルヴィーノに出会った読者は、目の覚める思いがしたにちがいない。

寓話で現実にせまる

カルヴィーノの旺盛な創作活動は、作家が四〇歳になるかならないかのあたりを境に、二つに大別できる。寓話的な語りを特徴とする五〇年代末までを前期とすれば、科学を認識の手段として駆使する六〇年代以降を後期とみなせる。

　二三歳で書いた小説第一作『くもの巣の小道』（一九四七）では、アルプス山麓を舞台とするレジスタンス闘争の日々を、一人の少年のおどろきに満ちた眼を通して描きだしてみせた。「森の寓話」と評された本作をはじめ、いわゆる「ネオレアリズモ」期の作品では、大人の社会の法外な荒々しさに対して、弱者である子どもや動物、落伍者たちの眼が奇跡や不思議をながめるように見ひらかれている。彼らの瞳を通して対象を異化するカルヴィーノのまなざしは、戦争や貧困という現実の暗部にも、一種のおとぎ話のような時間と空間を見出してやまない。物語るとは見る

図4　編集顧問を務めたエイナウディ社のオフィスにて（1950年代）

図5　パリにて（1980年代）

ことの謂である、という彼一流の詩学の原点がここにある。

　つづく五〇年代、『アルゼンチン蟻』（一九五二）、『遠ざかる家』（一九五七）、「スモッグ」（一九五八）などネオレアリズモの系譜に属する小説も重要だが、この時期を代表する傑作といえば、『ぼくらの祖先』（一九六〇）と総称される歴史小説三部作をおいて他にない。樹上で一生を送った一八世紀の男（『木のぼり男爵』一九五七）も、砲弾でまっ二つにされたまま、二つの人生を生きた戦士（『まっぷたつの子爵』一九五二）も、肉体は存在せず、空っぽの甲冑だけとなった中世の騎士（『不在の騎士』一九五九）も、同時代のイタリア社会にただよう重苦しさから、あたうかぎり遠い、なんと自由な「軽さ」を体現していることか。三作とも心躍りにみちた寓話、あるいは冒険小説と読めるが、ページを繰るうちに、若くしてレジスタンス闘争に参加し、解放後の幻滅を味わいつづけた、「参加する知識人」カルヴィーノの痛いくらいの思いも垣間見えてくるはずだ。――イタリアの五〇年代の文化・政治状況を考えるうえで、一読、再読、三読しておくに値する書物である。

科学としての文学

カルヴィーノの書くものというと、テンポよい話の運びや、童心に返るような抒情性をまず思い浮かべてしまいがちだ。それは間違いではないが、もうひとつ、科学者を思わせる分析的知性の強さも、この作家の魅力の反面をなしている。

　科学論文の一節から突拍子もない宇宙創世譚をひたすら繰りだす、『レ・コスミコミケ』（一九六五）の圧倒的想像力は、どんなSF小説にも類例を思い浮かべられ

図6　トゥッリオ・ペリーコリによるカルヴィーノの肖像

ない。「組み合わせ術《アルス・コンビナトリア》」でおなじみの『見えない都市』や『宿命の交わる城』は、天才数学者か巨大コンピューターがはじき出したのではないかと思われるほど、緻密で美しい幾何学的構造を持つ。さらに詩と科学の化合物というべき『アメリカ講義』では、新たな千年紀に必要とされる文学の価値――軽さ、速さ、正確さ、視覚性、多様性――をことごとく物理学の概念で表してみせた。

　ことほどさように、文学にとって科学が重要であるという姿勢を、カルヴィーノが貫き通した理由は何か。それはイタリア文学の他に例を見ないほど豊かな形式と文体の歴史を遡るうちに、科学と手を携えることによってのみ、文学の想像力は遠くへ羽ばたくという、確信めいた思いが頭をもたげてきたからである。

　イタリア半島の文学には、フランスやロシアのような長編小説の伝統はうすいが、かわりに「詩人／科学者」たちの系譜が古代から連綿としてある。それが強みだとカルヴィーノは考える。「自然は書物である」と述べたガリレオ（1564-1642）をイタリアでもっとも偉大な作家と評するのも、アリオスト（1474-1533）や、レオパルディ（1798-1837）に対する偏愛を隠そうとしないのも、あるいは古代ローマの学匠詩人オウィディウス（紀元前四三―後一七）と、ルクレティウス（前九四年頃―前五五年頃）の二人を晩年の詩的守護神に選ぶのも――それもこれも、イタリア文学の底流にあるもの、すなわち、分析と構造の幾何学精神をもってする詩的表現こそ、おのれの文学の主要なモデルと信じて疑わないからだ。

　つくづくカルヴィーノというのは、イタリアでしか生まれ得なかった作家であると思う。

（住　岳夫）

45 フィレンツェと詩人――文学のはじまりとおわり

図１　ダンテ像が描かれた大聖堂（奥）

「はじまり」のダンテ

イタリア詩のはじまり、ひいてはヨーロッパ文学のはじまりは、文学史家クルツィウスが『ヨーロッパ文学とラテン中世』で言うように、八百年前のフィレンツェと亡命先の北イタリアで活躍した詩人ダンテ・アリギエーリ（1265-1321）にある。本項では、ダンテとともに現代の詩人を二人紹介し、「詩の都」としてのフィレンツェを確認する。

ダンテといえば『神曲』だが、これ以前にプロローグとなる作品、『新生』がある。『神曲』が、その後のイタリア詩の伝統の礎となるよう、十一音節句（日本では英語風にヘンデカシラブルと言われ、十一音で一行をなす）が三行集まってひとかたまりとなり（「三行詩」テルツィーナ）、その連なりがなすトータルで一万四二三三行に及ぶ詩であるならば（実は長大な詩）、『新生』は詩（韻文）だけではなく、散文も挿まれた小編のパスティーシュである。三一の詩が四二の章にふりわけられ、散文と交錯する。文学にとってジャンル分けは重要だが、『新生』は詩集とも散文（小説）とも呼べない。こうしたダンテの「はじまりの書」（初めて書いたものではないが、『神曲』に先立つ作品として）の書き出しが印象的である。「そこより先は殆ど読むことができない、わが記憶の書のあの部分には朱文字で新生ここに始まると書き記されている。その朱文字の下に書かれている言葉をこの小冊子に書き写すのが、私の

図2　ダンテが統領を務めた市庁舎ヴェッキオ宮

図3　ダンテの追放を決めた市庁舎内五百人広間

意図である。すべてと言わないまでも、せめて大意なりとも」（浦一章『ダンテ研究Ⅰ』の訳を参考）。この序文をもって、いったいダンテはなにを言おうとしていたのだろうか。少なくとも、うまく言えないことがある、ということはわかる。こうした「いいえなさ」を相手にするのは詩のつねであり、現代詩においてはますます大きな問題になる。ダンテにとっては内面の「いいえなさ」だが、現代のエルメティズモ、「錬金術派」においては、政治や社会にまつわる「いいえなさ」となる。

この冒頭に引用されている、ルブリカ（朱）で書かれた言葉は、「新生ここにはじまる（Incipit vita nova）」であった。ここでの「はじまる」はラテン語であり、残りは、いまのイタリア語のもと、当時文学語として採用されたフィレンツェの言葉で記されている。つい最近まで、文学作品にタイトルを付す習慣がなく、第一行をもって代わりとしていた。現在は『新生』と呼ばれている作品も、便宜上そう呼ばれているだけで、「正式な」タイトルはない。Incipit vita nova と書き出しにあるので *Vita nova*（『新生』）と呼ばれることになった。

『神曲』の場合――日本語タイトルは森鷗外の訳によるものだが――完成から三世紀以上経った一六世紀に、現在の名称 *Divina commedia* が定められた。それまでは、そして今でもしばしば、『コンメディア』（喜劇）とだけ呼ばれる（作者もそう呼んでいた）。地獄に始まり天国に至る、いわばハッピーエンドの展開となる「喜劇」とジャンル分けされるからである。『神曲』、つまり「神聖な喜劇」とは、ダンテのあの世巡りが語られるので、「神聖な」との形容詞が、ルネサンス直後の時代に追加された。

ルーツィ「アルノ川に」(1935)

おまえの蒼白さを止めている川畔に
深遠なおまえの歩みに,
どんなときもおまえを流れさせる力を探っていると,
純潔な自分が心の内で震えているのを
感じたものだ，もはや信じられない
のだが，まるで夢のヴェールに包まれた貧者が
あのはかないやさしさでほほえむようだ。

図4　ルーツィが暮らしたアルノ川畔

一方、『新生』はベアトリーチェという憧れの女性に対する思いを、フィレンツェでの自分の成長に沿って語る、いわばダンテの自伝物語であって、半生を振り返り「新生ここにはじまる」と冒頭で宣言する。

「おわり」の詩人ルーツィ

時代は現代に飛び、国民的詩人と呼ばれたフィレンツェ人マリオ・ルーツィ(1914-2005)を取り上げる。ノーベル文学賞候補にも挙げられ、晩年には終身上院議員を務めたほどの存在である。いわば九・一一後の世界、イタリアにおける「賢者の知」を体現していた。また二〇〇〇年の大聖年（ジュビレオ）のさいには、教皇庁よりヴィア・クルチス（「十字架の道」、復活祭の重要なイベント）のための詩の制作を委託された。よって「オフィシャル」な立場にあり、二〇世紀半ばまでは確実にイタリア文化の中心にあったフィレンツェの代名詞的存在であった。ルーツィのように、詩人は現代においても、ダンテの時代と同じく、政治的であり宗教的である。

新たな三千年紀をむかえる大聖年のためにルーツィがつくったのは受難についての詩、その名も「受難」(*Passione*)という一五の詩の連作だ。「祈り」と題された部分を紹介する。「彼らも神がつくられたのであり、私の兄弟だ、／その心に、あなたは正義への飢えを広めたのだ／しかしその思いを満たすのに、／あなたではなく、悪魔に期待した。／正義であるのに。その渇望に火がついたのは／元々なんらかの不平等があったため。／主よ、あなたが不平等だったのだ、あるいはあなたの

図5　ビアジーニ英訳アンソロジー

ビアジーニ「裂け目から」(2014)

私を記す
裂け目に，木の
継ぎ目に，カーペットの
下のほこりに。

暗闇が入って
いこうとする，眼窩に
集まってくる。

敵である悪によるためか。／この問題については人類の議論が／つきることはない」。大聖年という世紀のイベントで重要な役割を担うにあたって、ルーツィ本人の弁では、ただ「率直であること」をつきつめたとのこと。率直さゆえの詩に難しさはない。それは彼が一九三〇年代半ばに、錬金術派を標榜する雑誌『標題』を活躍の場とし、晦渋な象徴詩で出発したのと対照的である。当時の「いいえなさ」は、詩の本質であると同時に、詩人の自由な精神と全体主義国家との軋轢から生まれていたからである。ルーツィが亡くなり、フィレンツェ詩の「偉大な」伝統は終わったといえるだろう。

「いま」の詩人ビアジーニ

現在の詩においては、かつては考えられなかった声が活躍し始めている。いまイタリア詩壇でもっとも注目されるエリーザ・ビアジーニは、一九七〇年フィレンツェ生まれの女流詩人である。故郷と、イタリア文学で博士号を修めたアメリカを活動拠点とし、二つの言語のあいだで、ジェンダー、身体性など、時代をあらわすテーマを取り扱っている。次の短詩「壁と葉」(*walls and leaves*、原文英語)は、環境をテーマに──とくに「風力」にこだわり──極力少ない言葉で書かれたものだ。「刺す太陽、／スープへと。／わたしたちの血管／火照るのがネオンのよう」。

(土肥秀行)

46 アントニオーニ――「不毛」の映画

アントニオーニの異時・異国性

ミケランジェロ・アントニオーニ（1912-2007）が九四歳で亡くなるまでつねに新しい存在であり続け、また死後も決して作品が色褪せないのは驚くべきことである。イタリア映画の「巨匠」たちを差し置いて、ここで彼の名を挙げるのは、イタリア性やその他のいかなる括りにもおさまらない独自性ゆえである。

世代的にアントニオーニは、デ・シーカやロッセッリーニ、ヴィスコンティに比べ、いくらか年下であるだけだが、属す時代には彼らとのあいだに開きがある。これらイタリア映画の「巨匠」たちが戦中から戦後にかけて「ネオレアリズモ」の時代を築いたのに対し、その流行が去ったのち、一九六〇年代の抵抗の世代に併走したのがアントニオーニだった（欧州および日本で）。よって実年齢に対してアントニオーニは「若い」作家のように感じられ、彼の鋭い時代感覚、みずみずしい感性はつねに指摘されるところである。

ロンドンのモッズ、アメリカ西海岸のヒッピーといった流行の最前線に取材した『欲望』（一九六七）と『砂丘』（一九七〇）は、普遍的な若者文化のアイコンとしてあり続けている（ポスターはインテリアの定番）。イタリアではありえない当時の先端文化を描いているがゆえに、『欲望』はイタリア映画記者協会賞の「外国映画」部門監督賞の授賞対象となる。その理由は製作配給会社の国籍に依ろうが、「自分を

図1　短編集『テヴェレ川沿いのボーリング』

図2　デ・キリコがフェッラーラで描いた静物画

図3　アントニオーニが通ったボローニャ大学本部

拒むかのような唯一の国」アメリカで撮った作品、『砂丘』にしてもたしかにイタリアらしさは認められなかった。二大英語国で撮った上記二本に、さらにドキュメンタリー長編『中国』（一九七二）とジャック・ニコルソン主演の『さすらいの二人』（一九七五）といった異国を舞台とする作品が加わり（後者はチャドとスペインで撮影）、大きく変動する六〇年代から七〇年代を象徴する彼の作品群を形成する。

フェッラーラから／へ

アントニオーニの「ずれ」――それは総じて「イタリアらしくない」といえる――は故郷フェッラーラに由来する（やはりそれでもイタリアに根がある矛盾）。フェッラーラは、美術史家ロンギが「フェッラーラ工房」と呼んだオルタナティヴなルネサンスが栄え、第一次世界大戦時に生まれた新たな絵画の潮流ゆえ「形而上」とのイメージをまとい、今ではヨーロッパ有数の自転車の街として知られる。この街でアントニオーニは、ここでないこと、いわば非イタリア性を育んでいる。

アントニオーニは、ブルジョワの家庭に育っていても、そこに居場所を求めず、映画監督の道を志す。大学卒業後、ファシズム政権によるプロパガンダ強化を目的とした、ローマの映画実験センターに通う。一九四三年から準備されていた短編処女作『ポー川のひとびと』（終戦をまたいで四年後に完成）からは、河川で働く労働者集落の厳しい暮らしを照らすドキュメンタリータッチゆえに、ネオレアリズモ的姿勢が読み取れる。それは一九五〇年の『愛と殺意』による長編デビューまでに撮られた数本の短編に共通する。生涯で残した一五本の長編映画のうち、遺作となった映画を撮るごとに，ある種のテクニックに偏っていた部分を次第に排除していった。技巧のプレシオジテとでもいえるものだ。だが技術に重きをおいていたことを悔いはしない。なぜならテクニックなくしては現在のシンプルな素朴さにたどり着けなかっただろうから。今では文法的なミスを犯すことさえもできる。あえてミスをしてより効果的であろうとするのだ。たとえば「ショット」と「切り返しショット」を正統ではない方法で使ってみたり，まなざしと動作の方向を間違えてみたりする。よって私は技術的な多くの余計な心配や飾りを取り除けたのだ。物語の論理的なつながりやシークエンス同士を結ぶショットも一切省いてしまった。そうしたショットの存在によって，あるシークエンスは次のシークエンスのジャンプ台でしかなくなってしまうから。私の考えでは，確信してもいることだが，今日では映画人は論理よりも現実と密接な関係になければならないのだ。

（アントニオーニ「感情の病い」）

『愛のめぐりあい』（一九八五）は、一九八五年に脳梗塞を患い言語障害や身体麻痺が残るなか、彼の信奉者であるW・ヴェンダースにアシストされて仕上がった。作品からまったく自伝的要素の読み取れないアントニオーニであるが、遺作『愛のめぐりあい』は、故郷であっても「異化の街」フェッラーラで撮られている。

画家を志したこともあるアントニオーニの絵画作品の収められた美術館が、かつてフェッラーラにあった。一九九五年の米国アカデミー功労賞をうけて開館したアントニオーニ美術館は、彼の抽象画が展示されていたが、映画との無関係さゆえ、一一年目に閉館の憂き目にあう。こうした「ずれ」も彼ならではである。

「不毛」の映画、「反映画」

二〇〇七年八月の猛暑日にローマで亡くなったさい、追悼記事の見出しには「incomunicabilità の巨匠」とあった。このイタリア語を訳すのはなかなか難しい。日本ではつねづね「不毛」の語があてられ、彼の異名のもととなった「incomunicabilità の三部作」は「不毛三部作」と呼ばれてきた。具体的には『情事』（一九六〇）、『夜』（一九六一）、『太陽はひとりぼっち』（一九六二、原題『蝕』であるが邦題はアラン・ドロン主演ゆえ）を指すが、さすがに「愛の不毛三部作」とまでアレンジを加えてしまうと、元の表現 incomunicabilità（原義は「通じ合えないこと」）から遠くなる。もはやネオレアリズモ的な群像ではなく、個人個人が描かれるようになる作風の先駆けがアントニオーニにある。三部作のいずれの作品においても女優モニカ・ヴィッティ（当時監督と恋仲であった）が出演・主演しており、周囲と伝え合え

図4　映画『赤い砂漠』修復版 DVD

図5　日本初のルプロオン著アントニオーニ本

ない主体として独りいる。続く『赤い砂漠』（一九六四）もヴィッティ主演であることから、3＋1としてひとつのグループとみられている（いささか時代がかった呼称で「実存四部作」とも）。実質上、すでに『叫び』（一九五七）で生まれていた個人へのまなざしを共通項とする。

彼の「不毛」に共鳴していた同時代の日本の映画監督に吉田喜重がいる。『太陽はひとりぼっち』評である「空間への畏れ」（一九六二）はイタリア語に訳され、アントニオーニ自身の目にもとまった。『欲望』PRのために一九六七年に一度だけ来日した折、雑誌『映画芸術』のための対談の相手にアントニオーニは吉田を指名した。吉田のアントニオーニ評は、「（作品では）なにも起らなかった」の繰り返しが印象的である。この短文で重要なのは、吉田が生涯こだわる「反映画」のモティーフが初出し、そこには「アンチ・ロマン」の問題提起がもととしてあることである。ストーリーではなく（一転して『欲望』ではコルタサルの原作があった）、もちろん自伝でもないので、一人称の映画であっても、個人の存在が特別大きくはない。代わりに、映画評論で頭角を表した矢島翠いわく、アントニオーニの映像には、男のそれではなく「女の視線によるエロティシズムがふくまれて」いる（ちなみに吉田喜重作品も然りである）。

作品に自己が希薄な代わりに、ミケランジェロとは仰々しい名前である。晩年の自己省察の自伝ドキュメンタリー『ミケランジェロのまなざし』（二〇〇四、自作自演）で、ミケランジェロの彫刻「モーセ像」と対峙し、「まなざし」を交わしあっている。

（土肥秀行）

放浪という罪

放浪する人を指すのに、「住所不定」といえば怪しげな感じがするが、「さすらいびと」と和語で言うと粋な感じさえする。「漂泊の思ひやまず、海浜にさすらへ……」「……きままなる旅にいでてみん」といったフレーズが詩情と結びつく観点からは理解しがたいことであるが、その放浪癖のために何度も逮捕され、拘置所あるいは精神病院送りとなっては逃亡を繰り返していた詩人がいた。

実社会でも詩の世界でも異端児だったディーノ・カンパーナ（1885-1932）は、その天才を狂気と結びつけて語られがちな詩人である。彼の残した唯一の詩集『オルフェウスの歌（*Canti Orfici*）』の初稿はしかし、一九一二年に書かれており、現在なら統合失調症とされる症状が発症したのはその数年後である。狂気ゆえに並外れた詩を書いた、などという説は、狂気のロマン主義的擁護とでも言おうか。すでに一五歳のときに、情緒不安定から精神病と診断されてはいるが、これがどうもあやしい。ともあれこれを理由に禁治産者とされ、比較的裕福な家に生まれたにもかかわらず一生貧乏に苦しんだこの詩人の不幸の裏には、彼を毛嫌いし、彼の弟を偏愛する母親の影が見え隠れする。彼は家族のなかでもアウトサイダーだったのである。

イタリアでは、精神病院は教会あるいは地域の行政府の管轄だったが、一八七四年以降、内務省、つまりは警察が口をはさむようになる。二〇世紀初頭には精神病院にかかわる法律が制定された。精神に異常ありとみなされた者のうち、社会にとって「危険」ないし「良識にそぐわない」とみなされる者の、精神病院への強制収容が定められた。こうして、二〇世紀後半まで、治療というより社会の治安のために精神障害者の隔離が行われた。

国家統一後の、不平分子の動きを抑えるため警察法が整備され監視体制が強化されていく、のんきに漂泊などできない時代に、ぼろをまとって無賃乗車などしていれば捕まらないほうが不思議ともいえる。しかもすでに公安は精神医療システムと連動しており、〈精神病〉のレッテルを貼られていれば精神病院に送られる道理である。

しかし、この詩人がいわゆるボヘミアン的な「呪われた詩人」たちと似て非なるのは、社会への一種の反抗から怪しい身なりで放浪していたのではなく、逆に、一見そのような振る舞いから、不審人物として排除・隔離されていった、ということである。近代以降の異端はこうしてつくられる、というひとつの悲惨な例であったが、その詩は彼の脳神経の不調とはかかわりなく評価されるべきであろう。

（林　直美）

第7章

〈イタリア人〉をつくる

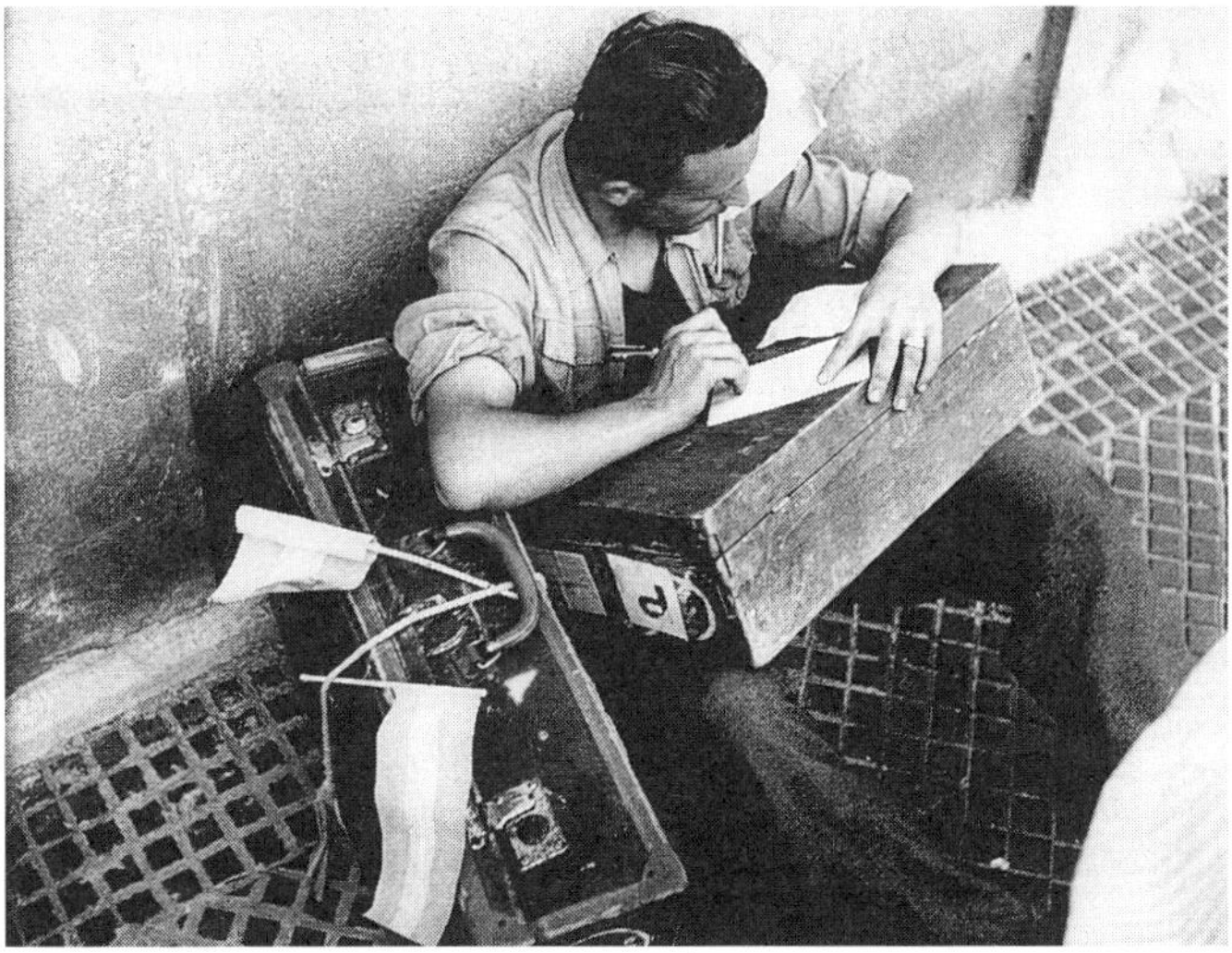

アルゼンチンへと発つ直前，手紙の清書にいそしむ移民（1947，ジェノヴァ）

かくてイタリアは為った。次に為すべきは……？

二〇〇九年に日本でも公開された『副王家の一族（*I Viceré*）』というイタリア映画がある。原案となっているのは近年再評価の機運がいちじるしいフェデリーコ・デ・ロベルトの同名小説（一八九四年発表）で、一九世紀後半のイタリア（おもにシチリアのカターニア）を舞台にしている。物語が始まる一八五三年当時、シチリアはナポリとともに「両シチリア王国」という国家の一部をなし、スペイン・ブルボン王家の支配下に置かれていた。映画の題名にある「副王」とは、王家に代わりシチリアやナポリの統治にあたっていた君主たちの称号である。イタリアの国家統一運動リソルジメント（本書[9]、40-43頁参照）、ガリバルディ率いる赤シャツ隊のシチリア上陸（一八六〇）、統一国家樹立とシチリアにまで押し寄せる「デモクラシー」の熱風……一九世紀後半のイタリアが経験した歴史のうねりを、映画はあざやかに（そしてときにグロテスクに）活写している。

「〈イタリア人〉をつくる」という本章の標題は、映画『副王家の一族』の重要なテーマのひとつでもある。物語の中盤、主人公のコンサルヴォ（「副王家」の長男）は本土からシチリア島へ船に乗って里帰りするさい、甲板で隣り合わせた幼い少女たちにこう問いかける「見事なものだ、シチリアの海岸は……きみたち、シチリア人かい？」。すると年嵩の少女がこう答える「いいえ、イタリア人よ」。この返答に、コンサルヴォはつかのま言葉を失い、それから従者にこうつぶやく「聞いたか……？　自分がイタリア人になったことを、俺たちはいまだに分かっていないんだな」。

「かくてイタリアは為った。次に為すべきはイタリア人である」イタリアの人口に広く膾炙したこのモットー（本書[37]、164-167頁参照）は、映画のなかで辛辣に皮肉られている。コンサルヴォの父ジャコモが叔母を屋敷に迎えいれるさい、屋敷の正面に掲げられた横断幕が叔母の眼にとまる。「なんだい、あれは。〈自由、万歳〉？」するとジャコモは、乾いた笑いを浮かべながら解説する「〈自由〉という言葉にはなんの意味もありませんよ。それでいて、あらゆる人間を満足させる言葉なんです……〈自由〉の意味とは、そうですね、〈かくてイタリアは為った、次に為すべきは我々のビジネスである〉といったところでしょうか」。副王家の当主ジャコモの世界観は、新国家「イタリア王国」の成立を前にしても微動だにしない。彼にとって重要なのは、時流の波を見きわめて、一族の「分け前」をぬかりなく手中に収めることだけである。同時期のシチリアを舞台にしたトマージ・ディ・ランペドゥーサの『山猫』

（ヴィスコンティの映画の原作）では、先見の明に満ちた青年貴族タンクレーディが、次のような有名な台詞を発している「すべてを変えなければならないのです。もし、すべてをもとのままに留めおきたいと思うならね」看板を替えたところで、権力の座につく人間の本質に変化はない。リソルジメントに対する諦念と冷笑が入り混じった視線を、『山猫』と『副王家の一族』は共有している。

一五〇年の悪戦苦闘

イタリアの統一からすでに一五〇年以上の時が流れた。本章が取りあつかうのは、この一世紀半のあいだ「〈イタリア人〉をつくる」ために為されてきた悪戦苦闘の軌跡である。後発国であるがゆえの急ピッチの近代化、ファシズムの昂揚とその敗北、「奇跡」の経済成長と六〇年代後半の学生運動、そして今日にいたるまでの出口のない不況……（こうして見ると、日本とイタリアの辿った道のりがじつに似かよっていることがよくわかる）。はたして「イタリア人」は無事につくられたのか。じっくりと総括する暇もないうちに、ヨーロッパにはEUが生まれ、共通通貨圏というユートピアが現実のものとなり、イタリア国民は「ヨーロッパ市民」なる新しいアイデンティティに遭遇する。さらに一九七〇年代以降には、一部の楽観主義者から「新しいイタリアの担い手」と期待され、一部の排外主義者から「古き良きイタリアの破壊者」と憎悪される移民たちが、半島にぞくぞくと押しよせてくる。そうした移民の「同化」がじゅうぶんに実現されないまま、今度はイタリアの若者が母国を見限り、祖父や曾祖父の世代のごとく、仕事を求めて国外に「移民」していく。イタリアの経済は低迷をつづけ、やがてギリシア危機が勃発する。緊縮財政を要請してくる「尊大な」ドイツにイタリア国民の不満は募り、かかる負の感情と呼応しながら、「ユーロからの離脱」を旗印とする政治組織「五つ星運動」が勢力を拡大していく。

『副王家の一族』のラストシーン、一九一八年に七七歳となったコンサルヴォが、ひとけのない国会議事堂にひとり佇んでいる。イタリアの統一から半世紀、「国家」が「国民」とのあいだに取り交わした約束はことごとく反故にされ、なにもかも以前のまま変わらなかった。悄然と虚空を見つめ、コンサルヴォは自問する。

「かくてイタリアは為った。けれどイタリア人はいつつくられるのか、答えられるものなどいるのだろうか？」

これはもちろん、今日の「イタリア人」に向けられた問いかけである。

（栗原俊秀）

47

トラスフォルミズモ——右派と左派の乗合国家

イタリア政治の悪しき本質？

イタリアの政治文化について語るさいに、「クリエンテリズモ」や「政党支配体制」などと並んでしばしば引き合いに出される用語として、「トラスフォルミズモ（trasformismo）」が挙げられる（前二者については本書51を参照）。トラスフォルミズモとはそもそも、雑多な勢力が混在する議会の運営において、重要政策を実現するための多数派形成を可能にする政治手法を指す言葉であったが、それがいつしか、イタリア政治の〈悪しき〉本質を表現するキーワードのごとくとらえられるようになった。今日、メディアがこの言葉を用いる場合、そこにはつねに否定的なニュアンスがこめられている。その言わんとするところをごく簡単に要約するならば、「己の信念や理想とは関係なしに、時流に応じて勝ち馬へと乗り換え、自己や関係者の利益の追求のみに腐心するさもしい態度」といったところになる。

図1　トラスフォルミズモの生みの親，デプレーティス

トラスフォルミズモの歴史的起源

トラスフォルミズモという言葉の起源は、一八八二年、時の首相A・デプレーティス（1813-87）が行った選挙演説のうちに求められる。同年の初め、イタリアでは選挙法が改正され、有権者の数が従来の三倍以上に膨れ上がっていた。結果として、これまで議会の外で体制批判を行っていた勢力（主に社会主義者やカトリック集団）

「もし誰かが，我々の陣営に参入することを望み，わたしの穏健な綱領を受け入れることを望み，変移して（trasformarsi）進歩主義者になることを望むなら，どうしてわたしがそのような人物を拒絶できるでしょうか？」（1882年10月８日に行われたデプレーティスの選挙演説。「トラスフォルミズモ」という用語が生まれるきっかけとなった）。

（*Enciclopedia delle scienze sociali,* Roma, Istituto della enciclopedia italiana fondata da G. Treccani, 1998, vol. 8より）

図２　多数派形成において抜群の手腕をみせた，宰相ジョリッティ

の政治への参入が現実味を増し、国政を担う政治家たちのあいだには危機感が広がった。そこで、左派の頭領だったデプレーティスは選挙演説のさなか、右派のメンバーに「変移する（trasformarsi）」ことを呼びかけ、左右の大同団結が図られたのである。狙いどおり、選挙後に右派の勢力は左派への合流を決め、かくして、「穏健な進歩派」という巨大な中道勢力が誕生した。政権は以後、法案が提出されるごとに各議員と個別に交渉にあたり、利益提供と引き換えに法案への支持を取りつけるという手法を確立させていく。デプレーティスの主導したかかる多数派工作は、やがてトラスフォルミズモの名で呼ばれるようになる。

実際、左右の対立が融解したことで議会は安定し、いくつかの重要な政策がこの時期に実現されている。一方で、国家統一の高邁な理想を掲げてリソルジメント（本書⑨参照）を闘った志士のなかには、政権中枢の身振りを「無節操な馴れ合い」とみなし糾弾するものも多かった。そうした批判にもかかわらず、多数派形成の手法としてのトラスフォルミズモは脈々と受け継がれ、イタリアの議会政治の伝統と化していく。二〇世紀初めの一五年間（イタリア史では一般に「ジョリッティ時代」と呼ばれる）には、かつて体制外の勢力として警戒されていた社会主義者やカトリック系の議員までが、トラスフォルミズモの手法によって政権に誘い入れられている。この時代は、ジョリッティを長とする「進歩派」と、ソンニーノの率いる「保守派」という、（一見したところ）対立関係にある勢力が代わる代わる政権を担っていた。ところが、両者は実際には「自由主義最大多数派」の形成を担う補完勢力であって、イデオロギーの面での差異は希薄だった。興味深いことに、急進的な社会主義者を初めて政権に迎え入れたのは「保守派」のソンニーノであり、カトリック教徒を自由主義体制に取りこむ試みに最初に着手したのは「進歩派」のジョリッティだったのである。歴史学者のなかには、「ジョリッティ時代」のこうした多数派形成手法を、「スーパー・トラスフォルミズモ」の名で呼ぶものもいる。

図3　共産主義の脅威を煽る，キリスト教民主党の選挙ポスター（1948）

生きつづけるトラスフォルミズモ

このように、一九世紀末から二〇世紀初めにかけてのイタリアは、左右の区別をなくした包摂的な中道連合によって導かれる「乗合国家」の相貌を示していた。とはいえ、ファシズムの興隆と衰亡を経たのちに共和国として再出発したイタリアにあっては、トラスフォルミズモという過去の伝統はもはや居場所を失ったように思われた。というのも、戦後のイタリア政界では、キリスト教民主党と共産党という二大政党がイデオロギーを掲げて対峙する状況が定着したため、かつて認められたような左右の「融解」は起こるべくもなかったからである。

それにもかかわらず、イタリアの政治文化のなかでトラスフォルミズモは命脈を保ちつづけた。先述のとおり、一九世紀末のトラスフォルミズモは「赤（社会主義）と黒（カトリック）」の脅威に対抗するための大同団結の試みだった。つまり、「左右」のもっとも急進的な勢力を異分子として排除することにより「あいだ」の凝集力を高め、立場も利害も相異なる構成員たちを、一挙に「中道」としてまとめあげてしまうのである。戦後イタリアの政党政治は、トラスフォルミズモのこうした性格をそっくりと受け継いでいた。一九九四年の解党にいたるまで、約半世紀にわた

図４　キリスト教民主党発足時の指導者，デ・ガスペリ

って議会の第一党として君臨したキリスト教民主党は、共産党と（ファシズム継承を掲げる）イタリア社会運動という「左右」の強力な反体制勢力に挟まれながらも、群小政党とさまざまな連立内閣を組むことにより、雑多な利害を幅広く包摂する「中道」としてつねに政権にとどまりつづけた。利権や恩恵を餌にして多数派を形成するというトラスフォルミズモの手法は、戦後の共和制下でも旺盛に用いられた。ひとたび当選したあとは有権者の意向を顧みようともせず、体制内の権力ゲームに十年一日のごとくふける「政治屋」たちの姿に、国民の不満は少しずつ、しかし着実に堆積していった。一九九二年に始まったマーニ・プリーテ（本書51参照）をきっかけに、既成政党に対する有権者の怒りはついに爆発し、五〇年近くの長きにわたって真の政権交代を経験してこなかったイタリア政界から、「万年与党」たるキリスト教民主党が退場する仕儀となった。

戦後のイタリア政治を取り仕切ってきた主要政党が、九〇年代半ばにことごとく姿を消して以降、イタリアの選挙は「中道左派」と「中道右派」の二極が政権獲得を目指して相争うという形式に落ち着いている。「左右の諸利害を幅広く抱きこんだ中道政権」が消滅した以上は、今度こそトラスフォルミズモの伝統も潰えたかのように見える。それでも、この用語自体は、「原理・原則を持たないまま私利私欲の追及に走り、時宜に応じて有利な勢力に加担する順応主義」という意を担わされ、新聞や雑誌で現在もことあるごとにお目にかかる。イタリア人がトラスフォルミズモを、「今なお生きつづける悪しき伝統」ととらえていることは確かであり、「政治屋」たちへの不信と軽蔑は、依然として根深いままである。

（栗原俊秀）

48

ファシズムとレジスタンス――「解放」という歴史認識

図1　ローマ進軍

図2　ファシズム政権のプロパガンダ

ファシズムの台頭と独裁体制

第一次世界大戦後のイタリアでは、経済危機をはじめとするさまざまな社会問題が噴出し、デモやストライキ、工場占拠・土地占拠など、左派の社会運動が興隆した。その一方で、勢いを増す社会運動に不満や危機感を持つイタリア人も少なくなかった。こうした状況のなか、ムッソリーニ（1883-1945）は、一九一九年、ファシスト組織「イタリア戦闘ファッシ」を設立する。社会党や共産党を批判し、国家主義的なファシズムの理念を訴えることにより支持者を増やしていくとともに、暴力による対抗勢力の攻撃・排除も行った。一九二二年、ムッソリーニはローマ進軍によって政権を取り、一九二六年には一党独裁体制を確立した。

ファシズム政権は暴力や強引な法制定によって国民を統制することだけではなく、さまざまな文化政策やプロパガンダを通して国民の支持を得ることにも力を注いだ。たとえば、スポーツ振興や娯楽・余暇活動の推進、青少年組織の設立、ニュース映画の製作などがその例として挙げられる。文学や芸術の分野では、体制によって唯一の一貫したモデルが提示されることはなく、ファシズム期には、未来派をはじめとするさまざまな文学・芸術運動が展開された。ファシズム政権内部にも、伝統主義と近代主義とが共存・葛藤しており、体制は古代ローマ帝国の文化を理想として掲げながら、近代性をもうひとつの理想として掲げていた。少なくとも一九三〇年

図3　ファシズム政権のプロパガンダ。「映画は最強の武器である」と書かれている

図4　ムッソリーニの顔を用いたフォトモンタージュ。ムッソリーニはこのフォトモンタージュの流通を禁止した

代前半までは、外国文化の流入に対しても体制は比較的寛容であり、各地で多くのアメリカ映画が上映されていた。また、映画がもつ大衆への影響力に注目したムッソリーニは、ハリウッドに倣ってローマに映画撮影所チネチッタを建設した。チネチッタでは、あからさまなプロパガンダ映画よりも、大衆の現実逃避を助けるような娯楽性の強いコメディーやメロドラマが数多く製作された。こうしたファシズム期の映画製作からは、後にネオレアリズモ映画を生む土壌が作られた。

　一九三〇年代、イタリアは帝国主義的傾向を強め、国内の文化的な締め付けも厳しくなっていった。一九三五年のエチオピア侵攻や一九三六年のスペイン内戦介入によって、イタリアは国際社会で孤立し始め、ナチスドイツに接近していった。一九三八年には「人種法」が設定され、これによって多くのユダヤ人が迫害された。そして、一九四〇年、イタリアは枢軸国として第二次世界大戦に参戦した。

レジスタンスとイタリアの「解放」

　ファシズム政権成立当時から、イタリアでは反ファシズム活動がさまざまな形で展開されたが、こうした活動は弾圧され、多くの反ファシストが逮捕・投獄・流刑された。しかし、イタリアの参戦後、戦況が劣勢になり連合軍がシチリアに上陸すると、政権内部でもムッソリーニ批判が高まり、一九四三年、ムッソリーニは解任された。新たな首相になったバドリオ元帥（1871-1956）は連合軍側と休戦協定を結んだため、イタリアはドイツ軍の占領下におかれることとなった。ムッソリーニはその後北イタリアの町サロに逃亡し、「イタリア社会共和国」を設立した。そのた

図５　共産党系のレジスタンス組織「ガリバルディ旅団」のパルチザン

図６　処刑場に連行されるパルチザン

めイタリアは政治的に分裂し、各地で戦闘が繰り広げられた。イタリア南部は比較的早い段階で連合軍によって解放されたが、イタリア中部・北部では、長期にわたって「ナチファシスト（ドイツ軍とムッソリーニ新政権）」に対するイタリア市民のレジスタンス（抵抗活動）が行われた。とくに連合軍の到着が遅れた北イタリアでは、長期にわたってナチファシストとの激しい戦闘が続いた。武装したパルチザンは、主に山間部を拠点とし、ナチファシストにゲリラ的な攻撃を行った。レジスタンスの参加者は多様であり、最大の勢力であった共産党系組織以外にも、行動党系・社会党系・キリスト教民主党系などさまざまな組織が存在した。また食料や隠れ家の提供など、非武装市民の協力も非常に重要な役割を果たした。この時期には、ドイツ軍の報復や見せしめによって、パルチザンだけでなく多くの非武装市民が犠牲になった。また、ドイツ占領時代のイタリアでは、多くのユダヤ人が強制収容所に送られた。

　長期にわたる抵抗運動の結果、一九四五年にはすべての都市がドイツ軍から解放され、イタリアは終戦を迎えた。ドイツや日本とは異なるこうした歴史的経緯のため、イタリアでは終戦が「敗戦」ではなく「解放」としてとらえられることになった。イタリア北部の主要都市で一斉蜂起が行われた四月二五日は「解放記念日」として重要な祝日になっており、毎年各地で記念式典が催される。また、レジスタンスは、新たなイタリアをつくるための「政治的な目覚め」「新たなリソルジメント（イタリア統一運動）」の時期として認識・記憶されてきた。レジスタンスの経験は、戦後イタリアの歴史認識と国家アイデンティティの根幹を支えてきたといえる。そ

図8　少年の目を通してレジスタンスを描いたイタロ・カルヴィーノ（1923–85）の小説『くもの巣の小道』（1947出版）

図7　ユダヤ系イタリア人作家プリモ・レーヴィ（1919–87）がアウシュヴィッツ強制収容所での自らの体験を記した作品『Se questo è un uomo（これが人間か）』（1947出版）。日本語訳は『アウシュヴィッツは終わらない――あるイタリア人生存者の考察』

のため、レジスタンスの経験は、戦争直後から現在まで多くの文学や映画にも描かれてきた。とくにネオレアリズモの映画・文学とレジスタンスは密接に結びついている。

戦後処理や歴史認識をめぐる問題

ただし、戦後のイタリアは、ファシズムとレジスタンスの歴史をめぐってさまざまな矛盾や問題も抱えることになった。まず、レジスタンスが国家の基盤として称揚される一方で、その中心を担った共産党系パルチザンが国政の中心から外されたという捻れが挙げられる。レジスタンス期には反ファシズムという共通項で連帯していた人々は戦後ふたたび分裂し、冷戦を背景にキリスト教民主党と共産党との対立が深まった。左翼知識人は文化の領域で大きな影響力をもったものの、アメリカが共産党を警戒したこともあり、政権にはキリスト教民主党が君臨し続けた。また、冷戦の影響で、元ファシスト幹部や戦争犯罪者の責任追及が十分に行われなかったという問題もある。さらに、レジスタンスが国の誇りとして語られ続ける一方で、ファシズム政権への合意や、植民地での残虐行為、ユダヤ人迫害などの負の歴史についての反省が十分に行われてこなかったという問題もある。戦後もネオファシスト系の政党や組織は存在し、現在も若者を取り込みながらさまざまな形で活動している。また、一九九〇年代以降は歴史修正主義をめぐる論争が起こっており、直接的な記憶を持つ人々が少なくなっていくなか、どうファシズムやレジスタンスの歴史を語るのかが非常に重要な問題となっている。

（小久保真理江）

49

鉛の時代——テロリズムのイタリア

図１　爆破されたミラノの農業銀行

緊張の戦略

一九六九年一二月一二日午後四時三七分、ミラノのフォンターナ広場にある農業銀行で爆弾が爆発し、死者一六名、負傷者八八名をだす大惨事となった。同日、同じミラノ市内の商業銀行では不発の爆弾が発見され、首都ローマでも三カ所で爆弾が爆発し一七名が負傷するという、広範囲にわたる同時多発テロとなった。このフォンターナ事件をきっかけに、さまざまな組織やグループによる爆弾・誘拐・銃撃事件が頻発する。七〇年代の「鉛の時代」の始まりである。

農業銀行の待合室に仕掛けられた爆弾は、政治家や政党施設ではない一般市民を標的とした、無差別テロの性格を示している。その後、一九七四年八月四日の列車イタルクスに仕掛けられた爆弾（死者一二名、負傷者一〇五名）、同年五月二八日のブレーシャのデッラ・ロッジャ広場での反ファシズムデモでの爆弾（死者八名、負傷者一〇二名）、一九八〇年八月二日のボローニャ駅の爆弾（死者八五名、負傷者二百名以上）などにより多数の人々が犠牲となった。

「緊張の戦略」と呼ばれるこれらのテロの目標は、国民の不安を煽り、軍による政治介入を引き起こす、あるいは公的秩序を口実として強権的政策を進めることであり、その背景には、六〇年代末の学生運動と「熱い秋」と呼ばれた労働争議の波に対する保守層の危機感があるとされる。

図２　占拠された大学

右翼のテロ

フォンターナ事件直後、アナーキストの犯行とみなされたが、その後、ネオファシズム集団「新秩序」によるものと判明した。ネオファシズムは一九四七年に「イタリア社会運動」を結成して以来、南部を中心に政治勢力を強め、周囲には反共産主義のスローガンのもと、さまざまな極右グループが集まっていた。こうしたグループは、占拠された大学や工場、街頭での騒乱で暴力をふるい、左翼活動家だけでなく、警察官までも標的とするようになっていく。

長期化した捜査と裁判の過程で、容疑者の海外逃亡を援助していた国防情報局の関与と捜査妨害が明らかになる。体制に対する国民の不信感は高まり、民主主義の危機感が強まった。

東西冷戦の当時、一九六七年にギリシアで、一九七三年にはチリで、軍事クーデタが起きていた。イタリアでも、一九六七年に週刊誌『エスプレッソ』が一九六四年の軍部のクーデタ計画について報じていたし、一九七〇年一二月には、イタリア社会共和国の海軍司令官であった極右のユニオ・ヴァレリオ・ボルゲーゼ（1906-74）が内務省を占拠するクーデタ未遂が起きた。こうした事件も緊張の戦略の枠でみることができるだろう。

「赤い旅団」

当初、左派によるテロはないと思われていた。しかし緊張の戦略に対し、左翼の側でも武装して抵抗する動きが生じた。ジャンジャコモ・フェルトリネッリ

図3　爆死したフェルトリネッリ

図4　「赤い旅団」メンバーの裁判

（1926-72）が組織した非合法組織GAPはその一例である。大富豪であるフェルトリネッリが自らの爆弾によって爆死した事件は大きな衝撃を与えた。

そして、学生運動に参加した若者から、マルクス・レーニン主義革命を目指して武器を手にした過激派が誕生する。もっとも有名なものが一九七〇年にミラノで結成された「赤い旅団」である。活動初期は、大企業役員を誘拐し「人民裁判」にかけるという示威行動によって左派大衆層から支持を得ようとしたが、次第に標的を司法官や政治家に拡大し、脅迫のために膝を打ち抜くなど、暴力をエスカレートさせていく。対して国の側でも、一九七四年のカルロ・アルベルト・ダッラ・キエーザ将軍（1920-82）による対テロ特別チームの設置、一九七五年の対テロ法などの対策を講じ、設立者の一人であるレナート・クルチョ（1941-）の逮捕といった成果をあげつつあった。

モーロ事件

追い詰められた「赤い旅団」は、キリスト教民主党総裁アルド・モーロ（1916-78）を狙った。一九七八年三月一六日、議会へ向かうモーロを乗せた車を襲撃し、護衛五名を射殺、モーロを誘拐したのである。まさに「国家の中枢」に対する攻撃であり、「赤い旅団」のテロの頂点に位置する。

五月九日にローマ市内に駐車された車のなかでモーロの遺体が発見されるまでの緊迫した五五日間、監禁場所の大規模な捜索が続く一方で、テロリストとの交渉をめぐって強硬論と柔軟論が対立した。「赤い旅団」は、「人民裁判」が進行中である

図５　誘拐されたモーロ

図６　モーロの遺体発見

という犯行声明とともに、交渉を促すモーロの書簡を公開することで政府に揺さぶりをかけるという情報戦を展開し、マスコミのあいだでテロ報道のあり方について議論がわきおこった。

その後、「赤い旅団」は警官やジャーナリスト、さらには労働組合員まで殺害するようになり、左派大衆の支持を失って孤立していくが、八〇年代に入っても活動はつづき、四百件以上の事件を起こし、五〇名を殺害、数百人を負傷させた。

情報戦略としてのテロ

コミュニケーションの観点からテロ行為をみると、不特定多数の一般人を巻き込む爆弾事件も、政財界の大物を狙った誘拐事件も、「犠牲者を通じて社会政治的メッセージを発することを主眼とした暴力行為」と定義できるだろう。通常、個人的動機による殺人や、戦争における殺害には、そうしたメッセージ性は見られない。

たんに暴力によって標的を排除することが主要な目的ではなく、その事件に関する情報や象徴的な意味が重要になってくる。したがって、犯行をアナーキストの仕業にみせようとした情報部や、モーロの手紙を公開した「赤い旅団」のように、つねに情報操作が行われ、首謀者が事件に込めたメッセージと意図は明確にならず、裁判が結審しても、憶測と疑問が残る。鉛の時代が終わった現在でも、テロ事件はイタリア社会に大きな影を投げかけている。半世紀近くが経過して当時の関係者の証言や資料が増えても、真相解明に向かうことはなく、むしろすべての謎をひとつの構図で説明しようとする陰謀論の温床となっている。

（橋本勝雄）

50 共産党解体とベルルスコニズモ——新たな政治家のすがた

戦後の政党支配体制

イタリアにおいて、政党は総じて強い権限を持ち、その影響力は公共・民間を問わず、司法、教育、保健衛生など、さまざまな市民の社会生活に及ぶが、このような強力な政党支配体制を、Partitocrazia《パルティトクラツィーア》と呼ぶ。その背景には、一九四三年七月のファシズム政権崩壊後、共産党（PCI）、労働民主党、自由党（PLI）、社会党（PSI）、キリスト教民主党（DC）、行動党（Pd'A）らの反ファシズム諸政党からなる国民解放委員会（CLN）が、北部におけるレジスタンス運動で中心的役割を担って政治的存在感を強め、後にこれを基盤としてサレルノでバドリオ国民統一内閣が結成されたという歴史がある（サレルノ転換）。

選挙でひとつの政党が過半数議席を獲得することが少ないイタリアでは、ほとんどの場合、連立政権でもって政党政治が営まれてきた。戦後、国内では左派勢力の躍進がめざましく、西欧のうちでもっとも共産党の強力な国であったが、イタリアのNATO（北大西洋条約機構）への帰属、カトリック教会の根強い影響力という地政的な要因もあって、議席は穏健な中道右派が多数を占めることが多かった。なかでもDCは、一九四四年から九四年の解体まで、他政党との連立を繰り返しながら五〇年ものあいだ、つねに与党として君臨した。

図１　イタリア共産党創設者の一人，グラムシ

図２　社会党書記長も務めたクラクシ

一九九〇年代の変換期

戦後から大きな変化もなしに継続していた政党支配体制が、国内外の要因によって著しく変化するのは、九〇年代のことである。まず、八九年ベルリンの壁が崩壊したことで、ＰＣＩは方向転換を迫られ、九一年「左翼民主党（ＰＤＳ）」と党名を改め、マルクス主義と決別し、社会民主主義的な路線を標榜した。この動きに反対する党内の左派グループは、離党して「共産主義再建党（ＲＣ）」を立ち上げた。こうして、一九二一年にアントニオ・グラムシ（1891-1937）らによって創設され、その後のイタリア政治に大きな影響を与えた西欧最大の共産党は解体した。国内では、九二年より政界の汚職が次々と摘発され、当時政界の重鎮であった社会党党首のベッティーノ・クラクシ（1934-2000）が検挙されると、彼の活動本拠地ミラノは、「賄賂都市《タンジェントーポリ》」と皮肉られた。この汚職捜査により、ＤＣ、ＰＳＩをはじめとする複数の政党が大打撃を受け、大政党では、唯一ＰＤＳがなんとか体面を保ったが、いずれにしても、これが伝統的な政党支配体制崩壊の端緒となった。同年、マフィア大裁判の立役者、ファルコーネ刑事局長とボルセッリーノ判事が相次いでマフィアの仕掛けた爆弾によって殺害された。あまりに残虐な犯罪組織の暴挙に、国民の怒りは、マフィアとの癒着が噂されたＤＣのアンドレオッティ（1919-2013）などの政治家、および国民を守る力を持たない政界全体に向けられた。政治家の汚職事件や、犯罪組織との癒着が立て続けに公になったことで、人々はそれまでの体制に批判的になり、政治不信の傾向を強めたのである。

国民が政治の刷新を求めていた、九〇年代のこの時期に台頭したのが、

図3　シルヴィオ・ベルルスコーニ

「北部同盟《レーガ・ノルド》」である。北部同盟は、中央政権が、北部で徴収した税金を南部の発展につぎ込んでいると主張し、イタリアを北部・中部・南部に分割する連邦制を掲げ、北部に流入する国内外の移民に対して排他的な姿勢を取った。こうした動きに加え、九三年には、前述のクラクシとも親交の厚い資産家、シルヴィオ・ベルルスコーニ（1936-）が政界への進出を宣言し、フォルツァ・イタリア（ＦＩ）を創設した。こうしてイタリアは、新たな政治の局面を迎えたのである。

ベルルスコニズモ

ベルルスコニズモとは、ベルルスコーニの政治姿勢・活動全般を指す造語である。ミラノ出身の彼は、政界進出を果たす前から、世界でも長者番付に載るほどの企業家として名を馳せていた。まず建築業の分野で富を築き、一九七八年に「フィニンヴェスト」という企業グループを設立、八〇年代にはセリエＡの人気チーム「ＡＣミラン」のオーナーとなり、後に大手出版社モンダドーリをも買収した。さらに、九三年には民放会社「メディアセット」を興し、三つのチャンネルを所有してメディアの帝王と呼ばれた。九三年、左翼の進出と司法府の〝過剰な権力〟を阻む必要を叫び、選挙に出馬することを発表し、ＦＩを立ち上げた。

当初、彼の人物像はイタリア国民に目新しく映った。一代で財を築いた投資家で、比較的若く（当時五〇歳代後半）、未だ汚職《タンジェントーポリ》に冒されていない男、というわけである。自らの所有するメディアを駆使して、堂々と演説をする姿に、ある種のカリスマ性を認めた人もあった。こうして、左派優勢とみられていた九四年三月の選挙

図４　ベルルスコーニに対するデモの様子

戦では多くの票を得て、自らを中心とした右派政権を誕生させた。第一次ベルルスコーニ内閣は、首相自身が過去の贈賄容疑で取り調べを受け、同年一二月に総辞職するものの、二〇〇一年五月の総選挙では右派連合「自由の家」（FI、北部同盟、国民同盟など）が大勝利を収め、六月、第二次ベルルスコーニ内閣が成立する。この内閣のもとで、移民、労働、司法などに関して、しばしば強引な採決が行われた。女性に対する数々の失言や、冗談めかした人種差別的発言など、日本ではおもしろおかしく報じられることが多かった彼の言動は、イタリア国内ではしばしば重大な問題として取り上げられた。また、芸術や文教をないがしろにした政策や、民放会社オーナーとしての立場を利用した過剰なメディア操作に対し、教育や文化の貧困化が懸念され、現に多くの抗議行動も起こった。

ベルルスコーニを中心とする議会の特徴のひとつで、もっとも批判の種となったのは、自らとその友人の便宜を計るために、司法制度改革まで行ったことである。自身も議員買収、未成年者の売春斡旋などで幾度となく取り調べを受けたが、その都度、大統領や首相を含む要人の、任期中の刑事訴追免除を定める法を制定するなど、常識では考えられないようなことをやってのけたのである（これに関しては憲法裁判所が「すべての市民の法の前での平等」に反するとして違憲とした）。あの手この手で実刑を免れてきたベルルスコーニだが、二〇一三年八月、最高裁が脱税による確定判決を言い渡し、四年間の公務禁止と一年間の社会奉仕が義務づけられた。こうして彼はひとまず政治の表舞台から去ることにはなったが、その隠然たる影響力が取り沙汰されることも多く、その動向は現在も国内外のメディアの関心を集めている。（柴田瑞枝）

51

汚職——日常を覆す「汚れた手《タンジェントポリ》」と「きれいな手《マーニ・プリーテ》」

以下に引くのは，1992年7月3日の，法廷におけるベッティーノ・クラクシの陳述である。それまで一貫して容疑を否認してきたクラクシであったが，関係者たちが続々と自供におよぶなか，方針を転換せざるを得なくなる。「イタリアにおいて諸政党が不正会計に手を染めている指摘は，広く知られた真実であります。[……] 誰もが知っていることを話さなければなりません。つまり，官庁の会計の大部分は不正に営まれているということです。[……] この点にかんしてはどの政党も，ほかを責めることはできません」

（G. Barbacetto, P. Gomez, M. Travaglio, *Mani Pulite: la vera storia, 20 anni dopo*, Chiarelettere, Milano, 2012）

「清い手」によって暴かれた「賄賂都市」

一九九二年二月一九日、ミラノにある「トリヴルツィオ養護老人ホーム」の理事長が、収賄の罪で現行犯逮捕された。地元の小さな清掃業者から、入札のさいに便宜を図る見返りとして「袖の下」を受けとっていたのである。理事長は、当時の政権与党のメンバーだった社会党の党員であり、ミラノ市長選への出馬を控えていた。この知らせはただちに新聞の一面やテレビのニュースで取り上げられ、社会党はスキャンダルの火消しに躍起になった。かつては首相を経験したこともある社会党の党首ベッティーノ・クラクシ（1934-2000）は、この理事長はあくまで「小狡い独り者」であって、「ミラノ行政においては、過去五〇年にわたって、社会党員がかかる犯罪に手を染めたことは一度たりともない」と断言した。

もちろん、政治家のこうした言葉を素直に信用するほどイタリア人はお人好しではない。汚職による贈収賄が自国の政治文化を度し難いほどに蝕んでいることを、多くの国民は重々承知していた。しかし、それでもなお、検察のその後の捜査が明るみに出した事態は、大方のイタリア人の想像をはるかに超えていた。逮捕された老人ホーム理事長の告白がきっかけとなり、さまざまな収賄がドミノ倒し的に次々と摘発され、北から南までの津々浦々、トップから末端まで、政・官・財のあらゆる階層の汚職が白日のもとにさらされたのである。「小狡い独り者」と理事長を罵

図１　マーニ・プリーテの発端となった老人ホームの前に立つ，抗議Ｔシャツを着た婦人

図２　タンジェントーポリの発覚を受けて，地元自治体に抗議するミラノ市民

倒したクラクシのもとには、まさしく天文学的な金額の賄賂が流れこんでいた。ミラノ地検を中心としたこれら一連の捜査は「マーニ・プリーテ（清い手）」と呼ばれ、汚職に浸かりきったイタリアの政財界は「タンジェントーポリ（賄賂都市）」と名づけられた。なお、タンジェントーポリ（tangentopoli）という言葉は、「分け前・仲介料」を意味する tangente という語に、「都市（ポリス）」を意味する接尾辞 -poli が結びついてできた合成語である。

「クライエンテリズム」と「政党支配体制」

かくも大規模な構造的汚職がまかりとおったのはなぜなのか。その理由の一端として挙げられるのが、「クライエンテリズム」と「政党支配体制」という、イタリアの政治文化を形づくる二つの重要な特徴である。

クライエンテリズム（イタリア語では「クリエンテリズモ（clientelismo）」）とは、弱い立場にある人間から差し出された忠誠の見返りとして、強い立場にある人間が庇護を与えるという社会的交換の一種で、簡単に言えば「親分‐子分」、「パトロン‐クライアント」のあいだに見られる関係性のことである。一八六一年に統一国家としての産声を上げたイタリアは、ヨーロッパにおける地位を確固たるものとするため性急な中央集権化を進め、国家と市民のあいだを結びつけるはずの諸団体（たとえばカトリック教会や職人団体、あるいは新たに誕生してきた労働組合など）の活動に強い抑圧をくわえた。結果として、民衆の要求を政治に汲みあげるための回路が機能不全に陥り、鬱屈とした不満が社会に広がっていった。こうした状況の改善のため

図3　ベッティーノ・クラクシ（左）と，盟友アルナルド・フォルラーニ

に国家の指導層が利用したのが、統一前から半島各地に根を張っていた地方名望家のネットワークである。彼らは各地域の「親分」として議会に乗りこみ、「子分」たちの要望を中央政界に伝える役割を担うこととなった。かくして、国家から施される「分け前（仕事、年金、助成金など）」に与るためには、特定の個人（親分）の影響力に過度に依存せざるをえないという、（やや歪んだ）社会の仕組みが出来上がったのである。

そして、クライエンテリズムの文化は第二次大戦後、政党という名の「親分」によって引き継がれる。中央政府と国民の独占的な仲介者となった政党は、国家の金脈と人脈を分割掌握し、便益の斡旋をとおして有権者たち（子分）を意のままに操った。自治体や銀行への就職を望むにせよ、公共事業への参加を狙うにせよ、子分はつねに親分の「好意」にすがる必要があった。政党がこのような絶対的な影響力をふるうイタリアの政治システムは、しばしば蔑みとともに「政党支配体制（パルティートクラツィア）」と呼ばれ、汚職の温床として見なされてきた。

冒頭で触れたミラノの老人ホーム理事長は、周囲とくらべて別段「小狡く」振舞ったわけではなく、政界に広く浸透した慣習に素直に従っただけともいえる。一九九二年に始まったマーニ・プリーテは、イタリアの政治文化に巣食うかかる歴史的な宿痾に対し、大胆なメスを入れることになった。

「第一共和制」の終わり

マーニ・プリーテは一般に、イタリア現代史の重要な転換点ととらえられている。

図４　マーニ・プリーテを主導したディ・ピエトロ検事（左）は，のちに政界入りを果たす

戦後長らくつづいてきた「第一共和制（prima repubblica）」という政治システムが、この捜査を直接のきっかけとして終焉に向かったからである。

　戦後のイタリア政治は、キリスト教民主党という「万年与党」の主導のもとに、社会党やそのほかの群小政党（おもに社会民主党、共和党、自由党）が時宜に応じて連立政権に参加するかたちで営まれてきた。これが「第一共和制」と呼ばれる政治体制であるが、その主要な担い手であった諸政党は、マーニ・プリーテの捜査によってことごとく壊滅的な打撃を被った。次から次へと明るみに出る汚職の実態を目の当りにして、「政党支配体制」に対する国民の怒りは頂点に達し、一九九四年一月、ついにキリスト教民主党は解党の運びとなった。社会党を含め、そのほかの連立与党も軒並み政治の世界から退場していくなか、流星のごとく姿を現わしたのがベルルスコーニ（本書50参照）である。一九九四年一月に新政党「フォルツァ・イタリア（がんばれイタリア）」を結党、三月に両院選挙で勝利、五月に首相に就任と、この「メディアの帝王」はわずか半年足らずで、イタリア政界の頂点に上りつめた。こうして、イタリアの政治体制は（少なくとも表向きは）大きな転換期を迎え、第一共和制から第二共和制へ移行したという認識が広く定着していった。

　もっとも、イタリアの政官業に蔓延していた汚職はその後、検察の目をすり抜けるためにより洗練された形式へと進化を遂げ、不正行為の病根はかつて以上に深まっている。この現実は、司法による社会改革の限界（というより不可能性）を物語るものであり、一国の政治文化を刷新するにはけっきょくのところ、対話や教育を通して国民の意識変革を図るしかないということを伝えている。

（栗原俊秀）

52
移民問題——「ヴクンプラ」からボートピープルまで

図1　ニューヨークに到着したばかりのイタリア移民（1910）

「エミグラート」と「インミグラート」

日本語の「移民」に相当する語は、イタリア語では二つに分けられる。自国から他国へ出ていく「エミグラート（emigrato）」と、他国から自国へ入ってくる「インミグラート（immigrato）」の二語である。一八六一年の国家統一から一九七〇年代までの長きにわたり、イタリアは「エミグラート」の送り出し国として知られていた。約一世紀のあいだに国外へと移住していったイタリア人の数はじつに、のべ二七〇〇万人にもおよぶ。移住先に根を張ったまま帰国することのなかった移民も数多く、今日では、イタリア本国の人口に匹敵する数の「イタリア系市民」が、アメリカ、ブラジル、アルゼンチンやオーストラリアなど、世界各地で生活を営んでいる。

一九五〇年代後半から数年のあいだ、イタリア経済は空前の高度成長を成し遂げ、この時期を境にして、仕事を求め国外に旅立つ「エミグラート」は急速に減少していく。一九七〇年代の半ばにはついに、建国以来初めて「エミグラート」と「インミグラート」の数が逆転することになる。以後、国内に暮らす外国人の数は増加の一途をたどり、イタリアは現在に至るまで、移民という「内なる他者」との向き合い方を模索しつづけている。

図2　ニューヨークの街並を眺めるイタリア移民

図3　滞在許可証の申請のために，警察署の前で列をなす移民たち（1998，ナポリ）

ヴクンプラ

一九七〇年代から九〇年代の初めまで、イタリアにおける「移民」とは「外国人労働者」のことにほかならなかった。経済大国へと変貌を遂げたイタリアは今や、世界のさまざまな地域から移民を引き寄せる立場にあった。一九八〇年の時点では、滞在許可証を所持している外国人（つまり、合法的にイタリアに滞在している外国人）の総数は約二〇万人であったのに対し、一〇年後の一九九〇年には、その数が約五五万人にまで増加している。

くわえて、こうした公けの数字には組み込まれない不法滞在者がつねに存在し、かつても今も、各種の闇労働に従事している。その象徴ともいえるのが、ローマのような観光都市ではすでに馴染みの風景の一部と化している、「ヴクンプラ（vu-cumprà）」なる行商人たちである。通行人に声をかけるさい、「ヴオイ・コンプラーレ？（買うかい？）」と言うべきところを、イタリア語の正しい発音を習得していないがために「ヴ・クンプラ？」と言ってしまうところから、このような蔑称が生まれたとされている（この呼び名から、移民へと注がれるイタリア人の眼差しの一端がうかがい知れる）。主にモロッコなど北アフリカの出身者であるヴクンプラは、自治体の許可を取ることなく路上に店を広げ、しかも取り扱う商品がことごとく偽ブランド品であるために、警察からすればまぎれもない犯罪者にあたる。

もちろん、ヴクンプラはあくまで、イタリアに暮らす外国人労働者のやや極端な一例にすぎないが、大多数の移民が従事しているより「穏当」な職であっても、低賃金かつ重労働、そして不安定な勤務形態という点については変わるところがない。

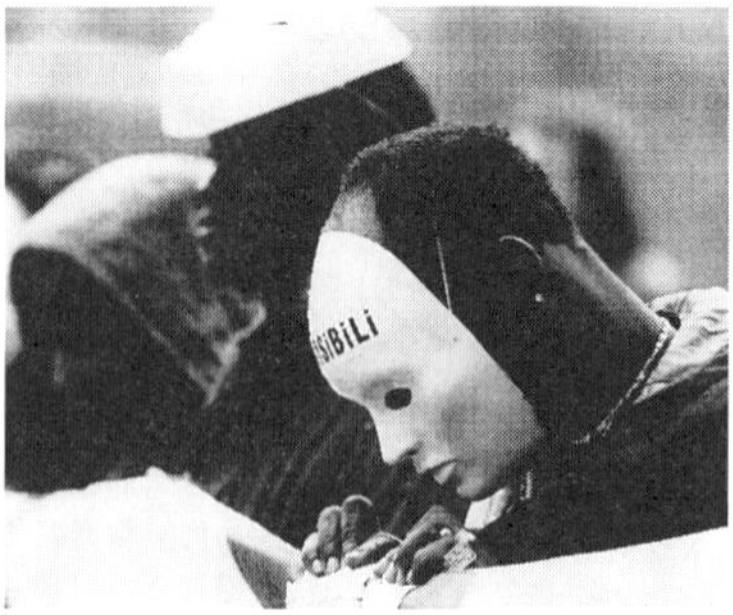

図4　イタリアの移民政策に抗議する人々（2004，ローマ）

図5　人種差別反対を訴えるデモ行進（2012，ローマ）

現在ではサービス業（ホテル・レストラン・家事労働・介護労働）、工業、そして農業といった分野が、移民労働力の主な受け皿となっている。トマトやオリーブ、さらには葡萄など、イタリアの「食」の根幹をなす農作物の収穫作業は、今日ではもはや、移民がいなくては成り立たないのが実情である。あるいは、日本に匹敵する超高齢化社会のイタリアでは、東欧やアジアからの移民女性たちが、介護の担い手として重要な労働力を提供している。これらはいずれも、現代のイタリア人が就業を忌避している職種であり、手軽で安価な解決策として移民が利用されている現実は否みようがない。

ここで忘れずに指摘しておきたいのは、今日のイタリアで移民たちが従事している労働の多くが、「かつて大量移民の時代にイタリア人移民が経験した職種とかなり重なる」（北村暁夫）という歴史的な事実である。外国人労働者はイタリア人にとって、「他者」として単純に片づけられない、自らの過去を映し出す鏡のごとき存在であるといえるだろう（五〇年代のドイツを舞台にしたフランチェスコ・ロージ監督の『メリヤス売り』というフィルムには、イタリアからやってきた織物商たちの活躍が収められているが、彼らは言うなればイタリア版の「ヴクンプラ」たちである）。

ボートピープル

一九九〇年代以降、イタリアに流入する移民に新しいカテゴリーが加わる。「難民」と呼ばれる人々である。二〇世紀の最後の一〇年間にはアドリア海の向こう岸から、夥しい数のアルバニア人難民がイタリアへと流れ着いた。テレビ画面の向こ

図6　南伊カラブリアに流れ着いた難民たち（2000）

図7　北アフリカからシチリアへ到着したばかりの移民たち（2014年9月）

うに漂う、甲板の上ですし詰めになった「ボートピープル」の姿は、イタリア国民に強烈な衝撃を与えた。九七年には、一二〇人のアルバニア人を載せた小型の哨戒船に対し、難民の上陸を妨害しようとしたイタリア海軍の軍艦が衝突し、百人近い人命が失われるという悲劇が起こっている。

さらに近年は、「アラブの春」や、その影響を受けて始まったシリア内戦が引き金となり、北アフリカからの難民が大挙してイタリアへと押し寄せている。イタリアの最南端に位置するランペドゥーサ島では、二〇一四年の八月だけで、約一万人の難民が保護されている。それは文字通り命がけの航海であり、二〇一三年一〇月三日にランペドゥーサ沖で起きた転覆事故のさいには、三六六人の難民が命を落とした。そして、それからわずか八日後の一〇月一一日、今度はマルタ島沖で難民を載せた船が遭難し、二六八人が還らぬ人となっている。イタリアのあるジャーナリストの言葉にあるとおり、地中海はここ数年のあいだに、「巨大な共同墓地」（Davide Camarrone）と化してしまった。そして、無事にイタリアの土を踏んだ難民たちもまた、「救助・歓待センター」という名のラーゲリ（強制収容所）にて、想像を絶するほどに劣悪な住環境に耐えながら、苦難の日々を送っている。

現在、イタリアに（正規の資格を持って）暮らす外国人の数は四五〇万人を超え、総人口の七・五％を占めるにいたっている。移民という内なる他者と、いかにしてともに生きるか。それはけっして、イタリアだけ、ヨーロッパだけに向けられた問いかけではない。

（栗原俊秀）

53

プレカリアートと人材流失――働くとは何か

プレカリアートと映画――時代を映すテーマ

プレカリアートと人材流失の問題は現代イタリアを語るに避けては通れない。実際に、近年のイタリア映画で同主題を扱う作品は枚挙に遑《いとま》がない。

ここ一〇年内に発表された作品に限ってみても、まず、『プレカリオによる福音書』（二〇〇五）がある。ネット上で寄付を募り、また各労働組合の協賛を得て低予算で制作されたこの作品では、四人の若者の過酷な労働環境が語られる。タイトルで聖人になぞらえられるプレカリアートの現状に再考をうながす作品として注目を集めた。また、パオロ・ヴィルツィ（1964-）監督作品『見わたすかぎり人生』（二〇〇八）は、ローマ大学哲学科を最優秀の成績で卒業しながら、仕事探しが難航し、住みこみのベビーシッターをしながらコールセンターで働くことになる二五歳の女性マルタの物語だ。『コールセンターからの逃走』（二〇一〇）も同じく、大学を優秀な成績で卒業しながら職が見つからず、コールセンターに落ち着く地震学者の卵の顛末を描く。『月収一〇〇〇ユーロ世代』（二〇〇九）の主人公マッテオは、数学の並外れた才能に恵まれ、研究者として将来を嘱望されながらも、生活のために有期契約で働かざるをえない。これらの作品からは、不安定な労働状況にあえぐ、「高学歴の若者」の姿が浮かび上がってくる。さらに一九八〇年代生まれの俊英シドニー・シビリアが、長編デビュー作『いつだってやめられる』（二〇一四）で描き

図１　イタリアの若者たち

図２　広場での集会の様子

出したのは、三〇―四〇代の若手研究者たちの頭脳を駆使したサバイバルだ。研究職では糊口をしのぐことのできない彼らが、スマートドラッグの開発と売買でようやく恵まれた経済状況を手に入れるというアイロニックな状況を描くこの作品は大ヒットを記録した。

　ところで、これらすべての作品でコメディータッチが採用されている事実は、逆説的に事態の深刻さを物語っている。事実、映画館を一歩出るなり、こうした状況の改善を訴えるデモ隊に遭遇する可能性はきわめて高いのだ。

高まる若年失業率

「プレカリアート」という語は、主として非正規雇用のもと、不安定な労働および生活を強いられた状態、ひいてはそうした状況を生きる労働者が形成する社会階層を指す。イタリアでプレカリアートの問題は一九七〇年代から感知されはじめ、とくに、一九九〇年代以降、深刻化した。深刻化の引き金となったとしてしばしば名を挙げられるのは、労働市場における一連の規制緩和策を定めた一九九七年の「トレウ法」、および二〇〇三年の「ビアジ法」だ。若者、女性、高齢者の雇用の促進を目的として、訓練労働や研修、派遣など、さまざまな非典型雇用形態が導入されたのだ。これらの改革はともに、従来の雇用に流動性をもたらすことを意図していた。しかし現実には、堅牢な労働組合に守られた既得権益者を前に、皮肉にも、権利が十分に保障されない不安定就労者層の出現を後押しすることになったのだ。

　イタリア国立統計研究所によると、二〇一四年のイタリア全体の失業率は一三・

図３　街頭デモ

六％である。しかし内訳を見てみると、属性によりばらつきが確認できる。たとえば、北部の男性（八・六％）に比べて南部の男性（二〇・四％）、男性（一二・九％）に比べて女性（一四・五％）、また、イタリア人（一二・九％）に比べて外国人（一九・一％）の失業率が高い。なかでも顕著なのは、世代間の格差だ。一五―二四歳の失業率が四六％（南部では六〇・九％）なのに対し、五五―六四歳の失業率はわずか五・七％。さらに、二五歳以下の就業者の半数以上が非典型契約で働いているとする報告も考え合わせるなら、現代イタリアの若者が直面している仕事をめぐる状況の厳しさが想像できるだろう。

人材流失――グッバイ・メランコリー

アフリカの対岸に位置する事情柄、ヨーロッパをめざす不法移民が海路で大量に押し寄せるイタリアでは、移民問題に関するニュースを耳にしない日はない。かつてアメリカ大陸や北欧へ多くの移民を送り出してきたイタリアが、今度は移民を受け入れる側にまわったかと思いたくなるが、現実はそれほど楽観的ではない。イタリア・カリタスによれば、二〇一四年にはついに、イタリアからの移民、すなわち外国へ移住するイタリア人の数が、イタリアに到着する移民の数を上回ったというのだ。外国からの移民問題の影に隠れがちなもうひとつの移民問題がここにある。外国に移民したイタリア人の数は二〇一一年には六万一〇〇〇人だったのに対し、二〇一三年には約一〇万人にまで増えた。とくに、移民先としてもっとも人気の高いイギリスへ渡った二〇―四〇歳の層は前年に比べ七一％もの伸びをみせたという。

新卒者や高学歴者の就職難と相まって、その多くを大学卒業者あるいは若手研究者が占める。母国の先行きを悲観する見方も強まっており、将来イタリアに戻るつもりのない移民も少なくない。また、現在はイタリアに暮らしながら、将来的には外国に移住したいと考える若者も多く、今後しばらく人材流出がつづくことが予想される。

二〇一一年、ラップ歌手のカパレッツァは、イギリスに移民したイタリア人の若者に取材した作品「グッバイ・メランコリー」を発表した。ここで「メランコリー」とはイタリアだ。ダンテの頃より「ベル・パエーゼ（美しい国）」と誇らしげに呼びならわされてきたイタリアは、イタリアの若者にとり、もはや魅力の源泉ではなくなってしまったようだ。

図4　苦しくても前向きに抗議する

働くとは？　生きるとは？

プレカリアートと人材流失は、いずれもグローバル化に伴って発生した現象だ。当然ながら、イタリアだけが直面している問題ではない。また働くことが生きることに直結する以上、労働だけの問題としても済まされない。プレカリアートの問題が長期化すれば、晩婚化や少子化、人口減少を招くなど、深刻な社会問題に直結するとみられている。しかしながら、こうした状況が、ますます流動性の高まる社会の必要から生まれたことを思えば、そこに新たな時代状況に対応する生活スタイルのヒントが秘められているとも考えられないだろうか。プレカリアートは、新たなステージに進みつつある社会へ突きつけられた問いなのだ。働くこと、そして生きることをめぐって、世界規模での徹底した問い直しが求められている。（石田聖子）

54

ＥＵとイタリア――平和で豊かな欧州を目指して

欧州連合におけるイタリアの存在感

第二次世界大戦直後、米国が欧州復興のために投じたマーシャル・プラン（当時アメリカの国務長官であったマーシャルによる提案。自力による復興が非常に困難なほど傷ついていた欧州を助けると同時に、アメリカと冷戦中であったソビエト連邦が東欧に拡張した共産主義を欧州全体に広めないという政治的な目的があった）によって統合のきっかけを与えられたヨーロッパは、二つの世界大戦が起こったことの反省から、ドイツを西ヨーロッパの枠組みにきちんと位置づけ、ドイツ・フランスが協調していくことの重要性を強調しつつ、今日に至るまで平和な欧州を目指して歩んできた。この統合を名実ともに牽引してきたのが、二〇一四年現在二八カ国まで拡大した欧州連合（EU: European Union）であり、イタリアは、フランス、西ドイツ（当時）、オランダ、ベルギー、ルクセンブルクとともに、ＥＵの基礎となる地域共同体で一九五一年に設立された欧州石炭鉄鋼共同体（ECSC: European Coal and Steel Community）の、いわゆる原加盟国である。

ＥＵが大小の拡大を繰り返すなか、一九八九年にベルリンの壁崩壊をうけ、翌年東西ドイツが統一を果たし、九一年にソビエト連邦が崩壊し冷戦が終結すると、ヨーロッパを巡る状況は大きな変貌を遂げた。この間、ＥＵでは単一欧州通貨（ユーロ）導入の提案を盛り込んだマーストリヒト条約が発効され、二〇〇二年から

図１　EU 加盟国地図（2014年現在）

ユーロが流通し始めた。ユーロ発足当初の一一の参加国にイタリアも入っている。

ＥＵにおけるイタリアのこのような存在感は、ＥＵのなかで仏・西・独に次ぐ広さの国土、ユーロ圏のなかで独・仏に次ぐ第三位（二〇一三年末）の人口とＧＤＰの比率にも見て取ることができ、「欧州連合の一員としての協調外交および対米協調」を基本路線とするイタリアの政治的姿勢は、一般的に国が与えるステレオタイプ的なイメージとは裏腹に、地に足の着いたものと評価されている。

図２　フォラッティーニの政治風刺漫画
中央がロマーノ・プロディ

ロマーノ・プロディ欧州委員会委員長

ＥＵの行政執行機関である欧州委員会（EC: European Commission）の委員長をこれまで務めた一一人（二〇一四年現在）のなかにイタリア人が二人いる。第三代目（一九七〇年七月―七二年三月）のフランコ・マリア・マルファッティ（1927–91）と第一〇代目（九九年九月―二〇〇四年一〇月）のロマーノ・プロディ（1939–）である。プロディは、委員長を務めた五年間の前後に、第七六代と八〇代のイタリア共和国首相も務めている。エミリア・ロマーニャ出身で、ミラノ・カトリック大学とロンドン・スクール・オブ・エコノミクスで経済学を修めた学者かつ政治家の彼は、親ＥＵ派として、ヨーロッパのなかのイタリアの位置づけをつねにはかってきた人物である。

近年首相を務め（二〇一一年一一月―一三年四月）、テクノクラートとして「実務家内閣」を率い、欧州債務危機のさなかにベルルスコーニ後のイタリアの財政立て直しに尽力したマリオ・モンティ（1943–）も、一九九五年から二〇〇四年まで欧州委

図３　EU 本部のヨーロッパ委員会会議場

員を務めている。二〇〇九年ギリシアに発したユーロ危機のさいの難題と緊迫感についてインタヴューを受けた彼は、「それを『協力的な緊張』と呼びたい。『つまるところ、みんな同じ船に乗っている』という雰囲気だった」と述べている（『日経新聞』二〇一四年五月二五日付）。二八もの国が各々の利害を抱えつつ平和と繁栄をもたらす融合を図るのが究極的な目的であるEUを支えるのは、モンティのこの言葉に読み取れるような、寛容でコスモポリタン的な感情なのかもしれない。

イタリア的な諸問題

EUにしっかり足場を築いてきたイタリアも、EUに属するがゆえの諸問題を抱えている。ユーロ導入後のイタリア経済は、二〇〇〇年後半に成長率がピークになったのを最後に低迷し続け、一時は「欧州の病人」と揶揄された。近年なお、若者に顕著な高い失業率や国際的な市場における競争率の低さは改善されずにいる。これらの背景にはいくつかのイタリア的な原因が挙げられる。

中小企業の特徴的な経営はイタリア経済を支える強みと評価されることが多いが、その伝統的な体質が、国内外からの新規企業参入を阻むことで硬直的な市場をもたらし（二〇一四年世界銀行調査：外国の企業がビジネスをするさいの困難度でイタリアは西・仏・独・英をはるかに上回っている）、大企業に見られる効率化が困難なことから労働コストの高さと生産性の低さで国際競争力を低下させ、研究開発の遅れにもつながっている。このような状況は、日本と並び高齢化が進むイタリアにおける将来の人口減少の問題とともに、早急に改革が必要であるといえる。折しも、近年の

図4　EU官僚が多く住むブリュッセルの高級住宅地

ユーロ危機でそれまで内在していた欧州統合の問題点が浮き彫りにされたあと、改善を目指した規制緩和や行政手続きの簡素化が行われたことは記憶に新しい。

一方で、「南北格差」や脱税といった「地下経済の比率の高さ」が依然ＥＵ市場におけるイタリアの足並みの崩れの要因となっている。先進国型経済を誇り失業率が低い北部と、地理的に欧州市場へのアクセスの点でも不利であり、所得水準が低く失業率が高い南部の間では、当然ＥＵに対する国民の感情的な温度差も大きく、ＥＵ圏全体のなかの北欧諸国と南欧諸国の差異にも似て悩ましい問題である。

ＥＵに対する危機感や反感を乗り越えて

二〇〇九年ギリシアに始まったユーロ危機にさいして、イタリアも厳しい経済政策を課された。これに対して国民のなかにユーロ、ひいてはＥＵへの批判が高まり、ＥＵ委員会があるブリュッセルのいわゆるＥＵ官僚に対する反感や、新たな加盟国の中東欧から西欧への移民がもたらす軋轢などと相まって、ＥＵ懐疑論（Euroscepticism）が起こった。そのような状況で、既成政党や政財界のエリートへの反感をスローガンに掲げた党首ベッペ・グリッロ（1948-）率いる「五つ星運動」が躍進し、極右政党「北部同盟」がＥＵ内での地域独立や自治拡大、さらに移民排斥を主張した。

統合が進化を遂げるに従い参加国の国家意識が強まるのは皮肉な現実であるが、グローバル化が進んだ今日、一国で解決できる問題は限られる。ヨーロッパを壊滅しつくした忌まわしい戦争の悲劇を二度と繰り返さないために掲げられた理想をいかに再構築していくかが、今なお問われ続けている。

（越前貴美子）

55

イタリアと日本――交流の七〇〇年

図１　マルコ・ポーロ（16世紀に描かれた肖像）

黄金の産する国・ジパング

西欧世界から見て東の果てに「ジパング」と呼ばれる黄金の島国がある――そんなこの世の話とは思えない報告にヴェネツィア中が色めき立ったのは、今から七〇〇年あまり前のこと。一二九五年、商人マルコ・ポーロ（1254年頃-1324）が、二四年におよぶ中央アジア・中国旅行を終え、東方貿易でにぎわう水の都に帰還したときのことだ。数年後、その旅の産物である『世界の記述』（一二九八年頃）、日本では『東方見聞録』という標題で知られる旅行記の「原本」が口述で完成。これが一四世紀初頭から周辺各国の言語に翻訳され、さまざまな写本をヨーロッパ中に散布してゆく。そこに描かれた未知の世界に中世ヨーロッパ人は翻然と目を見ひらかされた。なにしろ、それまで模糊としていたアジアが、見事な鮮明さで迫ってきたのだから。

「ジパング」の語源は、元朝時代の中国語で「日本国」と発音した音に由来するとされる。ポーロによると、それは「東方の海上にある孤島」で、「大陸からは一五〇〇海里の距離」にあり、「極めて巨大な島」であるという。ジパングが本当に日本であるか否かをめぐっては古来より諸説あるが、少なくとも『見聞録』以前の西洋の文献には日本（あるいは日本と思しき島国）に関する記述は登場しない。イタリアと日本の文化交流の起源を遡れば、必ずやマルコ・ポーロにぶつかるのである。

図２　カリブ海のハイチに上陸するコロンブス。この島を彼はジパングであると思い込んだ

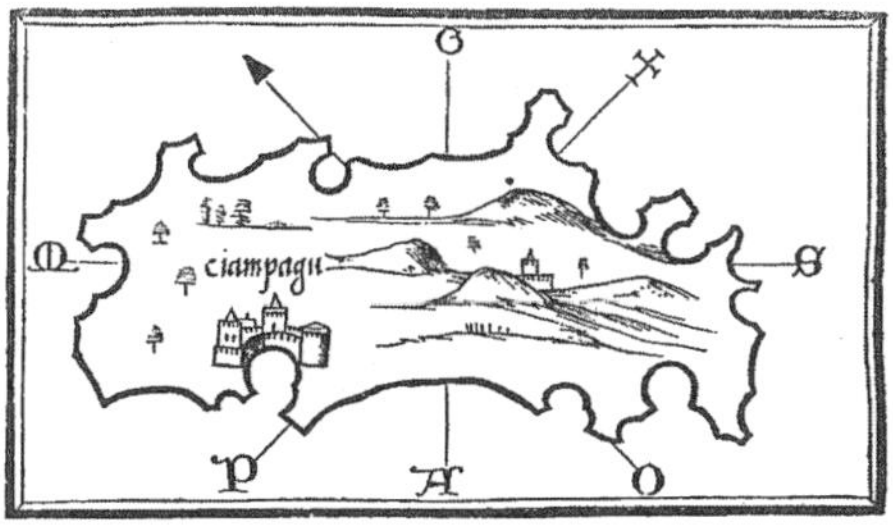

図３　『世界島嶼誌』に描かれたジパング

航海者、地図製作者、宣教師たち

一五世紀末、大航海時代に入っても、マルコ・ポーロの二〇〇年前の報告は、航海者や地図製作者にとって、もっとも信頼すべき情報源のひとつでありつづけた。ジェノヴァ生まれの航海者コロンブス（1451年頃-1506）も黄金の国ジパングにすっかり心奪われたひとりだ。彼が航海に携えていったラテン語版の『東方見聞録』の写本には、じつに三六六カ所に及ぶ書き込みが確認されている。世界を有限の球体であると信じ、何かに魅入られたように西へ向かって船を進めたと伝えられるが、その網膜にはきっと、金銀・胡椒・真珠の宝庫というぎらぎらした幻視を浮かび上がらせていたに違いない。

コロンブスの「発見」がじつは新大陸であったと判明しても、ジパング幻想はしばらく西洋人の常識のなかに生きつづける。ヴェネツィアの地図製作者ベネデット・ボルドーネ（1469-1531）の『世界島嶼誌』（一五二八）には、ジパング（日本）が絶海の孤島として摩訶不思議な形で表されている。世界中の「既知の」島を一冊に収録した「地図帳」と謳っているが、当該の記述を読むかぎり、「途方もない富がある」「王の宮殿は金ずくめである」など、おなじみの文言の羅列でしかない。

日本の地を踏み、日本についての知識を初めて西洋に持ち帰ったのは宣教師たちである。天正遣欧少年使節（1582-90）を企画したヴァリニャーノ（1539-1606）をはじめ、当時のイタリア人宣教師たちの残した手紙や報告を読むと、日本人や日本文化に対する深く自然な尊敬の念があふれており、スペイン・ポルトガルの宣教師には見られない、その文化教養人としての水準の高さにただただ驚かされる。しかし、

図4　エドアルド・キョッソーネ

図5　アントニオ・フォンタネージ、工部美術学校の教え子たちに囲まれて（中央左が本人）

やがて禁教政策と鎖国が実施されると、一七〇八年屋久島に上陸し、江戸で新井白石と学問的対話を交わしたイエズス会士シドッティ（1668-1714）の来日を最後に、日本とイタリア双方の往来は、一五〇年余りの長きにわたり途絶えてしまう。

幕末から明治、養蚕と美術

慶応二（一八六六）年、海軍中佐ヴィットリオ・アルミニョン（1830-97）を団長とする遣日使節団が来航し、同年八月二五日に日伊修好通商条約が結ばれた。米国のペリー艦隊出動の背後に捕鯨業者の思惑が潜んでいたように、条約を急遽申し入れたイタリア王国の目的は、良質の蚕種（カイコの卵）を廉価で仕入れることであった。国交樹立後の横浜には、当時カイコの伝染病によって壊滅状態にあった北イタリアの養蚕地域から、仲買人や製糸業者が殺到したという。

開化の時代に渡来したイタリア人の中には、数こそ少ないが、美術に携わる「お雇い外国人」の姿もあった。ジェノヴァ出身のエドアルド・キョッソーネ（1833-98）は、大蔵省の造幣局で銅版彫刻の技術を指導し、明治天皇、西郷隆盛らの肖像画で名を馳せた。日本初の官立美術学校ではアントニオ・フォンタネージ（1818-82）が洋画を、ヴィンチェンツォ・ラグーサ（1841-1927）が彫刻を指導し、明治の美術界に「イタリア派」と呼び得る一群の画家・彫刻家・教育者を輩出したことで知られる。科学や技術ではなく、「美術」という制度を輸出する、イタリア王国独自の「美術外交」が功を奏したこともあるのだろう。「イタリアは美術の国である」という認識は割に早くから日本人の間に浸透していたようだ。

図６『随筆日本――イタリア人の見た昭和の日本』

昭和の日本を愛したイタリア人

国交が樹立してかれこれ一五〇年。日本の懐に飛び込み、その景色と風俗と人間に魅せられ、紀行文やエッセイを著したイタリア人は数知れない。二〇世紀後半に書かれたもので一冊挙げるなら、文化人類学者フォスコ・マライーニ（1912-2004）の大著『随筆日本――イタリア人の見た昭和の日本』（一九五七）だろう。大戦下にはじまり敗戦、復興を経て高度成長後の時代まで、昭和の日本の姿がまざまざと眼に迫ってくるような語り口で、広範な読者をつかむことに成功した。

マライーニという人は闊達この上ない。知的な雑食性もじつに旺盛、日本に関する大抵のことはひとりでみんな書いてしまった。読ませる技術もさすがで、戦国時代の武将をルネサンス期の「僭主《シニョーレ》」に見立てたり、日光東照宮の俗悪さをローマのサン・ピエトロ大聖堂なみとくさしたり（マライーニはフィレンツェ人）、あるいは日伊両国の一六世紀から現代までの歩みを並行史として眺めたり。なかなか一筋ではゆかぬ屈折ぶりを発揮する。

反骨の人でもあった。イタリア王国降伏（一九四三年九月八日）の後、当時京都大学で教鞭をとっていたマライーニは、ムッソリーニのサロ共和国への忠誠を拒否したため、敵性外国人として、妻、幼い娘三人とともに名古屋の強制収容所に送られた体験をもつ。四四年七月、度重なる虐待と極度の栄養失調に耐えかね、武装した日本人警察官たちの面前で自らの左小指を鉈で切り落とすという捨て身の抗議におよんだ。日本を深く愛した知識人の悲劇として、イタリアでは広く知られる逸話である。

（住　岳夫）

移民をめぐる映画

本書52で取り上げた「移民問題」は、映画や小説をはじめとする創作物のなかでもたびたび描かれてきたテーマである。ここでは、「移民とイタリア」について知るための映画を二点だけ紹介しよう（いずれも、日本でＤＶＤが販売されている作品である）。

まずは、エマヌエーレ・クリアレーゼ監督作品『海と大陸』（二〇一一）。シチリア島と北アフリカの中ほどに位置する、風光明媚なリノーザという小島が舞台である。父を早くに亡くした主人公の青年とその祖父は、島のほとんどの住民と同じように漁師として生計を立てていた。二人はある日、いつもどおり漁に出た折、海上を漂流する難民のボートに遭遇する。青年と祖父は懸命になって救助にあたるが、これがのちに問題となる。イタリア国内への不法移民の上陸を幇助することは、法で禁じられた行為だからである。しかし、少年の祖父はあくまで、彼や彼の祖先が太古より守ってきた「海に生きる者の法」に従ったにすぎない。彼らは国家の法律を遵守すべき「イタリア市民」である以前に、海の恵みによって生かされてきた「リノーザの民」でもある。彼方の大陸から押し寄せてくる難民たちは、地中海の小島に暮らす貧しく平凡な一家に、「いかなる生を選択するか」という困難な問いを突きつけてくる。

二本目は、アゴスティーノ・フェッレンテ監督作品『ヴィットリオ広場のオーケストラ』（二〇〇六）。ローマのテルミニ駅からほど近いヴィットリオ広場には、アジア、アフリカ、南米など、世界中からやってきた移民たちが暮らしている。この界隈に古くからある映画館「アポロ」が閉鎖の危機にあると知ったアゴスティーノ監督と音楽家のマリオは、映画館の存続活動の一環として「マルチ・エスニック・オーケストラ」の結成を思いつく。排外主義者から「イタリアの文化を破壊する元凶」と目される移民たちの力を借りて、新たな文化を創造してみせようとする試みである。オーケストラの指揮者を務めるマリオは、ローマに暮らす移民のなかからプロのミュージシャンを発掘し、二〇〇二年一一月の公演を目指して突貫工事のレッスンに励む。マリオの悪戦苦闘ぶりは見ていて気の毒になるほどだが、映画のラストのコンサートのシーンには、しっかりとカタルシスが用意されている。

近年は、移民の書き手による文学作品も数多く生み出されている。アルジェリア系移民作家アマーラ・ラクースの『ヴィットーリオ広場のエレベーターをめぐる文明の衝突』（未知谷、二〇一二）は、ローマに暮らす移民の日常をうかがい知るのにうってつけの一冊である。（栗原俊秀）

人名索引

原則として，人名に続けてその作品名を列記している。

ア　行

アバーテ，カルミネ（Carmine，Abate）　134，172
『足し合わせに生きるということ』　134
アリオスト，ルドヴィーコ（Ariosto，Ludovico）　199
アリストテレス（Aristoteles）　186，190
アルヴァーロ，コッラード（Alvaro，Corrado）　74，75
『わたしたちの時代と希望——現代生活批評』　74
アルベルティ，レオン・バッティスタ（Alberti，Leon Battista）　101，114
サンタ・マリア・ノヴェッラ教会正面　100
ルチェッライ宮　114
アルミニョン，ヴィットリオ（Arminjon，Vittorio）　246
安貞桓（アン・ジョンファン）　62
アンドレオッティ，ジュリオ（Andreotti，Giulio）　225
アントニオーニ，ミケランジェロ（Antonioni，Michelangelo）　38，204-207
『愛と殺意』　205
『愛のめぐりあい』　206
『赤い砂漠』　207
『砂丘』　204，205
『叫び』　207
『さすらいの二人』　205
『情事』　38，206
『太陽はひとりぼっち』　206，207
『中国』　205
『ポー川のひとびと』　205
『ミケランジェロのまなざし』　207
『欲望』　204，207
『夜』　206
ヴァザーリ，ジョルジョ（Vasari，Giorgio）　100，115
『芸術家列伝』　100，115
ヴァリニャーノ，アレッサンドロ（Valignano，Alessandro）　245
ヴァレリー，ポール（Valéry，Paul）　180，181
『レオナルド・ダ・ヴィンチの方法への序説』　182
ヴィーコ，ジャンバッティスタ（Vico，Giambattista）　115
『新しい学』　115
ヴィスコンティ，ルキノ（Visconti，Luchino）　31，132，204，211
『ベニスに死す』　92，132
『山猫』　31，41，132
『揺れる大地』　31
『若者のすべて』　31
ヴィタ＝フィンツィ，パオロ（Vita-Finzi，Paolo）　147
『偽書撰』　147
『遠き日々』　147
ヴィッティ，モニカ（Vitti，Monica）　17，19
ヴィットリオ・エマヌエーレ三世（Vittorio Emanuele III）　17，19
ヴィットリオ・エマヌエーレ・ディ・サヴォイア（Vittorio Emanuele di Savoia）　19
ヴィットリオ・エマヌエーレ二世（Vittorio Emanuele II）　16，17，41，48，137
ウィトルウィウス（Marcus Vitruvius Pollio）　101，102，113
『建築十書』　101，113
ヴィルツィ，パオロ（Virzì，Paolo）　236
『見わたすかぎり人生』　236
ウェスパシアヌス（Vespasianus）　124
ウェルギリウス（Vergilius）　140

『アエネーイス』 140
ヴェルディ，ジュゼッペ（Verdi, Giuseppe） 46, 109
『仮面舞踏会』 109
『ナブッコ』 46
ウッチェッロ，パオロ（Uccello, Paolo） 144
「汚されたホスチアの奇跡」 144
ヴェンダース，ヴィム（Wenders, Wim） 19
ウンベルト一世（Umberto I） 17
ウンベルト二世（Umberto II） 19
エーコ，ウンベルト（Eco, Umberto） 112, 147
『美の歴史』 112
エマ・ハート（Emma Hart） 162
オウィディウス（Ovidius） 199
岡本源太 191
『ジョルダーノ・ブルーノの哲学』 191
奥山清行 175
オズペテク，フェルザン（Özpetek, Ferzan） 159
『あしたのパスタはアルデンテ』 159
『Le fate ignoranti（無邪気な妖精たち）』 159
オッペンハイマー，ロバート（Oppenheimer, Robert） 194

カ 行

カイヨワ，ロジェ（Caillois, Roger） 147
カヴール，カミッロ・ベンソ（Cavour, Camillo Benso） 16, 28, 40
カスティリオーネ，バルダッサーレ（Castiglione, Baldassare） 114
『宮廷人』 114
カッチャーリ，マッシモ（Cacciari, Massimo） 3
カッラ，カルロ（Carrà, Carlo） 117, 118
「ロトの娘たち」 117
カパレッツァ（Caparezza） 239
「グッバイ・メランコリー」 239
カポン，ラウラ（Capon, Laura） 193, 194
カラヴァッジョ，ミケランジェロ・メリージ（Caravaggio, Michelangelo Merisi） 98, 105, 174
「ゴリアテの首を持つダビデ」 105
「洗礼者ヨハネの首を持つサロメ」 105
「ホロフェウスの首を斬るユディット」 105
ガリバルディ，ジュゼッペ（Garibaldi, Giuseppe） 40, 41, 150
カリオストロ，アレッサンドロ（Cagliostro, Alessandro） 162
ガリレイ，ヴィンチェンツォ（Galilei, Vincenzo） 185
ガリレイ，ガリレオ（Galilei, Galileo） 174, 184-187, 191, 199
『偽金鑑識官』 187
『星界の報告』 185, 186
『太陽黒点とその属性に関する記述と証明』 185
『天文対話』 186
ガリンベルティ，ウンベルト（Galimberti, Umberto） 143
カルヴィ，ロベルト（Calvi, Roberto） 139
カルヴィーノ，イタロ（Calvino, Italo） 37, 142, 196-199, 219
『アメリカ講義』 197, 199
『アルゼンチン蟻』 198
『イタリア民話集』 142
『木のぼり男爵』 198
『くもの巣の小道』 197, 219
『宿命の交わる城』 196, 199
「スモッグ」 198
『遠ざかる家』 198
『パロマー』 196
『不在の騎士』 198
『冬の夜ひとりの旅人が』 196
『ぼくらの祖先』 198
『まっぷたつの子爵』 198
『見えない都市』 37, 196, 197, 199
『レ・コスミコミケ』 198
ガルシア＝マルケス，ガブリエル・ホセ（García Márquez, Gabriel José） 196
カルドゥッチ，ジョズエ（Carducci, Giosuè） 57
カルロ・アルベルト・ディ・サヴォイア（Carlo Alberto di Savoia） 53

河島英昭　144
『イタリア・ユダヤ人の風景』　144
カント，イマヌエル（Kant, Immanuel）　112
カンパーナ，ディーノ（Campana, Dino）　208
『オルフェウスの歌』　208
キケロ，マルクス・トゥッリウス（Cicero, Marcus Tullius）　113
『弁論家について』　113
キョッソーネ，エドアルド（Chiossone, Edoardo）　246
ギンズブルグ，ナタリア（Ginzburg, Natalia）　147
『ある家族の会話』　147
クオーコ，ヴィンチェンツォ（Cuoco, Vincenzo）　42
クザーヌス，ニコラウス（Cusanus, Nicolaus）　191
グットゥーゾ，レナート（Guttuso, Renato）　118, 119
「磔刑」　118
クラクシ，ベッティーノ（Craxi, Bettino）　225, 226, 228-230
グラムシ，アントニオ（Gramsci, Antonio）　42, 225
『監獄ノート』　42
クリアレーゼ，エマヌエーレ（Crialese, Emanuele）　31, 248
『海と大陸』　248
『新世界』　31
グリム兄弟（Brüder Grimm）　141
グリッロ，ベッペ（Grillo, Beppe）　243
クルチョ，レナート（Curcio, Renato）　222
ゲーテ，ヨハン・ヴォルフガング・フォン（Goethe, Johann Wolfgang von）　160-164, 180
『イタリア紀行』　160-164
コッローディ，カルロ（Collodi, Carlo）　49, 50
『ピノッキオの冒険』　48, 49, 51
コペルニクス，ニコラウス（Copernicus, Nicolaus）　189, 191
コルタサル，フリオ（Cortázar, Julio）　207
コロンブス，クリストフォルス（Columbus, Christophorus）　9, 245
ゴンブリッチ，エルンスト（Gombrich, Ernst）　181
『規範と形式』　181

サ　行

サーバ，ウンベルト（Saba, Umberto）　42, 43
『短文と小噺』　43
西郷隆盛　246
ザヴァッティーニ，チェーザレ（Zavattini, Cesare）　66
『自転車泥棒』（脚本）　66
サルヴァトーレス，ガブリエーレ（Salvatores, Gabriele）　34
『イタリア人の一日』　34
サンソヴィーノ，ヤコポ（Sansovino, Jacopo）　125
ロッジア宮　125, 126
サンテリア，アントニオ（Sant'Elia, Antonio）　117
ザンボーニ，ルイージ（Zamboni, Luigi）　44
ジェッリ，リーチョ（Gelli, Licio）　151
ジェルミ，ピエトロ（Germi, Pietro）　158
『イタリア式離婚狂想曲』　158
シドッティ，ジョヴァンニ・ヴァッティスタ（Sidotti, Giovanni Battista）　246
ジダン，ジネディーヌ（Zidane, Zinedine）　62
シビリア，シドニー（Sibilia, Sydney）　236
『いつだってやめられる』　236
シャーシャ，レオナルド（Sciascia, Leonard）　194, 195
『マヨラナの失踪』　194, 195
ジョリッティ，ジョヴァンニ（Giolitti, Giovanni）　30, 213, 214
シンドーナ，ミケーレ（Sindona, Michele）　139
スカンデルベグ（Skanderbeg）　172
須賀敦子　147

スコラ，エットレ（Scola, Ettore） 156
『特別な一日』 156
スタンダール（Stendhal） 180
ズヴェーヴォ，イタロ（Svevo, Italo），シュミッツ，エットレ（Schmitz, Ettore） 10, 11, 146
『ゼーノの意識』 146
ゼウクシス（Zeuxis） 113
ソレーラ，テミストクレ（Solera, Temistocle） 46
ソルディ，アルベルト（Sordi, Alberto） 76
ソンニーノ，シドニー（Sonnino, Sidney） 214

タ　行

竹下節子 181
『レオナルド・ダ・ヴィンチ——伝説の虚実』 181
竹山博英 145
『プリーモ・レーヴィ——アウシュヴィッツを考えぬいた作家』 145
ダゼリオ，マッシモ（D'Azeglio, Massimo） 7, 34, 164, 165
『自省録』 7
ダッラ，ルーチョ（Dalla, Lucio） 27
「大広場（ピアッツァ・グランデ）」 27
ダッラ・キエーザ，カルロ・アルベルト（Dalla Chiesa, Carlo Alberto） 222
ダリ，サルバドール（Dalí, Salvador） 179
ダンジュー，シャルル（d'Anjou, Charles） 15
ダンテ・アリギエーリ（Dante Aligheri） 5, 132, 174, 176-179, 200-202
『神曲』 176-179, 200, 201
『新生』 132, 200-202
チェラント，ジェルマーノ（Celant, Germano） 119
チャイコフスキー，ピョートル・イリノチ（Tchaikovsky, Pyotr Ilyich） 179
『フランチェスカ・ダ・リミニ』 179
デ・アミーチス，エドモンド（De Amicis, Edmondo） 50, 51
『クオーレ』 48-51
デ・ガスペリ，アルチーデ（De Gasperi, Alcide） 52, 215
デ・キリコ，ジョルジョ（De Chirico, Giorgio） 118, 133, 205
デ・サンクティス，フランチェスコ（De Sanctis, Francesco） 48
『イタリア文学史』 48
デ・シーカ，ヴィットリオ（De Sica, Vittorio） 147, 204
『悲しみの青春』 146, 147
デ・ニコーラ，エンリーコ（De Nicola, Enrico） 52
デ・マウロ，トゥッリオ（De Muro, Tullio） 164
『統一イタリアの言語史』 164
デ・マルティーノ，エルネスト（De Martino, Ernesto） 70
『南部と魔術』 70
デ・ロベルト，フェデリーコ（De Roberto, Federico） 210
『副王家の一族』 210, 211
デ・ロランディス，ジョヴァンニ・バッティスタ（De Rolandis, Giovanni Battista） 117
ディ・ピエトロ，アントニオ（Di Pietro, Antonio） 231
デアリオ，マリオ（Deaglio, Mario） 228
ティツィアーノ・ヴェチェッリオ（Tiziano Vecellio） 98
ティッシュバイン，ヨハン・ハインリッヒ（Tischbein, Johann Heinrich） 162
「窓辺のゲーテ」 162
デジデリオ（ランゴバルド王）（Re Desiderio） 125
テッラチーニ，ウンベルト（Terracini, Umberto） 212, 213
デプレーティス，アゴスティーノ（Depretis, Agostino） 212, 213
デュシャン，マルセル（Duchamp, Marcel） 183
ヒゲのある「モナ・リザ」 183
ドニゼッティ，ガエターノ（Donizetti, Gaetano） 109

トマージ・ディ・ランペドゥーサ，ジュゼッペ（Tomasi di Lampedusa, Giuseppe） 17, 31, 210
『山猫』 17, 31, 210, 211
ドメニコ・ダ・ピアチェンツァ（Domenico da Piacenza） 103
トルナトーレ，ジュゼッペ（Tornatore, Giuseppe） 27
『マレーナ』 27
ドレ，ポール・ギュスターヴ（Doré, Paul Gustave） 179
ドロン，アラン（Delon, Alain） 206
トンマゼーオ，ニッコロー（Tommaseo, Niccolò） 6, 179

ナ　行

ナポリターノ，ジョルジョ（Napolitano, Giorgio） 42, 44, 45
ナポレオン・ボナパルト（Napoléon Bonaparte） 42, 44, 45

ハ　行

パール，マシュー（Pearl, Matthew） 179
『ダンテ・クラブ』 179
ハインリヒ六世（Heinrich VI） 15
パウロ六世（Paulus VI） 139
パヴェーゼ，チェーザレ（Pavese, Cesare） 196
バザリア，フランコ（Basaglia, Franco） 35
バジーレ，ジャンバッティスタ（Basile, Giambattista） 141
『物語のなかの物語――あるいは子どもたちの楽しみのために』（『ペンタメローネ（五日物語）』） 142
パス，オクタビオ（Paz, Octavio） 117
パゾリーニ，ピエル・パオロ（Pasolini, Pier Paolo） 37, 39, 196
『生命ある若者』 37, 39
『マンマ・ローマ』 37
バッサーニ，ジョルジョ（Bassani, Giorgio） 147
『フィンツィ・コンティーニ家の庭』 147
バッジョ，ロベルト（Baggio, Roberto） 63
パッラーディオ，アンドレア（Palladio, Andrea） 125
ロッジア宮 125, 126
バドリオ，ピエトロ（Badoglio, Pietro） 18, 19, 217
ハドリアヌス（Hadrianus） 36
バルザック，オノレ・ド（Balzac, Honoré de） 179
「人間喜劇」 179
バルダッツィ，ジャンフランコ（Baldazzi, Gianfranco） 27
バルドッティ，セルジョ（Bardotti, Sergio） 27
バルバロッサ（フリードリヒ一世）（Barbarossa（Friedrich I）） 15, 56
ハンニバル・バルカ（Hannibal Barca） 46
ピアチェンティーニ，マルチェッロ（Piacentini, Marcello） 126
勝利の広場 126, 127
ローマ大学都市 126
ローマ万博会場 126
ビアジーニ，エリーザ（Biagini, Elisa） 203
「裂け目から」 203
「壁と葉」 203
ピウス一一世（Pius XI） 145
ピウス一二世（Pius XII） 137, 145
ビオイ＝カサーレス，アドルフォ（Bioy-Casares, Adolfo） 147
ピストレット，ミケランジェロ（Pistoletto, Michelangelo） 119
「ぼろきれのヴィーナス」 119
ヒトラー，アドルフ（Hitler, Adolf） 147, 193
ピランデッロ，ルイジ（Pirandello, Luigi） 67
『ユーモア論』 67
ファクタ，ルイージ（Facta, Luigi） 18
ファルコーネ，ジョヴァンニ（Falcone, Giovanni） 225
ファンテ，ジョン（Fante, John） 30
「とあるワップのオデュッセイア」 30
フィチーノ，マルシリオ（Ficino, Marsilio） 191

フィリベルト・ディ・サヴォイア（Filiberto di Savoia） 30
フェッリーニ，フェデリーコ（Fellini, Federico） 36, 75
『甘い生活』 36
『女の都』 75
『8 1/2』 75
『フェリーニのアマルコルド』 75
フェッレンテ，アゴスティーノ（Ferrente, Agostino） 248
『ヴィットリオ広場のオーケストラ』 248
フェルトリネッリ，ジャンジャコモ（Feltrinelli, Giangiacomo） 221, 222
フェルミ，エンリーコ（Fermi, Enrico） 192-195
フォスコロ，ウーゴ（Foscolo, Ugo） 6
フォルラーニ，アルナルド（Forlani, Arnaldo） 230
フォンターナ，ルーチョ（Fontana, Lucio） 119
フォンタネージ，アントニオ（Fontanesi, Antonio） 246
ブシェッタ，トンマーゾ（Buscetta, Tommaso） 86
プッチーニ，ジャコモ（Puccini, Giacomo） 179
『ジャンニ・スキッキ』 179
ブッリ，アルベルト（Burri, Alberto） 119
「袋と赤」 119
ブッロ，ステファニア（Bullo, Stefania） 91
プトレマイオス，クラウディウス（Ptolemaeus, Claudius） 177, 186, 190
フランシスコ（教皇）（Francisco） 38
ブラウン，ダン（Brown, Dan） 179, 180
『インフェルノ』 179
『ダ・ヴィンチ・コード』 180
フランチェスカ，ピエロ・デッラ（Francesca, Piero della） 101
プリニウス（Gaius Plinius Secundus） 113
『博物誌』 113
ブルーノ，ジョルダーノ（Bruno, Giordano） 174, 186, 188-191
フルーリ，ジョゼフ＝ニコラ・ロベール（Fleury, Joseph-Nicolas Robert） 185
「ガリレオ裁判」 185
ブルネッレスキ，フィリッポ（Brunelleschi, Filippo） 100
ブルクハルト，ヤーコプ（Burckhardt, Jacob） 99
『イタリア・ルネサンスの文化』 99
ブレイク，ウィリアム（Blake, William） 179
フロイト，ジグムント（Freud, Sigmund） 180
プロディ，ロマーノ（Prodi, Romano） 241
『未来，求む』 241
ペイター，ウォルター（Pater, Walter） 180
ヘーゲル，ゲオルグ・ヴィルヘルム・フリードリヒ（Hegel, Georg Wilhelm Friedrich） 112
ベッリーニ，ヴィンチェンツォ（Bellini, Vincenzo） 109
ペトラルカ，フランチェスコ（Petrarca, Francesco） 5
ペトリーニ，カルロ（Petrini, Carlo） 90, 168, 169
ペドロ三世（Pedro III） 15
ベニーニ，ロベルト（Benigni, Roberto） 67, 94, 95
ペリーコリ，トゥッリオ（Pericoli, Tullio） 199
ベルニーニ，ジャン・ロレンツォ（Brnini, Gian Lorenzo） 25, 106
「アポロンとダフネ」 106
サン・ピエトロ広場 25
「聖テレジアの法悦」 106
「ペルセフォネの略奪」 106
ベルルスコーニ，シルヴィオ（Berlusconi, Silvio） 55, 226, 227, 241
ペロー，シャルル（Perrault, Charles） 141
ポーロ，マルコ（Polo, Marco） 9, 244, 245
『世界の記述』（『東方見聞録』） 244, 245
ボッカッチョ，ジョヴァンニ（Boccaccio, Giovanni） 5, 14
『デカメロン』 14
ボッチョーニ，ウンベルト（Boccioni, Umberto） 117, 174

「空間における連続性の単一形態」 174
ボッティチェッリ，サンドロ（Botticelli, Sandro） 174, 179
「ヴィーナスの誕生」 174
ポッライオーロ，アントニオ（Pollaiolo, Antonio） 98
ボッロミーニ，フランチェスコ（Borromini, Francesco） 106, 107
サン・カルロ・アッレ・クワットロ・フォンターネ教会中庭 106, 107
サンティーヴォ・アッラ・サピエンツァ教会クーポラ 107
ボルゲーゼ，ユニオ・ヴァレリオ（Borghese, Junio Valerio） 221
ボルセッリーノ，パオロ（Borsellino, Paolo） 225
ボルドーネ，ベネデット（Bordone, Benedetto） 245
『世界島嶼誌』 245
ボルヘス，ホルヘ・ルイス（Borges, Jorge Luis） 147, 177

マ 行

マキャヴェッリ，ニッコロー（Machiavelli, Niccolò） 42
『君主論』 42
マストロヤンニ，マルチェッロ（Mastroianni, Marcello） 75
マッタレッラ，セルジョ（Mattarella, Sergio） 55
マッツィーニ，ジュゼッペ（Mazzini, Giuseppe） 16, 36, 40, 41, 149, 150
マテラッツィ，マルコ（Materazzi, Marco） 62
マメーリ，ゴッフレード（Mameli, Goffredo） 46
マヨラナ，エットレ（Majorana, Ettore） 192, 193, 195
マライーニ，フォスコ（Maraini, Fosco） 247
『随筆日本――イタリア人の見た昭和の日本』 247
マリア・ジョゼ・デル・ベルジョ（Maria José del Belgio） 19
マリネッティ，フィリッポ・トンマーゾ（Marinetti, Filippo Tommaso） 76, 116, 118
『ザン・トゥム・トゥム』 116
「未来派宣言」 116
マルゲリータ・ディ・サヴォイア（女王マルゲリータ）（Margherita di Savoia） 64
マルシーリ，アントニオ・フェリーチェ（Marsili, Antonio Felice） 57
マルチンクス，ポール・カジミール（Marcinkus, Paul Casimir） 139
マルティーニ，フランチェスコ・ディ・ジョルジョ（Martini, Francesco di Giorgio） 102
『人体に基づく教会建築設計比例図』 102
マルファッティ，フランコ・マリア（Malfatti, Franco Maria） 241
マンゾッティ，ルイジ（Manzotti, Luigi） 111
『エクセルシオール』 111
マンゾーニ，アレッサンドロ（Manzoni, Alessandro） 6
『いいなづけ』 6
ミケランジェロ・ブオナッローティ（Michelangelo Buonarroti） 102, 104, 174, 179, 186, 207
カンピドリオ広場 174
「最後の審判」 179
「モーセ像」 207
ムッソリーニ，ベニート（Mussolini, Benito） 18, 61, 127, 132, 145, 216-218, 247
明治天皇 246
メッテルニヒ，クレメンス・フォン（Metternich, Klemens von） 4, 222, 223
モーロ，アルド（Moro, Aldo） 222, 223
モラヴィア，アルベルト（Moravia, Alberto） 196
モランディ，ジョルジョ（Morandi, Giorgio） 118
「静物」 118
森鷗外 117, 201
モレッティ，ナンニ（Moretti, Nanni） 136

『ローマ法王の休日』 136
モンティ，マリオ（Monti, Mario） 241, 242

ヤ 行

矢島翠 207
吉田喜重 207
「空間への畏れ」 207
ヨハネ二三世（Ioannes XXIII） 139
ヨハネ・パウロ二世（Ioannes Paulus II） 139, 145

ラ 行

ラグーサ，ヴィンチェンツォ（Ragusa, Vincenzo） 40, 246
「ガリバルディ像」 246
ラクース，アマーラ（Lakhous, Amara） 248
『ヴィットーリオ広場のエレベーターをめぐる文明の衝突』 248
ラファエロ・サンツィオ（Raffaello Sanzio） 102, 104, 114, 174
「カスティリオーネの肖像」 114
ランカスター，バート（Lancaster, Burt） 31
ランベッリ，ファビオ（Rambelli, Fabio） 165
『イタリア的考え方』 165
ルーツィ，マリオ（Luzi, Mario） 202
「受難」 202
「アルノ川に」 202
ルクレティウス・カルス，ティトゥス（Lucretius Carus, Titus） 199
ルッジェーロ二世（Ruggero II） 15
ルッス，エミリオ（Lussu, Emilio） 3
『戦場の一年』 3
ルプロオン，ピエール（Leprohon, Pierre） 207
『アントニオーニ』 207
レーヴィ，カルロ（Levi, Carlo） 29, 30, 146
『キリストはエボリに止りぬ』 29, 146
レーヴィ，プリモ（Levi, Primo） 146, 147, 179, 219
『これが人間か』（邦題『アウシュヴィッツは終わらない』） 147, 179, 219
レオナルド・ダ・ヴィンチ（Leonardo da Vinci） 102, 104, 113, 174, 180-183
「ウィトルウィウス的人体図」 102, 113, 174
『絵画の書』 183
「解剖学の研究」 181
「最後の晩餐」 180
「自画像」 182
「モナ・リザ」 180, 183
レオパルディ，ジャコモ（Leopardi, Giacomo） 199
ロージ，ジャンフランコ（Rosi, Gianfranco） 37
『ローマ環状線，めぐりゆく人生たち』 37
ロージ，フランチェスコ（Rosi, Francesco） 3, 146, 234
『エボリ』 146
『総進撃』 3
『メリヤス売り』 234
ロダン，オーギュスト（Rodin, Auguste） 179
『地獄の門』 179
ロッシーニ，ジョアキーノ（Rossini, Gioachino） 109
ロッセッリーニ，ロベルト（Rossellini, Roberto） 204
ロマーノ，ルッジェーロ（Ruggero, Romano） 166
ロレンツェッティ，アンブロージョ（Lorenzetti, Ambrogio） 13
「田園における善政の効果」 13
「都市における善政の効果」 13
ロンギ，ロベルト（Longhi, Roberto） 98, 99, 144, 205
『イタリア絵画史』 98, 144

事項索引

ア 行

赤い旅団 222, 223
アグリトゥリズモ 23, 83
アルテ・ポーヴェラ 119
イタリア王国 16, 17, 32, 41, 43, 45, 47, 48, 50, 52, 134, 137, 145, 210
イタリア共和国 45, 52, 88, 152
イタリア語, 標準語 i, ii, 5, 6, 11, 34, 39, 68, 72, 74, 78, 88, 114, 134, 142, 153, 155, 165, 172, 176, 184, 207, 232, 233
イタリアの地図 iv
イタリア料理 i, 79
移民 7, 10, 23, 30, 31, 47, 131, 134, 211, 232-235, 238, 239, 248
イレデンティズモ 11, 43
ヴァチカン 25, 36, 63, 135-139, 145
ヴェネツィア 8, 9, 14, 17, 20, 26, 37, 48, 69, 70, 71, 77, 128, 154, 161, 175, 188, 244, 245
ヴェネツィア共和国 172
エウル 127
エトルリア 4, 77, 129
オペラ i, 47, 108-111, 164

カ 行

教皇領 2, 104, 137
キリスト教民主党 54, 215, 218, 219, 224, 231
グランドツアー 38
クルスカ学会 5
憲兵隊 2
コンメディア・デッラルテ 67

サ 行

サヴォイア家 16, 18, 42, 45, 64
サッカー i, 22, 34, 35, 47, 60-63
サルデーニャ 3, 8, 88, 153
サルデーニャ王国 16, 28, 40-42, 45, 48, 52, 164
サロ共和国, イタリア社会共和国 18, 218, 221, 247
サンレモ音楽祭 27
シエナ 14, 25
ジェノヴァ 8, 9, 14, 36, 40, 46, 60, 77, 150, 245, 246
シチリア 3, 8-10, 15, 17, 31, 41, 48, 67, 82, 84, 85, 87, 152, 160, 162, 163, 170, 172, 192, 195, 210, 217, 248
シチリア王国 15, 16, 210
炭焼党（カルボネリーア） 41, 149
スローフード 90, 91, 168-171
精神病院 35, 208
青年イタリア 41, 149, 150

タ 行

第一次世界大戦 3, 30, 117, 132, 155, 216
中世 12, 21, 25, 39, 40, 124, 129, 151, 190
帝国 4
特別自治州 3, 135, 152-155
都市国家, コムーネ ii, 2, 12-15, 21, 26, 32
トリエステ 10, 11, 43, 146, 155
トリノ 17, 28, 41, 43, 48, 50, 69, 89, 119, 129, 146, 147
トレンティーノ＝アルト・アディジェ 3, 11, 153

ナ 行

ナポリ 15, 26, 28, 56, 64, 69, 70, 110, 141, 149, 160, 161, 175, 188, 210, 233
南部（南イタリア, イタリア南部） 15, 17, 19, 28-31, 40, 68, 70, 79, 92, 110, 130, 134, 165-166, 172, 226, 238
ネオレアリズモ 66, 197, 198, 204, 206, 217

ハ 行

バール 78, 94
ピサ 8, 14, 184, 185
ファシズム 18, 19, 32, 46, 53, 61, 85, 118, 127,

132, 145, 147, 156, 193, 205, 214-216
フィレンツェ　2, 5, 6, 9, 13-15, 26, 32, 43, 48-50, 71, 83, 97, 100, 107, 122, 126, 128, 151, 175-177, 200-203, 247
フリウリ＝ヴェネツィア・ジューリア　10, 154
ペスト　12, 14, 71
方言　5, 10, 22, 39, 84, 141, 142, 153, 172
北部同盟　7, 23, 135, 166, 226
ボローニャ　26, 27, 44, 56-59, 73, 118, 161, 171, 205, 220

マ　行

未来派　45, 76, 99, 101, 116-119, 123, 174
ミラノ　25, 31, 32, 40, 70, 91, 111, 127, 129, 160, 220, 222, 228, 229, 241
メディチ家　13

ラ　行

ラテラノ条約　32, 137, 138, 145
ランゴバルド　21, 125
ランペドゥーサ　10, 235
リソルジメント　16, 40-43, 49, 51, 95, 137, 150, 210, 212, 218
流刑　29, 30
ルネサンス　12, 14, 95, 99, 100-105, 107, 125, 126, 128, 129, 174, 180, 182, 186, 191
レジスタンス　18, 47, 88, 89, 157, 198, 216-219, 224
ローマ　16-18, 21, 25, 32, 36-41, 43, 44, 46, 48, 49, 55, 83, 91, 104, 107, 127, 133, 135, 141, 160-162, 168, 175, 188, 192, 206, 216, 217, 220, 222, 234, 236, 248
ローマ帝国　95, 129, 216

写真・図版出典一覧

章　扉

第１章　筆者撮影。

第２章　*La Massoneria*, Firenze, Giunti, 2005.

第３章　筆者撮影。

第４章　筆者撮影。

第５，７章　*Enciclopedia Italiana: Appendice 2000, Album II*, Roma, Treccani, 2001.

第６章　筆者撮影。

第１章

1

図１～４　筆者撮影。

2

図１～４　筆者撮影。

図５　Rodo Santoro, *Palermo e Monreale,* Palermo, Arnone Editore, 2000.

3

図１，２　筆者撮影。

図３，４　John White, *Art and architecture in Italy 1250-1400*, New Haven, Yale University Press, 1993.

図５，６　Folco Quilici, *Italy from the air*, London, Artus Books, 1987.

図７　John White, *Art and architecture in Italy 1250-1400*, New Haven, Yale University Press, 1993.

4

図１，２　Christopher Duggan, *A concise History of Italy*, New York, Cambridge University Press, 1994.

図３，４　*I luoghi del Gattopardo*, Palermo, Sellerio, 2001/2007.

図５　筆者撮影。

5

図１～４　筆者撮影。

6

図１，３～５，７　著者提供。

図２　By valyag（Own work）［GFDL（http://www.gnu.org/copyleft/fdl.html）or CC BY SA 3.0（http://creativecommons.org/licenses/by-sa/3.0/）］, via Wikimedia Commons.

図６　映画『マレーナ』DVD カバー。

7

図1〜4　Wikimedia Commons.

図5　映画『新世界』DVD。

図6　*Storia d'Italia. Annali.* Vol. 20: *l'immagine fotografica (1945-2000)*, a cura di U. Lucas, Torino, Einaudi, 2004.

第2章

8

図1，2，4，5　筆者撮影。

図3　映画『マンマ・ローマ』修復版DVDカバー。

9

図1　Maria Antonietta Spadaro, *Eleonora e Vincenzo Ragusa: echi di Giappone in Italia*, Palermo, Kalós, 2008.

図2　映画『山猫』プログラム。

図3，5　筆者撮影。

図4　『グラムシ・セレクション』片桐薫編，平凡社，2001年。

10

図1〜4　筆者撮影。

11

図1〜5　Public domain.

図6　By Leandro Neumann Ciuffo from Rio de Janeiro, Brazil (Pinocchio Store Uploaded by russavia) [CC BY 2.0(http://creativecommons.org/licenses/by/2.0)], via Wikimedia Commons.

12

図1〜4　筆者撮影。

13

図1　*L'Università a Bologna*, a cura di Ovidio Capitani, Bologna, Cassa di risparmio in Bologna, 1987.

図2〜4　筆者撮影。

14

図1　By Biser Todorov (Own work) [CC BY 3.0(http://creativecommons.org/licenses/by/3.0)], via Wikimedia Commons.

図2，3　Gennaro Spadafora 氏提供。

図4　By Doha Stadium Plus Qatar (Flickr: Zinedine Zidane, Marco Materazzi) [CC BY 2.0 (http://creativecommons.org/licenses/by/2.0)], via Wikimedia Commons.

図5　"Roberto Baggio cropped" by kanegen from Tokyo, Japan - JAPAN ITALY LEGEND MATCH. Licensed under Creative Commons Attribution 2.0 via Wikimedia Commons - http://commons.wikimedia.org/wiki/File:Roberto_Baggio_cropped.jpg#mediaviewer/File:Roberto_Baggio_cropped.jpg

第3章

15

図1　David Forgacs/Robert Lumley (ed.), *Italian cultural studies – an introduction*, Oxford, Oxford University Press, 1996.

図2～7　筆者撮影。

16

図1　*Il mito e il culto della grande dea*, a cura di Maria Panza e Maria Teresa Ganzerla, Bologna, Associazione Armonie, 2003.

図2～4　筆者撮影。

図5　*Ciao Anna, il catalogo*, Interculturali, Roma, 2004.

図6，7　Fabrizio Borin, *Federico Fellini*, Roma, Gremese, 1999.

17

図1　映画『ローマのアメリカ人』イタリア語版 DVD カバー。

図2～4　筆者撮影。

18

図1，2，4　筆者撮影。

図3，5　ENIT 提供。

19

図1　映画『ゴッド・ファーザー』イタリア語版 DVD カバー。

図2，4　著者提供。

図3　By Nicola Di Maria (info@nicoladimaria.info) (Own work) [CC BY SA 2.5(http://creativecommons.org/licenses/by-sa/2.5)], via Wikimedia Commons.

20

図1　Christopher Duggan, *A concise history of Italy*, New York, Cambridge University Press, 1995.

図2，3　Christopher Duggan, *A concise history of Italy*, New York, Cambridge University Press, 1994/1995.

図4　Robert Lumley, *States of emergency – Cultures of revolt in Italy from 1968 to 1978*, London, Verso, 1990.

図5，6　筆者撮影。

21

図1～3　筆者撮影。

図4　Stefania Parigi, *Roberto Benigni*, Napoli, Edizioni Scientifiche Italiane, 1988.

第4章

22

図1～3　Giorgio Cricco e Francesco Paolo Di Teodoro, *Il Cricco Di Teodoro: Itinerario nell'arte. Dal Gotico Internazionale al Manierismo*, Bologna, Zanichelli, 2011.

図4　José Sasportes, a cura di, *Storia della danza italiana dalle origini ai giorni nostri*, Torino, EDT, 2011.

23

図1～6　Giorgio Cricco e Francesco Paolo Di Teodoro, *Il Cricco Di Teodoro: Itinerario nell'arte. Dal Barocco al Postimpressionismo*, Bologna, Zanichelli, 2012.

24

図1，3　*Storia illustrata dell'opera*, a cura di Roger Parker, Milano, Ricordi, 1998.

図2　Marzio Pieri, *Verdi. L'immaginario dell'Ottocento*, Milano, Electa, 1981.

図4　*Storia della danza italiana dalle origini ai giorni nostri*, a cura di José Sasportes, Torino, EDT, 2011.

25

図1　Giancarlo Maiorino, *Leonardo Da Vinci, The Daedalian Mythmaker*, Pennsylvania, Pennsylvania State UP, 1992.

図2　E. H. Gombrich, *The Story of Art*, London, Phaidon Press, 1995.

図3　Baldassare Castiglione, *Il libro del cortegiano*, Torino, UTET, 1981.

図4　*Giambattista Vico's Science of Humanity*, Edited by Giorgio Tagliacozzo, Baltimore and London, The Jhon Hopkins Universty Press, 1976.

26

図1，6　*Futuro del futurismo*, Electa, Milano, 2007.

図2　*Chaos & Classicism: Art in France, Italy, and Germany, 1918-1936*, New York, Guggenheim Museum Publications, 2010.

図3，5　*Dal romanticismo all'informale, Omaggio a Francesco Arcangeli*, Electa, Milano, 2006.

図4　*Galleria nazionale d'Arte moderna. Le collezioni Il XX secolo*, Electa, Milano, 2005.

27

図1～4　Aldo Colonetti, Elena Brigi e Valentina Croci, *Design italiano del XX secolo*, Firenze-Milano, Arte e Dossier, Giunti, 2008.

28

図1～6　*Guida di Brescia: la storia, l'arte, il volto della città*, Brescia, Grafo, 2005.

29

図1～5　筆者撮影。

第5章

30

図1　絵葉書。

図2　Mary Hollingsworth, *Patronage in Renaissance Italy From 1400 to the Early Sixteenth Century*, London, John Murray, 1994.

図3　筆者撮影。

図4　Giovanni Paolo II, *Strade d'amore*, Milano, Rusconi, 1994.

31

図1　Rosa Agizza, *Miti e leggende dell'Antica Roma*, Roma, Newton & Compton, 1986.

図2　*Roma e Città del Vaticano*, Milano, Touring Club Italiano, 2008.

図3　Rosa Agizza, *Miti e leggende dell'antica Roma*, Roma, Newton & Compton, 1986.

32

図1　河島英昭『イタリア・ユダヤ人の風景』岩波書店，2004年。

図2　竹山博英『プリーモ・レーヴィ――アウシュヴィッツを考えぬいた作家』言叢社，2011年。

図3　映画『悲しみの青春』修復版DVDカバー。

図4　Paolo Vita-Finzi, *Giorni lontani*, Bologna, il mulino, 1989.

33

図1　Roland Sarti, *Giuseppe Mazzini*, Roma-Bari, Laterza, 2000.

図2，5　*La Massoneria*, Firenze, Giunti, 2005.

図3，4　Enrico Nassi, *La massoneria in Italia*, Roma, Newton & Compton, 1994.

34

図1，5　筆者撮影。

図2～4，6，7　ENIT提供。

35

図1　映画『特別な一日』DVDカバー。

図2　Michela De Giorgio, *Le italiane dall'Unità a oggi*, Roma-Bari, Laterza, 1992.

図3　映画『イタリア式離婚狂想曲』DVDカバー。

図4　映画『あしたのパスタはアルデンテ』DVDカバー。

36

図1，2，4～6　Wolfgang Hecht, *Goethe als Zeichner*, München, Beck, Leipzig, E.A. Seemann, 1982.

図3　Friedmar Apel et al., *Goethe und die Kunst*, Stuttgart, Hatje, 1994.

37

図1　Public domain.

図2　Gennaro Spadafora氏提供。

図3～5　著者提供。

38

図1　By Bruno Cordiolibrldotcom [CC BY SA 3.0 (http://creativecommons.org/licenses/by-sa/3.0) or CC BY 2.0 (http://creativecommons.org/licenses/by/2.0)], via Wikimedia Commons.

図2　By Pippo-b [GFDL (http://www.gnu.org/copyleft/fdl.html) or CC-BY-SA-3.0 (http://creativecommons.org/licenses/by-sa/3.0/)], via Wikimedia Commons.

図3　Letizia Gamberini氏提供。

図4　Patrick Stephen Colgan氏提供。

図5　©RaBoe/Wikipedia. http://creativecommons.org/licenses/by-sa/3.0/legalcode

図6，7　筆者撮影。

第6章

39

図1～4　アシェンデン・プレス『ダンテ全集』(エンゼル財団所蔵)。

図5　Dante Alighieri, *Commedia*, con il commento di A.M. Chiavacci Leonardi, Bologna, Zanichelli, 2001.

40

図1, 2　E. H. Gombrich, *The Story of Art*, London, Phaidon Press, 1995.

図3　Giancarlo Maiorino, *Leonardo Da Vinci, The Daedalian Mythmaker*, Pennsylvania, Pennsylvania State UP, 1992.

図4　*L'exposition DADA* (catalogue), Paris, Adagp, 2005.

41

図1～4　Stillman Drake, *Galileo :A Very Short Introduction*, Oxford, Oxford UP, 2001.

42

図1～4　Frances A. Yates, *Giordano Bruno and the Hermetic Tradition*, Chicago and London, The University of Chicago Press, 1979.

43

図1　*Lessico Universale Italiano*, Roma, 1970.

図2　*Enciclopedia Europa*, Milano, Garzanti, 1970.

図3～5　*La Sicilia, il suo cuore : Omaggio a Leonardo Sciascia*, Palermo, Fondazione L. Sciascia/Fondazione G.Whitaker, 1998.

44

図1　Italo Calvino, *Romanzi e racconti*, a cura di C. Milanini, M. Balenghi e B. Falcetto, Vol. I, Milano, Mondadori, 1991.

図2　Italo Calvino, *Romanzi e racconti*, a cura di C. Milanini, M. Balenghi e B. Falcetto, Vol. II, Milano, Mondadori, 1992.

図3～5　*Letteratura italiana. Le opere*. Vol. 4/2: *Il Novecento. La ricerca letteraria*, a cura di A. Asor Rosa, Torino, Einaudi, 1995.

図6　Tullio Pericoli, *Otto scrittori*, Milano, Adelphi, 2003.

45

図1～4　筆者撮影。

図5　Elisa Biagini, *The Guest in the Wood: A Selection of Poems 2004-2007*, New York, Chelsea Editions, 2013.

46

図1　Michelangelo Antonioni, *Quel bowling sul Tevere*, Torino, Einaudi, 1995.

図2, 3　筆者撮影。

図4　映画『赤い砂漠』修復版DVDカバー。

図5　ピエール・ルブロオン『現代のシネマ②アントニオーニ』矢島翠訳, 三一書房, 1969年。

第7章

47

図1　*Enciclopedia italiana di scienze, lettere ed arti. 12: Croce-Dir*, Roma, Treccani, 1949.

図2，3　*Enciclopedia italiana di scienze, lettere ed arti. Appendice 2000: Album 2*, Roma, Treccani, 2001.

図4　*Il contributo italiano alla storia del pensiero. Storia e politica*, Roma, Treccani, 2013.

48

図1～6　*Storia d'Italia. Annali 2. L'immagine fotografica 1845-1945*, Torino, Einaudi, 1979.

図7　『アウシュヴィッツは終わらない』原書カバー。

図8　『くもの巣の小道』原書カバー。

49

図1～6　*Storia d'Italia, Annali 20, Limmagine fotografica 1945-2000*, Torino, Einaudi, 2004.

50

図1，2　Public domain.

図3　"Silvio Berlusconi" by Lorenza e Vincenzo Iaconianni - Fotoguru.it. Licensed under Creative Commons Attribution-Share Alike 3.0 via Wikimedia Commons - http://commons.wikimedia.org/wiki/File:Silvio_Berlusconi.jpg#mediaviewer/File:Silvio_Berlusconi.jpg

図4　By Emanuele from Latina, Italy - NO B. DAY. Licensed under Creative Commons Attribution-Share Alike 2.0 via Wikimedia Commons - http://commons.wikimedia.org/wiki/File:No_Berlusconi_Day_-_Rome,_Italy_05_December_2009.jpg#mediaviewer/File:No_Berlusconi_Day_-_Rome,_Italy_05_December_2009.jpg

51

図1～3　*Cronologia della storia d'italia: 3: 1848-2008*, a cura di Giuliano Martignetti, Torino, UTET, 2008.

図4　*Enciclopedia italiana di scienze, lettere ed arti. Appendice 2000: 1: A-La*, Roma, Treccani, 2005.

52

図1，2，6　*Enciclopedia italiana di scienze, lettere ed arti. Appendice 2000: Album 2*, Roma, Treccani, 2001.

図3　*Enciclopedia italiana di scienze, lettere ed arti. Appendice 2000: 2: Le-Z*, Roma, Treccani, 2005.

図4　*Enciclopedia italiana di scienze, lettere ed arti. Settima appendice: XXI secolo: Pe-Z*, Roma, Treccani, 2007.

図5　*Migrazione e razzizmo* in *Enciclopedia italiana di scienze, lettere ed arti. Ottava Appendice: Lessico del 21. secolo. L-Z*, Roma, Treccani, 2013.

図7　"Internazionale", Internazionale srl, Roma, 26 settembre 2014, n. 1070.

53

図1～4　筆者撮影。

54

図１　http://www.sekaichizu.jp/ をもとに作成。

図２　Forattini, *Berluscopone*, Milano, Arnoldo Mondadori Editore, 1996.

図３，４　筆者撮影。

55

図１，２，４　Wikimedia Commons.

図３，５　*Italia-Giappone: 450anni*, a cura di Adolfo Tamburello, Roma: Istituto Italiano per L'Africa e L'Oriente. Napoli: Università degli studi di Napoli "L'Orientale", 2003.

図６　Fosco Maraini, *Ore giapponesi*, Milano, Corbaccio, 2000.

参考文献

第1章

1

ジュゼッペ・パトータ『イタリア語の起源——歴史文法入門』岩倉具忠監修，橋本勝雄訳，京都大学学術出版会，2007年。

アレッサンドロ・マンゾーニ『いいなづけ』平川祐弘訳，河出文庫，2006年。

ナタリア・ギンズブルグ『マンゾーニ家の人々』須賀敦子訳，白水Uブックス，2012年。

2

『ヴェネツィア・北東イタリア——海洋都市国家の足跡』日経BP社，2002年。

Enzo Biagi, *Cara Italia*, Milano・Roma, RAI・ERI Rizzoli, 1998.

3

森田鉄郎編『イタリア史』山川出版社，1976年。

佐藤真典『中世イタリア都市国家成立史研究』ミネルヴァ書房，2001年。

日伊協会監修・イタリア文化事典編集委員会編『イタリア文化事典』丸善出版，2011年。

ジョヴァンニ・ボッカッチョ『デカメロン』（上・中・下）柏熊達夫訳，筑摩書房，1987年。

4

日伊協会監修・イタリア文化事典編集委員会編「イタリアの貴族」「イタリア国旗と国歌」「王制から共和制へ」『イタリア文化事典』丸善出版，2011年。

エンツォ・ビアージ「王制に別れを告げたころ」『新イタリア事情』大西克寛・林要一訳，朝日新聞社，1983年。

森田鉄郎・重岡保郎『イタリア現代史』山川出版社，1977年。

森田鉄郎編『イタリア史』山川出版社，1976年。

ジュゼッペ・トマージ・ディ・ランペドゥーサ『山猫』小林惺訳，岩波書店，2008年。

「出廷した王」「いったい何を主張する？」『エンツォ・ビアージのある一年　イタリア1991～1992』鶴田知佳子訳，三田出版会，1994年。

5

ファビオ・ランベッリ『イタリア的考え方——日本人のためのイタリア入門』ちくま新書，1997年。

小川光生『サッカーとイタリア人』光文社新書，2008年。

島村菜津『スローシティ——世界の均質化と闘うイタリアの小さな町』光文社，2013年。

宗田好史『なぜイタリアの村は美しく元気なのか——市民のスロー志向に応えた農村の選択』学芸出版社，2012年。

河島英昭監修『イタリア』新潮社，1993年。

6

池上俊一『世界歴史の旅　イタリア　建築の精神史』山川出版社，2009年。

野口昌夫『イタリア　都市の諸相——都市は歴史を語る』刀水書房，2008年。
Pier Luigi Cervellati, *L'arte di curare la città*, Bologna, Il Mulino, 2000.
Paolo Giovanazzi, *Lucio Dalla. Una vita a modo mio*, Reggio Emilia, Aliberti, 2012.
Dina Nencini, *La piazza: ragioni e significati nell'architettura italiana*, Milano, Christian Marinotti, 2012.

7

北原敦編『イタリア史』山川出版社，2008年。

北村暁夫・小谷眞男編『イタリア国民国家の形成——自由主義期の国家と社会』日本経済評論社，2010年。

北村暁夫・伊藤武編著『近代イタリアの歴史——16世紀から現代まで』ミネルヴァ書房，2012年。

上村忠男『カルロ・レーヴィ「キリストはエボリで止まってしまった」を読む』平凡社ライブラリー，2010年。

ジョン・ファンテ『ディゴ・レッド』栗原俊秀訳，未知谷，2014年。

ジュゼッペ・トマージ・ディ・ランペドゥーザ『ランペドゥーザ全小説　附・スタンダール論』脇功・武谷なおみ訳，作品社，2014年。

第2章

8

インドロ・モンタネッリ『ローマの歴史』藤沢道郎訳，中公文庫，1996年。

マルグリット・ユルスナール『ハドリアヌス帝の回想』多田智満子訳，白水社，2001年。
P. P. パゾリーニ『生命（いのち）ある若者』米川良夫訳，講談社学術文庫，1999年。
Margherita Guarducci, *Scritti scelti sulla religione greca e romana e sul cristianesimo*, Leiden, Brill, 1983.
Pietro De Angelis, *Le origini di Roma e il suo nome segreto*, Roma, Arti grafiche Santa Barbara, 1937.

9

北原敦編『イタリア史』山川出版社，2008年。

藤澤房俊『「イタリア」誕生の物語』講談社選書メチエ，2012年。

片桐薫編『グラムシ·セレクション』平凡社ライブラリー，2001年。

10

城一夫・長谷川博志『イタリアの伝統色』パイインターナショナル，2014年。

コロナ・ブックス編集部編『イタリアの色』コロナ・ブックス，2013年。

11

E. デ・アミーチス『クオーレ』和田忠彦訳，新潮社，1999年。
北原敦編『イタリア史』山川出版社，2008年。

藤沢房俊『「クオーレ」の時代　近代イタリアの子供と国家』筑摩書房，1998年。

和田忠彦「ピノッキオ偏愛者の独り言」『日本近代文学館』　第262号，日本近代文学館，2014年11月15日。

Franco Cambi, *Collodi, De Amicis, Rodari: tre immagini d'infanzia*, Bari, Dedalo, 1985.
Carlo Collodi, *Pinocchio; introduzione e commento critico di Fernando Tempesti; disegni di Igort*, Milano, Feltrinelli, 2002.

12

井口文男『イタリア憲法史』友信堂高文社，1998年。

イタリア共和国憲法最新版（イタリア政府 HP より）http://www.governo.it/Governo/Costituzione/CostituzioneRepubblicaItaliana.pdf

13

グイド・ザッカニーニ『中世イタリアの大学生活』児玉善仁訳，平凡社，1990年。
児玉善仁『イタリアの中世大学』名古屋大学出版会，2007年。
Giliberto Capano, *L'università in Italia*, Bologna, il Mulino, 2000.
Paolo Prodi, *Università dentro e fuori*, Bologna, il Mulino, 2013.

14

千田善『ワールドカップの世界史　理想の教室』みすず書房，2006年。
Daniele Poto, *Le mafie nel pallone: storia dell'illegalità diffusa nel gioco più truccato del mondo*, Torino, Gruppo Abele, 2010.
Sandro Bocchio/Giovanni Tosco, *Storia dei mondiali di calcio*, Torino, SEI, 2014.

第3章

15

Ernesto De Martino, *Sud e magia*, Milano, Feltrinelli, 1959.
レオン・マルケ他編『ヨーロッパの祝祭』河出書房新社，1996年。

16

Marina d'Amelia, *La mamma*, Bologna, il Mulino, 2005.
Corrado Alvaro, *Il nostro tempo e la speranza*, Milano, Bompiani, 1952.

17

アルベルト・カパッティ，マッシモ・モンタナーリ『食のイタリア文化史』柴野均訳，岩波書店，2011年。

シルヴァーノ・セルヴェンティ，フランソワーズ・サバン『パスタの歴史』飯塚茂雄・小矢島聡監修，清水由貴子訳，原書房，2012年。

Giuseppe Prezzolini, *Maccheroni & C.*, Milano, Rusconi, 1998.

18

AA. VV., *Le vacanze degli italiani nell'estate 2013*, a cura del Centro Studi Touring Club Italiano, 2013, http://static.touringclub.it/store/document/690_file.pdf
AA. VV., 'Turismo' in AA. VV., *L'Italia in 150 anni. Sommario di statistiche storiche 1861-2010*, Roma, ISTAT, 2011, pp. 699-805. http://www3.istat.it/dati/catalogo/20120118_00/cap_18.pdf
Anonimo, "Estate, aumentano i vacanzieri ma crolla la spesa", «la Repubblica», 2014.6.21. http://www.repubblica.it/economia/2014/06/21/news/estate_aumentano_i_vacanzieri_ma_crolla_

la_spesa-89608974/
19
シルヴィオ・ピエルサンティ『イタリア・マフィア』朝田今日子訳，筑摩書房，2007年。
馬場康雄・奥島孝康編『イタリアの社会——遅れて来た「豊かな社会」の実像』早稲田大学出版部，1999年。
Augusto Cavadi, *Il Dio dei mafiosi*, Milano, Edizioni San Paolo, 2009.
Marco Tullio Giordana; Claudio Fava; Monica Zapelli, *I cento passi*, Milano, Feltrinelli, 2001.
Massimo Picozzi, *Cosa nostra: storia della mafia per immagini*, Milano, Mondadori, 2010.
Roberto Saviano, *Gomorra. Viaggio nell'impero economico e nel sogno di dominio della camorra*, Milano, Mondadori, 2006.
20
帯刀治・北川隆吉編著『社会運動研究入門——社会運動研究の理論と技法』文化書房博文社，2004年。
森岡鉄郎・重岡保郎『イタリア現代史』山川出版社，1977年。
日伊協会監修・イタリア文化事典編集委員会編『イタリア文化事典』丸善出版，2011年。
21
アレッサンドロ・ジョヴァンニ・ジェレヴィーニ，*Dolce italiano*，日本放送出版協会，2010年。
ファブリツィオ・グラッセッリ『イタリア人と日本人，どっちがバカ？』文藝春秋，2012年。

第4章
22
ヤーコプ・ブルクハルト『イタリア・ルネサンスの文化』（I・II）柴田治三郎訳，中央公論新社，2002年。
ウンベルト・エーコ『美の歴史』植松靖夫監訳，川野美也子訳，東洋書林，2005年。
ロベルト・ロンギ『イタリア絵画史』和田忠彦・柱本元彦・丹生谷貴志訳，筑摩書房，2009年。
ジョルジョ・ヴァザーリ『芸術家列伝』（I・II・III）平川祐弘・小谷年司訳，白水社，2011年。
ジョルジョ・ヴァザーリ『美術家列伝』森田義之他監修，中央公論美術出版，2014年。
23
ハインリヒ・ヴェルフリン『美術史の基礎概念——近世美術における様式発展の問題』梅津忠雄訳，慶應義塾大学出版会，2000年。
岡田温司編『カラヴァッジョ鑑』人文書院，2001年。
高階秀爾『バロックの光と闇』小学館，2001年。
ウンベルト・エーコ『醜の歴史』川野美也子訳，東洋書林，2009年。
24
Alberto Cadioli, *Romanticismo italiano*, Milano, Editrice Bibliografica, 1995.
Elvidio Surian, *Manuale di storia della musica. Volume III. L'Ottocento: la musica strumentale e il teatro d'opera*, Milano, Ruggineti, 1993.
水谷章良『イタリア・オペラ史』音楽之友社，2006年。

25
岡田温司「バロックとネオバロック――モダンとポストモダンの狭間で」山田忠彰・小田部胤久編『デザインのオントロギー――倫理学と美学の交響』ナカニシヤ出版，2007年，pp. 4-36。

加藤哲弘編『芸術理論古典文献アンソロジー（西洋篇）』幻冬舎，2014年。

ウンベルト・エーコ『美の歴史』植松靖夫・川野美也子訳，東洋書林，2005年。

バルダッサーレ・カスティリオーネ『カスティリオーネ　宮廷人』清水純一・天野恵・岩倉具忠訳，東海大学出版会，1987年。

マリオ・ペルニオーラ『無機的なもののセックス・アピール』岡田温司・鯖江秀樹・蘆田裕史訳，平凡社，2012年。

26
岡田温司『モランディとその時代』人文書院，2003年。

田之倉稔『イタリアのアヴァン・ギャルド　未来派からピランデルロへ』（新装版）白水社，2001年。

オクタビオ・パス『泥の子供たち――ロマン主義からアヴァンギャルドへ』竹村文彦訳，水声社，1994年。

レナート・ポッジョーリ『アヴァンギャルドの理論』篠田綾子訳，晶文社，1988年。

マテイ・カリネスク『モダンの五つの顔』富山英俊・栂正行訳，せりか書房，1995年。

27
佐藤和子『「時」を生きるイタリア・デザイン』阪急コミュニケーションズ，2001年。

Renato De Fusco, *Made in Italy. Storia del design italiano*, Roma-Bari, Laterza, 2007.

マリア・ジュゼッピーナ・ムッツァレッリ『イタリア・モード小史』伊藤亜紀・河田淳・田口かおり・山崎彩訳，知泉書館，2014年。

28
鵜沢隆監修『ジュゼッペ・テラーニ　時代を駆けぬけた建築』INAX 出版，1998年。

白幡俊輔『軍事技術者のルネサンス――築城・大砲・理想都市』思文閣出版，2012年。

陣内秀信他『図説　西洋建築史』彰国社，2005年。

鯖江秀樹『イタリア・ファシズムの芸術政治』水声社，2011年。

ジョルジョ・チュッチ『建築家とファシズム――イタリアの建築と都市1922-1944』鹿野正樹訳，鹿島出版会，2014年。

マリオ・プラーツ『ローマ百景――建築と美術と文学と』（I），伊藤博明・白崎容子ほか訳，ありな書房，2006年。

マリオ・プラーツ『ローマ百景――建築と美術と文学と』（II），伊藤博明・白崎容子ほか訳，ありな書房，2009年。

29
朽見行雄『イタリア職人の国物語』日本交通公社出版事業局，1995年。

松山猛『ヴィヴァ！イタリアの職人たち――紙の指をもつ人々の物語』世界文化社，1995年。

内田洋子，シルヴィオ・ピエールサンティ『イタリア人の働き方――国民全員が社長の国』光文社新書，2004年。

Storia dell'artigianato italiano, Milano, Etas Libri, 1999.

「北イタリアにおける“匠のネットワーク”調査研究――沖縄の工芸産業の振興に向けて」沖縄県対米請求権事業協会，2003年。

佐藤康夫「伝統工芸と職人――グローバル化で揉まれる職人」村上義和編著『イタリアを知るための62章』明石書店，2013年。

第5章

30

塩野七生「法王庁の抜け穴」『イタリアからの手紙』新潮社，1970年。

郷富佐子『バチカン』岩波書店，2007年。

斎藤かおる監修『知られざる歴史ミステリー――ヴァチカンの謎と真実』青春出版社，2009年。

31

トマス・ブルフィンチ『ギリシア・ローマ神話』野上弥生子訳，岩波書店，1978年。

イタロ・カルヴィーノ『イタリア民話集』河島英昭訳，岩波書店，1984年。

ジャンバッティスタ・バジーレ『ペンタメローネ「五日物語」』杉山洋子・三宅忠明訳，大修館書店，1995年。

Umberto Galimberti, *I miti del nostro tempo*, Feltrinelli, Milano, 2009.

32

河島英昭『イタリア・ユダヤ人の風景』岩波書店，2004年。

竹山博英『プリーモ・レーヴィ――アウシュヴィッツを考えぬいた作家』言叢社，2011年。

ナタリア・ギンズブルグ『ある家族の会話』須賀敦子訳，白水Uブックス，1997年。

Paolo Vita-Finzi, *Giorni lontani*, Bologna, il mulino, 1989.

33

Enrico Nassi, *La massoneria in Italia*, Newton & Compton, Roma, 1994.
La Massoneria, Giunti, Firenze, 2005.
ジュゼッペ・マッツィーニ『人間の義務について』齋藤ゆかり訳，岩波書店，2010年。
藤沢房俊『マッツィーニの思想と行動』太陽出版，2011年。

34

工藤裕子「イタリアの特別州に見る政府間関係・行政イノベーション・財政分権化」『比較自治研究会による各国の政策研究（平成23年度比較自治研究会調査報告書）』一般財団法人　自治体国際化協会パリ事務所，2012年。http://www.clair.or.jp/j/forum/pub/docs/h23_hikaku_houkokusyo06.pdf

35

Sharon Wood & Joseph Farrell, “Other voices: contesting the status quo”, in Zygmunt G. Baranski & Rebecca J. West (edited by), *The Cambridge Companion to Modern Italian Cutlure*, Canbridge, Cambridge University Press, 2001, pp. 131-149.
菊川麻里「性差から歴史を語る――イタリアにおける女性史と〈ジェンダー〉」望月幸男・村岡健次監修『ジェンダー』ミネルヴァ書房，2008年。
Michela De Giorgio, *Le italiane dall'Unità a oggi*, Roma-Bari, Laterza, 1992.

36
J. W. ゲーテ『イタリア紀行』（上）相良守峯訳，岩波書店，1997年。
J. W. ゲーテ『イタリア紀行』（中）相良守峯訳，岩波書店，1994年。
J. W. ゲーテ『イタリア紀行』（下）相良守峯訳，岩波書店，2001年。
池内紀『ゲーテさんこんばんは』集英社，2001年。
磯崎康太郎「神話の想起と解放——ゲーテの『イタリア紀行』と紀行文学」『世界文学』2005年，pp. 15-23。
37
ファビオ・ランベッリ『イタリア的考え方——日本人のためのイタリア入門』筑摩書房，1997年。
ルッジェーロ・ロマーノ『イタリアという「国」——歴史の中の社会と文化』関口英子訳，岩波書店，2011年。
Tullio De Mauro, *Storia linguistica dell'Italia unita*, Roma - Bari, Laterza, 2011.
Silvana Patriarca, *Italianità: la costruzione del carattere nazionale*, traduzione di Sandro Liberatore, Roma - Bari, Laterza, 2010.
38
カルロ・ペトリーニ『スローフード・バイブル——イタリア流・もっと「食」を愉しむ術』中村浩子訳，日本放送出版協会，2002年。
カルロ・ペトリーニ『スローフードの奇跡——おいしい，きれい，ただしい』石田雅芳訳，三修社，2009年。
Silvia Ceriani (Edited by), *Riflessioni sulla terra: un'antologia*, Bra, Slow food, 2010.
Carlo Petrini, *Slow food. Le ragioni del gusto*, Roma - Bari, Laterza, 2001.

第6章

39
Dante Alighieri, *Commedia*, con il commento di A. M. Chiavacci Leonardi, Zanichelli, Bologna 2001.
ダンテ・アリギエーリ『ダンテ』野上素一訳，筑摩書房，1973年。
E. アウエルバッハ『ダンテ』小竹澄栄訳，みすず書房，1993年。
J. L. ボルヘス『ボルヘスの「神曲」講義』竹村文彦訳，国書刊行会，2001年。
村松真理子『謎と暗号で読み解く ダンテ『神曲』』角川書店，2013年。

40
岡田温司『肖像のエニグマ』岩波書店，2008年。

岡田温司・池上英洋『レオナルド・ダ・ヴィンチと受胎告知』平凡社ライブラリー，2007年。

竹下節子『レオナルド・ダ・ヴィンチ伝説の虚実——創られた物語と西洋思想の系譜』中央公論新社，2006年。

レオナルド・ダ・ヴィンチ『絵画の書』斎藤泰弘訳，岩波書店，2014年。

ポール・ヴァレリー『レオナルド・ダ・ヴィンチ論』塚本昌則訳，ちくま学芸文庫，2013年。

41
ガリレオ・ガリレイ『天文対話』（上）青木靖三訳，岩波文庫，1959年。

ガリレオ・ガリレイ『天文対話』（下）青木靖三訳，岩波文庫，1961年。

ガリレオ・ガリレイ『偽金鑑識官』山田慶兒・谷泰訳，中央公論新社，2009年。

伊藤和行『ガリレオ――望遠鏡が発見した宇宙』中公新書，2013年。

イタロ・カルヴィーノ『なぜ古典を読むのか』須賀敦子訳，河出文庫，2012年。

ホルスト・ブレーデカンプ『芸術家ガリレオ・ガリレイ　月・太陽・手』原研二訳，産業図書，2012年。

42

ジョルダーノ・ブルーノ『傲れる野獣の追放』加藤守通訳，東信堂，2013年。

岡本源太『ジョルダーノ・ブルーノの哲学――生の多様性へ』月曜社，2012年。

加藤守通「ブルーノ」伊藤博明編『哲学の歴史 4　ルネサンス』中央公論新社，2007年，pp. 519-554。

根占献一他『イタリア・ルネサンスの霊魂論』（新装版）三元社，2013年。

43

日伊協会監修・イタリア文化事典編集委員会編『イタリア文化事典』丸善出版，2011年。

レオナルド・シャーシャ『マヨラナの失踪――消えた天才物理学者の謎』千種堅訳，出帆社，1976年。

ジョアオ・マゲイジョ『マヨラナ――消えた天才物理学者を追う』塩原通緒訳，NHK 出版，2013年。

田中千世子「絶望と失踪」『イタリア・都市の歩き方』講談社，1997年。

44

イタロ・カルヴィーノ『くもの巣の小道――パルチザンあるいは落伍者たちをめぐる寓話』米川良夫訳，ちくま文庫，2006年。

イタロ・カルヴィーノ『木のぼり男爵』米川良夫訳，白水Ｕブックス，1995年。

イタロ・カルヴィーノ『見えない都市』米川良夫訳，河出文庫，2003年。

イタロ・カルヴィーノ『アメリカ講義――新たな千年紀のための六つのメモ』米川良夫・和田忠彦訳，岩波文庫，2011年。

45

イタロ・カルヴィーノ『なぜ古典を読むのか』須賀敦子訳，河出文庫，2012年。

須賀敦子『イタリアの詩人たち』青土社，2013年。

ジョルジョ・アガンベン『イタリア的カテゴリー――詩学序説』岡田温司監訳，みすず書房，2010年。

46

ピエール・ルプロオン『アントニオーニ』矢島翠訳，三一書房，1969年。

吉田喜重『自己否定の論理・想像力による変身』三一書房，1970年。

ミケランジェロ・アントニオーニ『愛のめぐりあい』岡本太郎訳，筑摩書房，1995年（原典は短編集『テヴェレ川沿いのボーリング』）。

第７章

47

馬場康雄「遅れて来た『豊かな社会』の政治変容」東京大学社会科学研究所編『現代日本社会：２国際比較［１］』東京大学出版会，1991年。

馬場康雄「イタリア人と政治」馬場康雄・岡沢憲芙編『イタリアの政治――「普通でない民主主義国」の終り？』早稲田大学出版部，1999年。

伊藤武「イタリア」馬場康雄・平島健司編『ヨーロッパ政治ハンドブック』東京大学出版会，2000年。

馬場康雄「トラスフォルミズモ再考」北村暁夫・小谷眞男編『イタリア国民国家の形成――自由主義期の国家と社会』日本経済評論社，2010年。

北村暁夫・伊藤武編著『近代イタリアの歴史――16世紀から現代まで』ミネルヴァ書房，2012年。

AA. VV., *Enciclopedia delle scienze sociali*, Roma, Istituto della enciclopedia italiana fondata da G. Treccani, 1998, vol. 8.

48

北村暁夫・伊藤武編著『近代イタリアの歴史――16世紀から現代まで』ミネルヴァ書房，2012年。

クリストファー・ダガン『イタリアの歴史』河野肇訳，創土社，2005年。

Anna Cento Bull, "Social and political cultures in Italy from 1860 to the present day", in Zygmunt G. Baranski & Rebecca J. West (edited by), *The Cambridge Companion to Modern Italian Cutlure*, Cambridge University Press, Cambridge, 2001, pp. 35-62.

高橋進「戦争犯罪・人道犯罪と国家責任――イタリアの場合」『龍谷法学』第42巻第４号，2010年，pp. 282-307。

和田忠彦『ファシズム，そして』水声社，2008年。

田之倉稔『ファシズムと文化』山川出版社，2004年。

49

レオナルド・シャーシャ『モーロ事件』千種堅訳，1979年，新潮社。

ロバート・カッツ『首相暗殺』リック・タナカ訳，集英社，1989年。

50

北村暁夫・伊藤武編著『近代イタリアの歴史――16世紀から現代まで』ミネルヴァ書房，2012年。

馬場康雄・岡沢憲芙編『イタリアの政治 「普通でない民主主義国」の終わり？』早稲田大学出版部，1999年。

Paul Ginsborg / Enrica Asquer (Edited by), *Berlusconismo : analisi di un sistema di potere*, Roma - Bari, Laterza, 2011.

51

馬場康雄「イタリア人と政治」馬場康雄・岡沢憲芙編『イタリアの政治――「普通でない民主主義国」の終り？』早稲田大学出版部，1999年。

佐藤康夫「賄賂都市――蔓延する汚職」村上義和編『現代イタリアを知るための44章』明石書店，2005年。

北村暁夫・伊藤武編著『近代イタリアの歴史――16世紀から現代まで』ミネルヴァ書房，2012年。
G. Barbacetto, P. Gomez and M. Travaglio, *Mani Pulite: la vera storia, 20 anni dopo*, Milano, Chiarelettere, 2012.

52

マリオ・フォルトゥナート，サラーハ・メスナーニ『イタリアの外国人労働者』関口英子訳，明石書店，1994年。

北村暁夫「移民と外国人労働者」馬場康雄・奥島孝康編『イタリアの社会――遅れて来た「豊かな社会」の実像』早稲田大学出版部，1999年。

北村暁夫『ナポリのマラドーナ――イタリアにおける「南」とは何か』山川出版社，2005年。

佐藤康夫「寛容ゼロ――新しい移民法」村上義和編『現代イタリアを知るための44章』明石書店，2005年。

佐藤典子「増え続ける外国人，遅れる法整備――移民問題」村上義和編『イタリアを知るための62章【第２版】』明石書店，2013年。

Davide Camarrone, *Lampaduza*, Sellerio Editore, Palermo, 2014.

53

Aldo Nove, *Mi chiamo Roberta, ho 40 anni, guadagno 250 euro al mese...*, Torino, Eunaudi, 2006.
Marianna Madia, *Precari*, Soveria Mannelli, Rubbettino, 2011.
Cervelli in fuga, a cura dell'Associazione Dottorandi e Dottori di ricerca italiani, Roma, Avverbi, 2001.

54

日伊協会監修・イタリア文化事典編集委員会編『イタリア文化事典』丸善出版，2011年。

55

マルコ・ポーロ『東方見聞録』月村辰雄・久保田勝一訳，岩波書店，2012年。

樺山紘一『世界の歴史16　ルネサンスと地中海』中公文庫，2008年。

若桑みどり『クアトロ・ラガッツィ――天正少年使節と世界帝国』（上・下）集英社文庫，2008年。

河上眞理『工部美術学校の研究――イタリア王国の美術外交と日本』中央公論美術出版，2011年。

フォスコ・マライーニ『随筆日本――イタリア人の見た昭和の日本』岡田温司他訳，松籟社，2009年。

Italia-Giappone: 450anni, a cura di Adolfo Tamburello, Roma: Istituto Italiano per L'Africa e L'Oriente. Napoli: Università degli studi di Napoli "L'Orientale", 2003.

略年表

年　代	歴史の流れ	文　　化
前11～前８世紀	イタリア半島での鉄器時代に入り，ヴィッラノーヴァ文化広がる	
前８世紀	中伊にエトルリア文化が興る ナポリなど半島南部やシチリアにはギリシア植民都市が建設され「大ギリシア」（マグナ・グラエキア）と呼ばれる	
前753	ローマ建国（伝承）	
前451	共和政ローマ，十二表法制定	
前264	ローマ対カルタゴ，３次に渡るポエニ戦争はじまる（～前146）	
前184		喜劇作家プラウトゥス没
前133	グラックス兄弟による改革はじまる	
前63	キケロ，カティリナ弾劾演説	
前59	第１回三頭政治	
前49	ガリア征服後のカエサル，ルビコン川越えてローマ進撃	
前44	カエサル暗殺	
前43	第２回三頭政治	
前27	アウグストゥス，帝政ローマ創始	
前19		長叙事詩『アエネーイス』遺し詩人ウェルギリウス没
8		初代皇帝アウグストゥス，詩人オウィディウス追放
64	ローマ大火，ネロ帝によるキリスト教弾圧	
66		小説『サテュリコン』作者ペトロニウス自害？
79	ヴェスヴィオ山噴火，ポンペイ埋まる	
80	ローマのコロッセオ落成	
98		歴史家タキトゥス，『ゲルマニア』執筆
117	トラヤヌス帝下，ローマ帝国最大版図	

年　代	歴史の流れ	文　　化
123		小説『黄金のロバ』を書くアプレイウス，北アフリカに生まれる
216	カラカラ帝下，大浴場落成	
292	ディオクレティアヌス帝，四分割統治はじめる	
313	コンスタンティヌス帝，ミラノ勅令を発しキリスト教公認	
395	テオドシウス帝没，帝国東西分裂	
397		アウグスティヌス，『告白』執筆開始
476	ゲルマン族オドアケル，西ローマ帝国滅ぼす	
536	東ローマ皇帝ユスティニアヌス，ローマ占領	
547		ラヴェンナのサン・ヴィターレ聖堂とモザイク装飾が完成
568	北伊を中心にランゴバルド王国建国	
756	「ピピンの寄進」，ラヴェンナが教皇ステファヌス３世に贈られる	
8世紀末		「ヴェローナの謎歌」，初期の俗語により書かれる
800	ローマにてカール１世戴冠	
827	北アフリカのアグラブ朝，シチリア侵攻	
828	聖人マルコの遺体をアレクサンドリアからヴェネツィアに移動	
960		「カプアの判決文」に俗語による発言が記される
962	ローマにてオットー１世戴冠，神聖ローマ帝国誕生	
1037	神聖ローマ皇帝コンラート４世，ノルマン人傭兵ライヌルフをアヴェルサ伯に任じる	
1077	「カノッサの屈辱」，叙任権をめぐり教皇グレゴリウス７世と対立した皇帝ハインリヒ４世，破門解除を請う	
1088		ボローニャ大学創設

年　代	歴史の流れ	文　　化
1096	第1回十字軍出立	
11世紀後半	サルデーニャ島が独立した4つのジュディカーティに分かれる	
1130	ルッジェーロ2世シチリア王即位，ノルマン朝創始	
1154	皇帝フリードリヒ1世（バルバロッサ），イタリア遠征	
1167	ロンバルディア都市同盟結成，神聖ローマ帝国に対抗	
1220	フリードリヒ2世，神聖ローマ皇帝としてローマで戴冠	
1224		フリードリヒ2世によりナポリ大学創設
1260	モンタペルティの戦い，シエナにフィレンツェ敗北	
1265		フィレンツェに詩人ダンテ生誕
1267		ジェノヴァ大司教ヤコブス・デ・ウォラギネ，『黄金伝説』執筆
1268	ホーエンシュタウフェン家断絶，なおもゲルフ（教皇派）とギベリン（皇帝派）の対立続く	
1273		トマス・アクィナス，『神学大全』執筆中断
1282	「シチリアの晩祷」，アンジュー家に対する民衆反乱	
1295		ヴェネツィア人マルコ・ポーロ，東方で24年間過ごし帰国
1300	教皇ボニファティウス8世，はじめて聖年を定める	
1305		ジョット，パドヴァのスクロヴェーニ礼拝堂フレスコ画完成
1309	「アヴィニョン捕囚」，教皇座がアヴィニョンへ	
1310	ヴェネツィア共和国に十人委員会設置	
1321		長編叙事詩『神曲』遺しラヴェンナ近

年　代	歴史の流れ	文　　化
		郊でダンテ客死
1341		ペトラルカ，ローマで桂冠詩人となる
1348	ヨーロッパでペスト大流行，ボッカッチョの散文『デカメロン』の背景に	
1373		ボッカッチョが初のダンテ読解講義
1378	教会大分裂（シスマ）（～1417）	
1395	ジャン・ガレアッツォ・ヴィスコンティ，ミラノ公に	
1413	アメデーオ８世，サヴォイア公に	
1424		マザッチョとマゾリーノ，ブランカッチ礼拝堂（フィレンツェ）のフレスコ画に着手
1453	東ローマ帝国滅亡	
1469	「豪奢王」ロレンツォ・デ・メディチ，フィレンツェの君主に	
1482		レオナルド・ダ・ヴィンチ，フィレンツェからミラノに移住
1485		ボッティチェッリ画《ヴィーナスの誕生》完成
1486		ピーコ・デッラ・ミランデラ，『人間の尊厳について』執筆
1504		ミケランジェロ作《ダヴィデ像》，フィレンツェのヴェッキオ宮前に設置
1494	「イタリア戦争」で，仏王シャルル８世がイタリア半島に侵攻 ドメニコ会士サヴォナローラ，フィレンツェの実権握る	
1504	「副王時代」（～1707），ナポリがスペイン領に	
1506	ボローニャが教皇領に	
1510		ラファエロ，ヴァチカン宮内フレスコ画《アテナイの学堂》完成
1513		マキャヴェッリ，『君主論』執筆
1528		カスティリオーネ『宮廷人』刊行
1532	フィレンツェ公国成立	

年　代	歴史の流れ	文　　化
1533		長編叙事詩『狂えるオルランド』遺しアリオスト没
1545	トレント公会議（～1563）	
1550		ヴァザーリ『美術家列伝』初版，フィレンツェで刊行
1559	カトー・カンブレジ条約，イタリアをめぐる仏西の争い終結	
1571	レパントの海戦でオスマン帝国敗北	
1577		長編叙事詩『解放されたエルサレム』を完成させたタッソ，精神を病み幽閉される
1582	教皇グレゴリウス13世による新暦法導入	
1600		ブルーノ火刑死
1602		カンパネッラ，『太陽の都』執筆
1607		最古のオペラ，モンテヴェルディ作曲『オルフェオ』初演
1610		ガリレオ『星界の報告』刊行 画家カラヴァッジョ没
1623		マリーノ，パリで長詩『アドーネ』刊行
1630	北伊でペスト流行，マンゾーニ『いいなづけ』の背景に	
1647	ナポリの魚屋マサニエッロ，重税に対し民衆反乱おこす	
1667		ベルニーニが計画した，サン・ピエトロ大聖堂の広場完成
1725		ヴィーコ『新しい学』刊行
1734	スペイン王家カルロ，両シチリア王即位	
1746	オーストリア支配に対しジェノヴァ民衆反乱	
1748		ポンペイ遺跡発見
1762		喜劇作家ゴルドーニ，ヴェネツィアからパリに移住
1764		ベッカリーア『犯罪と刑罰』刊行

年　代	歴史の流れ	文　　化
1769		13歳のモーツァルト，初のイタリア旅行
1773	イエズス会禁止の回勅	
1786	トスカーナ大公国で死刑廃止	ゲーテ，イタリア旅行（～1788）
1796	ナポレオン，イタリア遠征	
1803		『自伝』を遺し悲劇作家アルフィエーリ没
1805	ナポレオン，イタリア王に	
1814	ウィーン会議によりジェノヴァがサルデーニャ王国領に	
1816		ロッシーニ作オペラ『セビリアの理髪師』，ローマで初演
		詩人フォスコロ，ロンドン亡命
1820	ナポリにおけるスペイン王制復古に反対しノーラで炭焼党蜂起	
1822		彫刻家カノーヴァ没
1831	マッツィーニがマルセイユで政治結社「青年イタリア」結成	
1832		ペッリコ『わが獄中記』刊行
1837		詩集『カンティ』で知られるレオパルディ，ナポリで客死
1840		マンゾーニ『いいなづけ』改訂第２版
1847		のちの国歌「マメーリの賛歌」，ジェノヴァで作られる
1848	「1848年革命」，半島各地で独立運動	
1855	サルデーニャ王国，クリミア戦争参戦	
1859	フランスと同盟を汲んだサルデーニャ王国，対オーストリア独立戦争へ	
1860	ガリバルディ将軍，義勇兵「千人隊」（赤シャツ隊）とともにシチリア遠征へ	マッツィーニ『人間の義務』刊行
1861	サルデーニャ王ヴィットリオ・エマヌエーレ２世，イタリア王国成立を宣言（首都トリノ）	
1865	フィレンツェ遷都	

年　代	歴史の流れ	文　　化
1866	オーストリア領であったヴェネツィア併合	
1867		ニエーヴォ『あるイタリア人の告白』没後刊行
1871	ローマ遷都	
1873	下院議員ビッリア「南部問題」言及	
1874		ヴェルディ，マンゾーニ一周忌に『レクエイム』発表
1876	国家財政の収支均衡	
1877	「未回復イタリアのための協会」発足	
1882	選挙法改正により有権者拡大 ドイツ，オーストリアと三国同盟結ぶ	
1883		コッローディ『ピノッキオの冒険』単行本化
1886		デ・アミーチス『クオーレ』刊行
1887	関税引上 シチリア出身クリスピ，首相に	
1889	エチオピアとウッチャリ協定，エリトリア植民地化へ	
1891		パスコリ詩集『御柳』初版
1893	シチリアでファッシ運動激化	
1895		ヴェネツィア・ビエンナーレはじまる
1896	各地で食糧暴動	
1898		ナポリでピッツァ・マルゲリータ考案
1900	国王ウンベルト１世暗殺	プッチーニ作オペラ『トスカ』，ローマで初演
1901		作曲家ヴェルディ没
1903	第２次ジョリッティ内閣	クローチェ，雑誌『クリティカ』創刊（～1944）
1905	ソマリア保護国化	
1906		詩人カルドゥッチ，イタリア人初のノーベル文学賞
1908	メッシーナ大地震	
1909		詩人マリネッティ，パリで「未来派宣

年　代	歴史の流れ	文　　化
		言」発表
1911	リビアをめぐって伊土戦争	
1914	「赤い一週間」，軍国主義への抗議活動が拡大	
1915	第一次世界大戦参戦	詩人ダンヌンツィオ，パリから帰国し参戦演説 セッラ『ある文人の自省』を『ヴォーチェ』誌上に発表
1919	カトリック勢力がイタリア人民党結党	
1921	イタリア共産党結党	ローマ東京大陸横断飛行
1922	「ローマ行進」を経てムッソリーニ首相に	
1924	下院議員マッテオッティ暗殺	
1925	ムッソリーニ「力による支配」国会演説，独裁政治へ	ジェンティーレ起草「ファシスト知識人宣言」 クローチェ起草「反ファシスト知識人宣言」
1926		思想家グラムシ投獄
1929	ラテラノ条約でヴァチカン市国建国	モラヴィア処女小説『無関心な人びと』自費出版
1932		第１回ヴェネツィア映画祭
1934	コルポラツィオーネ法整備	戯曲家・小説家ピランデッロ，ノーベル文学賞
1935	エチオピア侵攻	
1936	EUR 建設計画はじまる	
1937		チネチッタがオープン
1938	ヒトラー訪伊 「人種法」によるユダヤ人弾圧	
1939	アルバニア植民地化	
1940	第二次世界大戦参戦	ブッツァーティ『タタール人の砂漠』刊行
1941		ヴィットリーニ『シチリアでの会話』刊行
1942	キリスト教民主党結党	ヴィスコンティ監督処女作『郵便配達は二度ベルを鳴らす』

年　代	歴史の流れ	文　　化
1943	ムッソリーニ罷免，休戦条約，イタリア内戦へ	
1945	ナチス支配からの解放 デ・ガスペリ連立内閣	ロッセリーニ監督『無防備都市』
1946	国民投票で王政から共和政へ	
1948	共和国憲法発布 初代大統領エンリーコ・デ・ニコーラ	
1950		パヴェーゼ『月とかがり火』発表後，自死
1954	RAI テレビ放送開始 トリエステ返還	
1955		作曲家ベリオ，RAI 内に電子音楽スタジオ創設
1956	コルティーナ・ダンペッツォ冬季五輪	
1957		フィアット社，小型大衆車チンクエチェント発表
1958		サンレモ音楽祭でモドゥーニョ「ヴォラーレ」披露 トマージ・ディ・ランペドゥーザ『山猫』没後刊行
1960	ローマ五輪	フェッリーニ監督『甘い生活』
1961		現代詩アンソロジー『最新人たち』
1962	第２回ヴァチカン公会議 ENI 会長マッテーイ墜落死	
1963	第１次モーロ内閣	パレルモで新前衛派「グルッポ63」結成
1964		アントニオーニ監督『赤い砂漠』
1965		ベロッキオ監督処女作『ポケットの中の握り拳』
1966	フィレンツェでアルノ川氾濫	
1968	ローマ大学建築学部から学生運動はじまる	ボローニャで初の「アルテ・ポーヴェラ」展
1969	ミラノの銀行に爆弾，「鉛の時代」はじまる	
1972	第１次アンドレオッティ内閣	出版社経営フェルトリネッリ事故死

年　代	歴史の流れ	文　　化
1973	共産党が歴史的妥協政策へ	
1974	国民投票で離婚が認められる	
1975		詩人モンターレにノーベル文学賞 詩人パゾリーニ殺害
1976	フリウリ大地震	
1977	アウトノミア運動，ローマとボローニャで激化	レンツォ・ピアーノ共同計画ポンピドゥーセンター完成
1978	元首相モーロ誘拐，監禁ののち殺害 精神医療に関するバザーリア法 教皇ヨハネ・パウロ１世，在位１カ月で死去	
1980	ボローニャ駅に爆弾	エーコ処女小説『バラの名前』刊行
1981	秘密結社Ｐ２スキャンダル 国民投票で中絶が認められる	
1982	スペインでのサッカーＷ杯，決勝で西ドイツ下し優勝	
1983	社会党クラクシ首相	
1985		未完『アメリカ講義』を遺し小説家カルヴィーノ死去
1986	パレルモでマフィア大裁判	トルナトーレ監督，処女作『教授と呼ばれた男』で組織犯罪を扱う
1987	国民投票で脱原発	アウシュヴィッツ収容所体験を語ったプリモ・レーヴィ自死
1989	北部同盟結成	
1991	共産党解党	吉本ばなな『キッチン』(1988) イタリア語版
1992	「マーニ・プリーテ」(きれいな手)，全国的な汚職捜査 第２共和政へ	
1993		フェッリーニ監督没，国葬
1994	キリスト教民主党解党 第１次ベルルスコーニ内閣	
1996	総選挙で中道左派連合「オリーブの木」勝利，プローディ内閣	カンニーバリ世代の小説家アンソロジー『人喰いの青春』刊行
1997		ベニーニ監督『ライフ・イズ・ビュー

年　代	歴史の流れ	文　　化
		ティフル』 劇作家・役者フォがノーベル文学賞
1999	イタリア空軍コソボ空爆	
2000	大聖年	
2002	ユーロ現金流通はじまる	
2003	イラク派兵	
2005	徴兵制廃止	
2006	トリノ冬季五輪 ドイツでのサッカーW杯優勝（4度目）	サヴィアーノ『ゴモラ』刊行，のち映画化
2011		ローマでユーロプライド（2度目）
2013	ベルルスコーニ公職追放	
2015	ミラノ万博	

林　直美（はやし・なおみ）コラム1，2，4，6
東京大学大学院人文社会系研究科博士課程修了
ナポリ東洋大学大学院博士課程在学，カターニア大学日本語講師
著書『シエナ——イタリア中世の都市』京都書院，1998年
La Cultura del periodo Nara（共著）Franco Angeli, 2012年
Giappone, storie plurali（共著）Emil, 2013年
訳書　マリオ・ゴンボリ『どうぶつチャンピオン図鑑』フレーベル館，1993年
スザンナ・タマーロ『でぶっちょミケーレ』ユーシープランニング，1995年

山﨑　彩（やまさき・あや）18，34，36，39
東京大学大学院人文社会系研究科博士課程修了
東京大学，埼玉大学ほか非常勤講師
著書　*Italo Svevo and his Legacy for the Third Millennium - Volume I: Philology and Interpretation*（共著）Troubador，2014年
訳書　フォスコ・マライーニ『随筆日本——イタリア人の見た昭和の日本』（共訳）松籟社，2009年
マリア・ジュゼッピーナ・ムッツァレッリ『イタリア・モード小史』（共訳）知泉書館，2014年

横田さやか（よこた・さやか）22，23，24，27；章概説4
ボローニャ大学，東京外国語大学博士後期課程修了
日本学術振興会特別研究員 PD
東京外国語大学ほか非常勤講師
著書　*Giappone e Italia: le arti del dialogo*（共著）I libri di Emil, 2010年
Culture allo specchio. Arte, letteratura, spettacolo e società tra il Giappone e l'Europa（共著）I libri di Emil, 2012年
Kultur im Spiegel der Wissenschaften（共著）Iudicium, 2014年
訳書　Kazuo Ōno e Yoshito Ōno, *Nutrimento dell'anima*（共訳）Ephemeria, 2015年

鯖江秀樹（さばえ・ひでき） 25，26，28，40，41，42

京都大学大学院人間・環境学研究科博士後期課程修了

大阪大学，関西大学ほか非常勤講師

著書 『イタリア・ファシズムの芸術政治』水声社，2011年

訳書 ジョルジョ・モランディ『ジョルジョ・モランディの手紙』（共訳）みすず書房，2011年
　　 マリオ・ペルニオーラ『無機的なもののセックス・アピール』（共訳）平凡社，2012年

柴田瑞枝（しばた・みずえ） 6，11，14，19，37，38，50

東京外国語大学博士後期課程修了

東京外国語大学，上智大学非常勤講師

論文 「モラヴィア作品にみる女性像――3つの女性一人称短編集「無力の自覚」群についての考察」『言語・地域文化研究』第18号所収，東京外国語大学，2012年
　　 「『深層生活』にみるモラヴィアの声――女性一人称と対話の叙述形式」『イタリア学会誌』第63号所収，イタリア学会，2013年

住　岳夫（すみ・たけお） 7，44，55

東京外国語大学大学院博士後期課程単位取得退学

中国・廈門大学助理教授

著書 *Giappone e Italia: le arti del dialogo*（共著）I libri di Emil, 2010年

訳書 フォスコ・マライーニ『随筆日本――イタリア人の見た昭和の日本』（共訳）松籟社，2009年

土肥秀行（どい・ひでゆき） 1，8，9，10，12，32，45，46；章概説1，6；地図，略年表，索引

ボローニャ大学 Ph.D.（イタリア文学）

立命館大学教授

著書 *L'esperienza friulana di Pasolini*, Cesati, 2011年
　　 『ノーベル文学賞にもっとも近い作家たち』（共著）青月社，2014年
　　 『国際文化学への第一歩』（共著）すずさわ書店，2013年

訳書 Kiju Yoshida, *L'anti-cinema di Ozu*, Cesati, 2008年
　　 ジャンニ・ヴァッティモ他編『弱い思考』（共訳），法政大学出版局，2012年
　　 ウンベルト・エーコ『カントとカモノハシ』（共訳），岩波書店，2003年

橋本勝雄（はしもと・かつお） 49

京都大学文学研究科博士課程修了

京都外国語大学教授

訳書 ジュゼッペ・パトータ『イタリア語の起源――歴史文法入門』京都大学学術出版会，2007年
　　 ディエゴ・マラーニ『通訳』東京創元社，2007年
　　 シモーナ・コラリーツィ『イタリア20世紀史』名古屋大学出版会，2010年

執筆者紹介（五十音順，＊印は編者，執筆分担）

＊和田忠彦（わだ・ただひこ）　まえがき

編者紹介参照

石田聖子（いしだ・さとこ）　13，16，17，21，31，33，53；章概説２，３

ボローニャ大学，東京外国語大学博士後期課程修了

名古屋外国語大学世界教養学部准教授

著書　『笑いと創造　第六集』（共著）勉誠出版，2010年

Giappone e Italia: le arti del dialogo（共著）I libri di Emil, 2010年

Culture allo specchio. Arte, letteratura, spettacolo e società tra il Giappone e l'Europa（共著）I libri di Emil, 2012年

Kultur im Spiegel der Wissenschanften（共著）Iudicium, 2014年

訳書　ステファノ・ベンニ『海底バール』河出書房新社，2013年

マリオ・ジャコメッリ『わが生涯のすべて』（共訳）白水社，2014年

Kazuo Ōno e Yoshito Ōno, *Nutrimento dell'anima*（共訳）　Ephemeria, 2015年

栗原俊秀（くりはら・としひで）　47，51，52；章概説５，７；コラム３，５，７

京都大学大学院人間・環境学研究科博士後期課程単位満期取得退学

訳書　ジョルジョ・アガンベン『裸性』（共訳）平凡社，2012年

アマーラ・ラクース『ヴィットーリオ広場のエレベーターをめぐる文明の衝突』未知谷，2012年

アマーラ・ラクース『マルコーニ大通りにおけるイスラム式離婚狂想曲』未知谷，2012年

メラニア・G・マッツッコ『ダックスフントと女王さま』未知谷，2013年

ジョン・ファンテ『デイゴ・レッド』未知谷，2014年

小久保真理江（こくぼ・まりえ）　5，29，35，48

ボローニャ大学，東京外国語大学博士後期課程修了

東京外国語大学特任講師

著書　*Giappone e Italia: le arti del dialogo*（共著）I libri di Emil, 2010年

Culture allo specchio. Arte, letteratura, spettacolo e società tra il Giappone e l'Europa（共著）I libri di Emil, 2012年

Kultur im Spiegel der Wissenschaften（共著）Iudicium, 2014年

越前貴美子（こしまえ・きみこ）　2，3，4，15，20，30，43，54

東京外国語大学博士後期課程修了

在ベルギー，イタリア文化会館

編者紹介

和 田 忠 彦（わだ・ただひこ）

現在　東京外国語大学名誉教授

著書に『ヴェネツィア 水の夢』（筑摩書房，2000），『声，意味ではなく』（平凡社，2004），『ファシズム，そして…』（水声社，2008）など。また共編著に，『モダニズムの越境』（人文書院，2002），*Giappone e italia: le arti del dialogo*, Odoya, 2010，*Culture allo specchio: Arte, letteratura, spettacolo e società tra il Giappone e l'Europa*, Odoya, 2013 など。訳書に，イタロ・カルヴィーノ『魔法の庭』（ちくま文庫），『むずかしい愛』，『パロマー』（ともに岩波文庫），『サン・ジョヴァンニの道』（朝日新聞社），ほか。アントニオ・タブッキ『夢のなかの夢』（岩波文庫），『フェルナンド・ペソア最後の三日間』（青土社），『時は老いをいそぐ』，『いつも手遅れ』，『イザベルに』（いずれも河出書房新社）ほか。ウンベルト・エーコ『永遠のファシズム』（岩波書店），『小説の森散策』（岩波文庫）ほか。エドモンド・デ・アミーチス『クオーレ』（平凡社ライブラリー）など多数。

世界文化シリーズ⑤

イタリア文化 55のキーワード

2015年４月30日　初版第１刷発行　〈検印省略〉
2019年10月30日　初版第２刷発行

定価はカバーに
表示しています

編　者　和　田　忠　彦
発行者　杉　田　啓　三
印刷者　中　村　勝　弘

発行所　株式会社　ミネルヴァ書房

607-8494　京都市山科区日ノ岡堤谷町１
電話代表　(075)581-5191
振替口座　01020-0-8076

中村印刷・新生製本

ISBN978-4-623-07268-2

Printed in Japan